学历案与深度学习

Beyond lesson plan

崔允漷 主审
尤小平 主编

How to facilitate deeper learning through learning plan

华东师范大学出版社
·上海·

图书在版编目(CIP)数据

学历案与深度学习/尤小平主编. —上海:华东师范大学出版社,2017
ISBN 978-7-5675-7002-3

Ⅰ.①学… Ⅱ.①尤… Ⅲ.①基础教育-教学研究-江苏 Ⅳ.①G632.0

中国版本图书馆 CIP 数据核字(2017)第 247881 号

学历案与深度学习

主　　编　尤小平
主　　审　崔允漷
策划编辑　王冰如
审读编辑　李　莎
责任校对　王冰如
装帧设计　王　隽

出版发行　华东师范大学出版社
社　　址　上海市中山北路3663号　邮编 200062
网　　址　www.ecnupress.com.cn
电　　话　021-60821666　行政传真 021-62572105
客服电话　021-62865537　门市(邮购)电话 021-62869887
地　　址　上海市中山北路3663号华东师范大学校内先锋路口
网　　店　http://hdsdcbs.tmall.com

印　刷　者　常熟市文化印刷有限公司
开　　本　787毫米×1092毫米　1/16
印　　张　17
插　　页　1
字　　数　258千字
版　　次　2017年10月第1版
印　　次　2024年11月第21次
书　　号　ISBN 978-7-5675-7002-3/G·10675
定　　价　48.00元

出　版　人　王　焰

(如发现本版图书有印订质量问题,请寄回本社客服中心调换或电话 021-62865537 联系)

本书系国家社科基金"十二五"规划教育学一般课题"普通高中学生科学素养发展的研究"(编号 BHA140112)及江苏首批基础教育前瞻性教学改革实验项目"指向深度学习的学历案研究"(2015年)的研究成果之一。

江苏省首批基础教育前瞻性教学改革实验项目
"指向深度学习的学历案研究"

项目首席专家

尤小平

项目组核心成员(按姓氏笔画顺序)

王　越　车亚莉　叶　红　白　晶　包旭东　吕建林　刘言涛　孙绪阳
李昱蓉　余晓珺　沈　甜　沈皖秀　张志军　张　钰　陆芷茗　陆　敏
陆　鹏　陈华炜　陈来香　宗凤昌　赵　明　郝良群　夏季云　徐　爽
唐　凤　蒋桂林　蒯　泓　臧　锋　谭海军　魏友华　魏荣葆

项目合作研究人员

崔允漷　陆　静　周文叶　雷　浩　卢晓旭　朱伟强　董泽华　温　雪
毛玮洁　黄　山　李　静

目录

推荐序　崔允漷 / 001
前　言　尤小平 / 009

上篇　学理探索

01　课堂之问："教堂"还是"学堂"？/ 003
02　教学之问：传递信息还是精加工信息？/ 009
03　方案之问：教之案还是学之案？/ 014
04　教师关注："学会"还是"传递"？/ 022
05　具身学习：从"离身"到"具身" / 028
06　反思学习：经历＋反思 / 037
07　累积学习：个人知识管理 / 044
08　深度学习：基于理解与应用的学习 / 052
09　班级教学：如何破解"差"与"异"两大难题 / 059
10　教学方案：从"教案"到"学历案" / 066

中篇　编制指南

11　如何设计学历案中的学习单元？/ 079
12　如何确定和叙写学历案的学习目标？/ 088
13　如何撰写与目标匹配的评价任务？/ 095

14 如何在学历案中撰写学法建议？/ 102

15 如何设计学历案中的"学习过程"？/ 109

16 如何设计学历案中的作业与检测？/ 116

17 如何指导学生进行学后反思？/ 122

18 如何指导学生使用和管理学历案？/ 130

19 如何在学历案中体现教—学—评一致性？/ 138

20 如何评估学历案？/ 145

下篇　学科示例

21 语文·小说阅读专题 / 161

22 数学·三角函数的诱导公式 / 170

23 英语·A Random Act of Roadside Assistance / 178

24 物理·牛顿第三定律 / 184

25 化学·钠的氧化物 / 189

26 生物·性别决定和伴性遗传 / 199

27 历史·物质生活与习俗的变迁 / 207

28 思想政治·当代国际社会 / 217

29 地理·大规模的海水运动 / 229

30 信息技术·打开编程之门 / 240

31 体育与健康·羽毛球 / 248

推荐序
崔允漷

受尤小平校长的邀请,出于自己参与南京一中承担的江苏省基础教育前瞻性实验项目"指向深度学习的学历案研究"三年的经历,也出于对与我一起探索、同甘共苦的老师们的感情,我非常乐意写这一篇推荐序。同时,我也非常感谢有此机会,能够梳理一下自己近年来对相关问题的思考。

一、何为学历案?

学历案来自对教学专业的再认识。学习的本质是经验在深度或广度上的持续变化,即个体在原有经验的基础上通过自主建构或社会建构形成新经验的过程。学习是与生俱来的,人天生都是爱学习且会学习的。儿童作为学习主体,完全可以自主发生学习。那么,为什么需要教师?教师作为术有专攻的教学专业人员,其存在是为了让儿童在新旧经验之间发生更顺利、更有价值的顺应与同化,即发生更好的学习。所谓"更好",意指至少要比儿童完全自主的学习学得更快、更多、更有意义,而且在教师的专业指导下,儿童会更想学、更会学。因此,教学专业的领地就在于教师如何帮助儿童把旧的经验建构成新的经验,或者说从经验的此岸过渡到经验的彼岸。就学校教育而言,学习就是学生经验的变化,这种变化的实现有赖于经历一种有指导的学习过程。教学是教师的专业实践,其专业性体现在通过专业方案的设计、实施与评估,以规范或指导学生的学习过程,即引起、维持或促进学生的学习。基于这样的理解,我们可以重新认识学与教之关系:学主教从——从行为者的主次地位来看,学习是儿童的基本权利[①],永远是第一位的,教师的教是服务学生学习的;先学后教——从行为发生学的角度来看,教是以学为基础或前提的,没有学习,则无需教学,犹如"没有买,何需卖";以学定教——从行为的专业性来看,教师所作出的任何教学决策都是以学为依据的,是基于学情的,不是"自作主张"的。就具体的专业实践过程来看,称得上"专业"的实践一般需要有三个环节:专业方案的拟订、方案实施与结果评估。区分一项实践活动专业与否的首要标志是专业方案的有无。家长教育孩子是日常经验,没有专业的方案,故不属于专业实践;驾驶、烹饪是职业,其实践活动之前无须制订专门的方案;而治疗、护理、诉讼、建筑等实践活动都有专门的方案,因而成为公认的专业活动。因此,决定某项实践活动专业化程度的依据首先是方案的专业化,因为预设的方案决定着后续的实施与评估。一个人从事某项专业活动,如果没有好的专业方案,即使实施得再好,也不是专业人员,顶多算个"民间艺人"。可见,专业人员的标志之一就是首先要学会编写专业的方案。医师需要基于患者病症研拟处方,建筑师需要依据客户需求设计图纸,教师同样需要根据学生学习需求编制教学方案。

学历案来自于对教学方案的认识。从历史上看,在农业社会,教学方案最早是与经典文献即教学内容合而为一的。那时,尽管教师作为一种社会分工的职业出现了,但教学法还没有独立出来成为一门学科或作为专门用来传递知识的技艺。这一阶段的教学方案可以称之为内容立场,即教育教学的主要问题就是"教什么"。随着社会的发展,工业社会普遍要求提高工人的知识和技能水平,普及甚至强迫性的教育逐渐成为国家或社会的诉求,制度化的学校教育成为历史的必然,学校成了专门的教育机构,教学法成了教师的必备素养,培养教师的机构应运而生。于是,教学方案也发生了变革,从关注"教什么"走向关注"如何施教"。这一阶段的教学方案可以称之为教师立场。随着人类社会的持续进步,后工业、信息化、知识经济社会的迹象不断涌现出来。同时,人们对教学专业的认识也在不断提高和深化,特别是学习科学的迅猛发展,迫使人们不得不重新认识教学方案的专业性问

[①] 联合国《儿童权利公约》规定儿童享有四大权利:生存权、发展权、受保护权以及参与权。学习权是儿童四大权利的具体体现和实现方式。

题。从专业即服务他人的属性来看,教学方案必须从起初关注"教什么"的内容立场,到关注"怎么教"的教师立场,走向关注"学生学会什么"的学生立场。经验告诉我们,教了,不等于学了;学了,不等于学会了。衡量教师专业实践的业绩应该是学生学会什么、何以学会,而不是教师有没有教、怎么教,犹如医师应以有无治愈病人,设计师应以有无满足客户需求为业绩一样。因此,教学方案需要从学生立场设计学会什么、何以学会的问题。

学历案来自对实践中的学案、导学案的总结与提升。近年来,关于教学方案的变革实践异常活跃,涌现出诸如学案、导学案、教学案、学讲案等许多概念。这种现象既反映了一线教师的创新热情与变革精神,也反映出教学方案需要变革的必然性。然而,对教学方案的理论研究似乎比较匮乏,没有很好地回应我国中小学课程变革伟大实践的诉求,没有很好地总结与提炼实践中的成功经验,也没有引领实践变革,甚至,导致一些"为变革而变革"、"变革之后更糟"的乱象。譬如,把学案变成"每课必练";教师既要写教案,又要写导学案,极大增加了负担;学生本来面对的文本主要是教材+配套的练习,现在要面对的文本超多:除了教材、多本教辅,还有导学案、考卷、作业单……学案"无"学,导学案"缺"导,学生课业负担加重了,但学习没有得到多少改善。这些问题需要我们从理论或实证上作出回答。从方案的专业标准来看,把教学方案与作为治疗专业方案的处方相比,处方有国家标准,共有8章63条(中华人民共和国卫生部令2006年第53号《处方管理办法》),教学方案不仅没有国家标准,连行业的共识都还没有,这怎么能够让其他专业的人把"教学"视作为"专业"呢?探索学历案的初心就在于此:一是总结和提炼中小学教学变革实践的合理创新;二是寻找促使教学方案专业化的努力方向。

何为学历案?学历案是指教师在班级教学的背景下,为了便于儿童自主或社会建构经验,围绕某一相对独立的学习单位,对学生学习过程进行专业化预设的方案。一份学历案的基本要素包括:(1)学习主题/课时;(2)学习目标;(3)评价任务;(4)学习过程(学法建议、课前预习、课中学习);(5)检测与练习;(6)学后反思。其专业性主要体现在:它是一种相对独立的课程计划,一种学生学习的认知地图,一种指向个人知识管理的学习档案,一种在课堂内外师生、生生、师师交流的互动载体,一种供师生双方保障教学质量的监测依据。

二、何为深度学习?

虽然近年来对深度学习的高度关注主要源自于西方学者研究成果的介绍与传播,但其实,我国传统的学习智慧中充满着深度学习的思想。譬如,孔子的"知之者不如好之者,好之者不如乐之者"(《论语·雍也》),强调学习要有高动机、高投入;"学而不思则罔,思而不学则殆"(《论语·为政》),强调学习要有高认知参与;荀子的"君子之学也:入乎耳,箸乎心,布乎四体,形乎动静"(《荀子·劝学》),强调具身学习的路径;《中庸》把学习的过程具体化为五个步骤,即"博学之,审问之,慎思之,明辨之,笃行之",强调从学到习的深化与学习方式的多样。这些论述充分体现了我国古代深度学习思想的高度与深度。

然而,作为一个专业术语,"深度学习"一词可以说是泊来品,据说是马顿和塞利约(Marton & Säljö, 1976)最先提出的。他们对学生应对阅读任务时的学习过程进行了调查,发现存在两种截然不同的学习过程。一种学习过程表现为深度加工过程(deep level processing),学生学习的意图在于理解学习材料的内容以及作者旨在传达的思想;另一种则是浅层加工过程(surface level processing),学生将关注点放在"认识"材料上,其学习观是复制性的,会以一种死记硬背式的方法去学习。[1] 随着学习科学的发展以及基于标准的教育改革运动的蓬勃开展,关于深度学习的研究从关注"学习过程"转移到关注"学习结果",并且取得了丰硕的研究成果。例如,比格斯和柯利斯(Biggs & Collis, 1982)[2]基于皮亚杰的认知发展阶段理论,提出了"可观察的学习结果结构"(Structure of the Observed Learning Outcome, SOLO)分类框架,即通常所说的 SOLO 理论。他们把学生对于某个问题的学习程度从能力、思维操作、一致性与收敛、应答结构四个方面划分为五级水平:前结构层次、单点结构层次、多点结构层次、关联结构层次、拓展抽象结构层次,并认为后三级水平是深度学习的结果。威金斯和麦克泰

---

[1] Marton, F. & Säljö, R. On Qualitative Differences in Learning: I — Outcome and Process [J]. British Journal of Educational Psychology, 1976,46(1): 4—11.

[2] Biggs, J. & Collis, K. Evaluating the Quality of Learning: the SOLO Taxonomy [M]. New York: Academic Press, 1982.

(Wiggins & McTighe, 1998)①在布卢姆(Bloom)教育目标分类学的基础上,将"理解"发展为六个层级:解释说明、阐释意义、迁移应用、形成观点、有同理心、自知之明,提出著名的"为理解而教",认为深度学习就是基于理解的学习。美国研究院(American Institutes For Research, 2014)最新的研究成果则指出,深度学习是学生对核心课程知识的深度理解,以及在真实的问题和情境中应用这种理解的能力。此处的能力有三种:一是认知能力,即深度理解内容知识、批判性思维与复杂的问题解决能力;二是人际能力,即协作与交流;三是内省能力,即学会学习以及学术信念(academic mindsets)。

除了从学习过程或学习结果的角度探讨深度学习之外,还有一些学者在更广泛的意义上探讨深度学习。譬如,韦格尔(Weigel, 2002)②认为,深度学习有赖于条件化知识(conditionalized knowledge)、元认知(metacongnition)和探究共同体(communities of inquiry);詹森等人(Jensen & Nickelsen, 2008)③认为,深度学习是新内容或技能的获得,其必须经过一步以上的学习和多步的分析或加工,以便学生可以用改变思想、控制力或行为的方式来应用这些内容或技能。他们把高水平思维、综合加工、多层抽象思维、分散思维、创造性思维、批判性思维、大部分的多步习惯,以及一些程序性记忆都当作深度学习的同义词。美国已经形成各种各样的深度学习联盟(Deeper Learning Network),这些联盟学校基本上都采用基于项目的学习(Project-Based Learning, PBL),围绕与现实需求相关的某个问题和特定目标,学生以学科(或跨学科)概念或原理的应用为中心,借助多种资源进行调查、研究、合作、设计等自主探究活动,最终形成产品或解决问题。基于项目的学习具体方法不尽相同,但都包括8个要素:关键知识、21世纪技能、问题驱动、深度探究、知识需求、意见与选择、回顾与反思和公开展示。④

---

① Wiggins, G. & McTighe, J. Understanding by Design (1st ed.) [M]. Alexandria, VA: ASCD, 1998.
② Liu, X. & Whitford, M. Opportunities-to-Learn at Home: Profiles of Students With and Without Reaching Science Proficiency [J]. Journal of Science Education & Technology, 2011, 20(4): 375 - 387.
③ [美]Eric Jensen, LeAnn Nickelsen. 深度学习的7种有力策略[M]. 上海:华东师范大学出版社, 2010: 11.
④ Larmer, J. & Mergendoller, J. R., & Boss, S. PBL for 21st Century Success: Teaching Critical Thinking, Collaboration, Communication, and Creativity [M]. Novato: Buck Institute for Education, 2013: 5 - 6.

可见,深度学习在学术或实践界已经受到了广泛关注,但是其内涵还是"众说纷纭",没有达成一种共识。郭华教授(2016)①认为,深度学习就是指在教师引领下,学生围绕着具有挑战性的学习主题,全身心积极参与、体验成功、获得发展的有意义的学习过程。深度学习并不能自然发生,它需要促发条件。其中,先决条件是教师的自觉引导,此外,至少还依赖以下条件:第一,学生思考和操作的学习对象,必是经过教师精心设计、具有教学意图的结构化的教学材料;第二,教学过程必须有预先设计的方案,要在有限的时空下,有计划、有序地实现丰富而复杂的教学目的。笔者比较认同此观点。为了讨论的便利,笔者在此基础上,界定了深度学习的基本内涵:深度学习是指学生基于教师预设的专业方案,经历有指导、有挑战、高投入、高认知的学习过程,并获得有意义的学习结果。

三、学历案如何促进深度学习?

基于上述认识,笔者再来讨论学历案何以促进学生的深度学习。关于学历案,笔者与浙江元济高级中学深度合作两年,并出版《教案的革命:基于课程标准的学历案》②,初步建构了学生立场的教学方案——学历案的基本框架以及基于学历案的教学形态。2015年,笔者幸得机会,与南京一中的老师们坐在一起深度、持续地探讨"学历案何以促进学生的深度学习",如何从学理上解释清楚其中的奥秘。经过近三年的探索与交流,我们已经达成了一些共识。尽管这些共识只是过程中的成果,但还是十分愿意与大家分享,并万分期待得到更专业的回应。

学历案体现了学生作为"学习者"的主体责任。 学习永远是"学"会的,不是"教"会的;学习需要亲力亲为,教师既不能"替学",即替学生学,忽视学生的主体存在,也不能"虚学",即整天讲解题目、对答案,漠视学生的学习经历。学历案体现学生立场,其行为主体是学生,整个文本涉及学生要达成的目标是什么,何以知道学会与否,应该怎么学、学到什么程度、需要什么条件等。同时,学历案体现课程教学方案必须具备的目标—教—学—评一致性

---

① 郭华.深度学习及其意义[J].课程·教材·教法,2016(11):25—32.
② 卢明,崔允漷.教案的革命:基于课程标准的学历案[M].上海:华东师范大学出版社,2016.

特征。学历案是教师为学生设计的学习支架、指南、学辅,不涉及教师该做什么的内容。

学历案提供了专业化设计的深度学习机会。中小学生的学习是有指导的学习,学历案就是教师对学习过程或历程进行专业化设计的方案,这种专业化体现在深度学习机会的供给、分配与利用的设计上。通常采用的关键策略有:明确深度学习的目标,让学生感受知识学习的意义与价值;选择或形成有挑战性的、与目标匹配的主题;创设问题情境,诱导学生的兴趣或思考;设计指向学科核心素养的、有意义的任务;确定班级中三分之二学生能跟得上的学习进阶;强调多感官参与,组织听、看、说、做、演等多样化的学习活动,提供合作、探究、展示与交流的机会;选择真实情境,强调学以致用,开展表现性评价;设计学后反思的路径,引导学生养成反思学习的习惯。

学历案强调让课堂中更多的学生"在学习"即投入学习。学习动机是深度学习的重要标志之一。在班级教学背景下,教师长期以来只关注学生学习的"差"而忽视了"异",其实40个人就有40种不同的学习,学生学得"差",部分原因是教师没有处理好"异学习"。由于施教无异,导致有些学生在课堂上没有投入学习——或游离学习,或疑似学习。学历案其实就是为了更好地解决"异学习"的问题,以提高教学的适应性。通常采用的关键策略有:课堂教学要适合学生个人的学习速度、进度或风格,甚至内容或任务;设计分层作业,以适合不同类型的学生;创设或安排丰富多样的学习机会,如按 2×20、4×10 或 8×5 分组活动,或者每次选2—4位学生作为助教,形成 $2+38$、$4+36$ 等格局;在课堂教学、课外辅导或作业评语中,要求教师与学生开展深入而多样的互动,吸引更多的学生投入学习;将所学的内容与学生建立关联,让学生发现或体会所学内容的意义,激发学生内在的学习动机,避免过于强调外在诱因。

学历案追求课堂中每位学生的"真学习"即真实学习。针对课堂中普遍存在的虚假学习、浅层学习的问题,学历案的理论假设就是,教学不是传递信息的过程,而是帮助学生加工信息的过程,也是促进每位学生发生真实学习的过程。通常采用的关键策略有:要让学习过程"看得见",真正体现学生自主或社会建构知识或经验的过程;要将学习的知识条件化、情境化、结构化,促进学生深度理解和应用的实现;要设计多样化的学习方式,让说中学、做中学、教中学、悟中学与常用的听中学、看中学一样在课堂中实现,实现具身学习;要引导学生反思自己的学习,实现自我指导与监控的学习;还要引导学生把学历案作为自己的学习档案,引导学生学会管理个人知识,实现个人化的学习。

经过持续五年的学历案探索,我有一种越来越强烈的意识:作为教师写的专业方案,不应是告诉别人我怎么教,而是要说清楚学生学会什么、何以学会;作为教师的培训者,与其"经常教老师如何教学生学习",还不如"直接告诉教师学生是怎样学会的"!

感谢南京一中的专业共同体给我众多的理智刺激!它让我的思考更加成熟,信念更加坚定!

前言

尤小平

当人们在高呼聚焦课堂、决战课堂、赢在课堂时,学校课程知识碎片化、重复操练、死记硬背的浅层学习大量存在,虚假学习、游离学习的现象随处可见,预期的深度学习、真实学习却迟迟没有到来。人们一直在努力,但似乎没有找到符合先进教育理念的专业路径,没有找到解决课堂中普遍存在的现实问题的突破口。有些课堂变革不仅没有实现预期的课堂转型,反而让学生的课业负担越来越重,让教师的教学越来越像解题训练。可见,课堂变革尚未真正成功,我们仍需努力!

南京一中于 2014 年 12 月开始,在华东师范大学课程与教学研究所崔允漷教授带领的专家团队指导下,围绕以学历案为载体的课堂教学改革进行了整体的设计。2015 年初,我校申报的"指向深度学习的学历案研究"被列为首批江苏省基础教育前瞻性教学改革项目。借此机会,我们走上了一段非常有意义的探索之旅。首先由专家对项目组成员进行了一系列理论培训,其中崔教授做了以"学历案:微课程设计"为主题的专题报告,涉及四个维度:教学专业的内涵、教学专业的方案、学历案的定位及编制、学历案的价值与展望,朱伟强教授、周文叶博士等分别从相关内容进行了技术指导。其次,项目组核心成员在专家指导下以"工作坊"形式开展头脑风暴,讨论主题明确、形式新颖,小组构成合理、分工明确、合作顺畅,有序地推进了"学历案"的研讨。通过讨论,项目组成员领悟了学历案的意义所在,较好地把握了学历案框架及编写的重点、难点,学会了学历案编写的流程。再者,为高起点、高效益地推进改革,研究团队一方面前往浙江省元济高级中学参加"学历案"教学深度研讨活动,与北京四中、人大附中、镇海中学、深圳中学等多所全国名校开展教学交流对话;另一方面开展与传统教学比对的同课异构全国现场观摩活动,三年来南京一中成功举办了两次全国性研讨活动,即"促进学习的课堂变革——2015全国高中课堂教学改革研讨会",以及"中国教育学会高中专业委员会2017年'走进名校聚焦课堂'系列活动——北京四中、南京一中同课异构"等大型教学活动。全国范围的两次研讨与展示,不仅有力地推动了我校对基于"学历案"的教学的研究,也吸引了浙江、广东、贵州、新疆等地许多学校组团来我校考察与交流。

经过三年全面而深入的研究,该项目取得了阶段性成果。本书就是其中的成果之一,内容包括上、中、下三篇。

学理探索。围绕课堂、教学、方案、教师、学生、学习等课堂教学的关键要素,我们对当下存在的突出问题作了分析研判,应用现代教育理论成果作了深刻的思考,对核心素养背景下高中课堂教学的转型从学理上提出了我们自己的主张。如从宏观层面指出了当下教育中的突出问题:一类教师比较倾向于关注自己"怎么教",在信息传递或呈现方式上想方设法,丰富了"教"的内涵;另一类教师倾向于关注"教或学什么"即内容,只关注了学习信息轰炸式的输入。研究发现,为了让学习真正发生,学习文本必须摒弃教师立场、内容立场,转向学生立场。学校依托华东师范大学崔允漷教授团队的理论支持,从改革教学方案文本入手,期望基于"学历案"的教学实现四大功能的转变:实现从教中心向学中心转变;实现从知识传授为主向素养培养为主转变;实现从单一的"记忆背诵"学习为主向多种学习方式转变;实现从浅层学习向深度学习转变。

编制指南。在兄弟学校实践研究的基础上,我校吸收了深度学习、学习科学、评价研究的最新成果,重点选择了十个关键技术问题,涉及学历案的编制、管理、使用及学历案在学校管理中的再生价值,进行了系统思考并形成了易于操作的研究成果。这些内容对帮助教师真正理解学历案、开发学历案、使用好学历案具有十分重要的指导意义。

学科示例。这部分内容涉及了高中各学科的案例,一方面每个案例在选取时都考虑到它必须最能代表本学科的核心特征,另一方面该案例是经过集体反复实践和研讨而成,它是集体智慧的结晶,能对老师起到很好的典型性、示范性、指导性作用,对学科教学具有较好的普适性和可操作性。

改革开放后我们已经走过了"双基时代"、"三维目标时代",马上要迎来"学科核心素养时代"。学科核心素养时代的课堂教学是什么样的?这对我们来说是个前所未有的挑战。南京一中经过理论驱动的三年变革努力,从学理、技术、案例三个角度提炼与总结自己的阶段性成果,希望此书的内容既具有前瞻性,又具有实践性和可操作性,为课堂教学变革实施提供一种范式,对促进学生深度学习、提升学生核心素养有积极的指导意义。

此书能结集出版,完全是团队的力量。参加本书编写的人员包括(排名按篇目顺序),上篇:蒋桂林、陆鹏、叶红、陆芷茗、吕建林、李昱蓉、包旭东、魏荣葆、夏季云、沈皖秀、尤小平;中篇:徐爽、车亚莉、沈甜、刘言涛、王越、白晶、臧锋、郝良群、张钰、陆静、卢晓旭;下篇:包旭东、吕建林、尤小平、孙绪阳、王越、白晶、魏友华、唐凤、谭海军、陆敏、李昱蓉、陈华炜、余晓珺、赵明。崔允漷教授撰写推荐序,并带领周文叶、雷浩副研究员、董泽华、毛玮洁等博士生协助统稿;南京市教研室陆静副主任全程参与我们的研究,并与卢晓旭博士共同撰稿,本人由衷地表示感谢!

此外,教育部基础教育课程教材发展中心刘月霞副主任、江苏省教育学会杨九俊会长、中国教育学会高中专业委员会刘长铭理事长,以及江苏省及南京市教育科研机构、陕西师范大学《中学教学参考》的领导和专家对本研究的开展给予了有力的指导和帮助,华东师范大学出版社王焰社长、彭呈军社长、王冰如编辑为本书的高质量出版提供了专业支持。在此,一并致谢!

上篇　学理探索

01 课堂之问:"教堂"还是"学堂"?

课堂是学生学习的场所,是教育教学的主阵地。课堂上到底发生着什么?可能很少有人静下心来思考这一看似简单却很难回答的问题。自己的课堂又是一种什么样的状态呢?能客观回答这一问题的人就更少了。教学包含"教"和"学"的过程,两个环节都不能少,地位都很重要,但归根到底,教学的终极目标是学生的学会,教师的"教"是服务于学生的"学",教师的"教"是基于学生已有的"学"的情况。没有学习,何谈教学?

一、"教堂"——课堂的困境

新中国成立后,我国一直推崇苏联教育家凯洛夫的教学理论,即"组织教学—复习旧知—讲授新课—巩固新知—布置作业"的教学五环节,形成了比较稳定的传统课堂模式,其中"师本位"的理念占据着主导地位,时至今日,仍然支配和影响着教师的课堂教学[①]。

传统的课堂,从主体来看,过于强调教师是中心,师生地位是不平等的,教师根据知识体系、个人兴趣和习惯来进行课堂设计;从教与学的过程来看,重教轻学,割裂教与学的联系,以教定学,轻视甚至忽视学生的"学",学生完全处于被动地位,关注结果、忽视过程,课堂上搞"一言堂"和"注入式教学",追求整齐划一的课堂管理状态,抹杀个性,教师和学生之间是控制与被控制的基本关系,教学成为知识的单向灌输和"填鸭式"推进的过程;从教学手段和方法上看,以教师的讲授活动为主,学生的活动是为完成知识传授服

---

① 裴嵘军.凯洛夫教育学对我国基础教育的影响与反思[J].教育理论与实践,2015(17):6—8.

务的,对学生的思维品质关注较少,学生的学习过程表现为听课、记录和背记;从师生角色来看,教师是集"编剧"、"导演"和"演员"于一身,全方位包办学生的学习;从评价标准来看,统一标准,不关注学生差异,教学中很少兼顾学生的实际,只关注速度,忽视质量,只管教不管学,教师很累,内容很多,学生很忙,却不一定有好的结果。

研究表明,"师本位"课堂模式司空见惯。以高中地理课堂状态为例,有研究者选取了南京地区 20 所不同层次学校的 27 名教师为代表进行问卷调查,仍有 7% 教师教"教材",只有 33% 教师考虑学生的认知特点,37.04% 的教师课堂讲授时间为 30 分钟以上[1]。然而,"师本位"课堂模式在其运作过程中效率低下、不利于学生思维发展已是不争的事实。研究发现,南京师范大学附属小学"传统课堂"对照班学生的"小学生远距离联想测验"作业单成绩(均值 24.08)整体低于"生本课堂"实验班(均值 28.12),"生本课堂"实验班总体测验成绩的标准差(4.87)低于"传统课堂"对照班总体测验成绩的标准差(6.31)[2]。可见,"师本位"的"传统课堂"与"生本位"的"生本课堂"所产生的学生学业成果有着显著差异。

随着新一轮课程改革的进一步深入,有不少教师开始从关注自己的"教"转向关注学生的"学",从研究"教法"转为研究"学法",注重发挥学生在教学中的主体性地位。然而,在教学实践中,一些教师总是"说一套、做一套","穿新鞋、走老路",没能切实地将新理念转化为新行动,课堂还是老模式、老方法、老套路,以教师为中心,"一支粉笔一张嘴,从头讲到尾"的现象还为数不少。在这种教学模式下,"教师忙得很,学生无事做",其结果是"高消耗、低收益"。新理念与旧模式两张皮的现象较为突出,"满堂灌""一言堂"的传统教学模式仍主宰着课堂,即使有学生活动,也显得非常生硬和做作,即使有师生互动,也不过是形式,是作秀,是一种"假互动"。

二、"教堂"转向"学堂"——课堂变革的必然之路

叶圣陶先生说过,学习是学生自己的事,无论教师讲得多好,不调动学

---

[1] 杨巧.高中地理生本课堂的实践研究[D].南京:南京师范大学,2013:11.
[2] 赵洁."生本教学"对小学生创造性思维的影响[D].南京:南京师范大学,2014:3.

生学习的积极性,是无论如何也学不好的。根据建构主义理论,学习是一个意义建构过程,是学习者主动通过新、旧经验的相互作用而形成、丰富和调整自己的认知结构的过程。一方面学习者需要将新知识与原有的知识经验联系起来,把它纳入到已有的认知结构中,从而获得新知识的意义;另一方面,原有的知识经验会因为新知识的纳入而发生一定的调整或改组。不论是哪种方面,学习的主体都应该是学生。

  2001年6月教育部颁布了《基础教育课程改革纲要(试行)》,明确指出"改变课程过于注重知识传授的倾向,强调形成积极主动的学习态度,使获得基础知识与基本技能的过程同时成为学会学习和形成正确价值观的过程。"随着课程改革的进一步落实,2014年3月教育部出台《教育部关于全面深化课程改革落实立德树人根本任务的意见》,文件强调改进学科教学的育人功能并全面落实以学生为本的教育理念。以学生为主体的"学堂"模式是深化课程改革的要求,也是求真务实的聪慧之举。

  世界在快速变化,我们的教育也需要改变。今天基础教育走到了内涵发展阶段,教育改革也进入了"深水区"。课堂作为基础教育最核心的内涵问题,自然成为教育改革的主战场,因此,由"教堂"转向"学堂"是教育改革的当务之急。其次,在浩瀚无垠、快速增长的知识面前,基本知识的核心化、集约化将是必然趋势,大量讲授、大量训练课堂的形态使学生感受不到课堂的愉悦和幸福,更无法满足学生的真正需求,由"教堂"转向"学堂"成为教育改革的必要选择。再次,信息技术的冲击也加重了课堂升级换代的紧迫感,在数字化时代,我们的生活方式发生了巨变,教育也无法置之身外,学生学习方式将在信息技术广泛应用的背景下,更多地实现"先学后教"、"多学少教"和"以学定教",课堂的转变将是实现这一学习方式转变的必要保障。最后,教学改革的最终目的是"让学生学习增值",即让学生更想学,更会学,学到更多知识技能,对学生的个人发展更有意义。实现从"教堂"向"学堂"的转变是以学习为中心,让学习增值,促进学生终生发展的必然方向。

三、"学堂"——课堂变革的出路

  学习就是学生经验和知识的变化,这种变化的实现有赖于经历一种有指导的学习过程;教学是教师的专业实践,这种专业性体现在通过专业方案的设计、实施与评估,以规范或指导学生的学习过程,即促进学生的学习[①]。在课堂教学中,教师应该运用自己的智慧和创造力,挖掘蕴涵其中的无限生机和活力,关注学生的发展,以学生成长为本,真正把课堂还给学生,从而让课堂焕发生命的活力,让学生在愉快的学习环境中自然、生动地学习和操练,不断提高学生自身的学习能力[②]。新"学堂"应具备以下特征:

(一)学习主体在于学生

在由教师、学生、教材所构成的课堂教学系统核心要素中,学生毫无疑问处在第一位。学生是学习的主体,也是实践和发展的主体。课堂教学目标不应该是只把教学工作当作任务来完成,而应该是服务于学生的发展,引导并促进学生的全面发展,真正站在学生的角度进行教学,既要重视基本知识和基本技能,又要重视知识、技能的形成过程,发展学生的能力。所以课堂的教学设计、教学活动必须从学生的生活背景、已有知识经验出发,摆脱教师本位或成人的世界,充分相信学生有学习的欲望和潜能,大胆放手让他们在交流互动过程中自主学习、合作探究,从而来主动建构自己的意义世界。

(二)学习氛围民主平等

心理学研究表明,人在心情愉快时的感觉、观察都较敏锐,想象丰富,思维敏捷;而人在心情沮丧时,这一切都将受阻。一个民主、平等、激励、和谐的课堂氛围,可以唤起学生学习的热情,激发学生的求知欲望,发展学生智力。给学生一个无拘无束的表现空间,让学生敢想、敢说、敢实践,从而以更大的热情去攀登学习的巅峰。民主、平等、和谐的课堂实际就是学生自主参与、主体性充分展示的课堂。在民主的课堂中,教师关爱学生、信赖学生、研究学生,公平公正地对待每一个学生。课堂中学习目标的制定、难度的把握、学习结果的测评都要面向全体学生。同时关注学困生的学习状态,运用各种手段营造和谐、平等的教学氛围,在课堂小组讨论以及问题探究时,充分调动每位学生的积极性,保证他们拥有发表意见的平等权利。

---

① 崔允漷.学历案:学生立场的教案变革[N].中国教育报,2016-06-09(6).
② 陈锁明.重构"新课堂":从"教堂"回归"学堂"[J].中小学管理,2014(7):31—33.

(三)学习过程互动探究

课堂旨在实现教师的教和学生的学的统一,这种统一的实质是交往、互动。师生是合作的、探究的多方互动的交流双方,它不仅包括师生之间的互动,还包括生生之间的互动,同时也包括学生与社会之间的互动。互动的内容不拘泥于认知性的内容,还有情感、意志等精神内容。这种互动性对教师提出了更高的要求。首先,课堂中师生、生生之间是平等、信任、互爱、朋友式的关系,可以平等对话和交流,学习氛围生动活泼,课堂是激发师生生命活力的场所;其次,教师教学的任务不仅要组织整个教学进程,而且还要对学生进行思维训练,激发求知欲,积极鼓励学生参与教学活动,培养学生分析综合、判断推理和概括总结等基本能力;再次,学习的主动权交到学生手里,让学生发现问题,解决问题,拓展了教育的视野,师生的生命得到认可、激活和丰富,生命的质量和价值得到提升,使教育获得完整的内涵。

(四)学习内容开放生成

课堂应突破传统课堂教学的封闭化、内容的固定化、教学方式手段单一化、过分注重知识的单向传递的局限,追求学生的全面发展,呈现给学生一个真实世界,让他们具有走进社会、应对挑战的能力,帮助、促进学生健康地自我发展,成为开放、独立、不断自我超越的社会人。首先,课堂是学生围绕教学目标在课内外一切主动的学习活动;其次,课堂内容是贴近社会实际并且是经过重建筛选的,是具有工具性的、启发性的,能让学生学会质疑、学会学习深刻的知识;再次,根据内容变化,选用不同学习方式和方法组织丰富多彩的活动,如辩论赛、角色扮演等。选择开放的内容,提出开放的问题,采取开放的学习方式,使课堂由封闭走向开放,使课堂与生活、社会的联系更加密切,课堂生命力和活力更加旺盛。

(五)学习场域丰富多元

随着近年来信息技术的不断发展和应用,学习平台与场所已不再局限于教室、实验室、图书馆等一般意义上的学习空间,基于网络平台的"虚拟课堂"正不断改变学生的学习方式。"翻转课堂"改变了课内外的学习方式,甚至颠覆了传统课堂的流程,学习的空间也不拘泥于课内,基于这种模式,学生能够在课内时间里更专注于主动的基于项目的学习,从而对特定问题获得更深层次的理解;基于网络的"慕课"平台提供了更加多元及丰富的课程资源,使更多学生获得主动系统学习的机会;目前在中小学广泛应用的"微课"以视频为主要载体,记录教师在课堂内外教育教学过程中围绕某个知识点或教学环节而开展的精彩教与学活动全过程,体现了学生的自主学习过程。总之,基于信息技术的"虚拟课堂"使得学生学习方式变得更加开放多元,学习空间也多种多样,评价手段丰富多彩,最大限度地发挥学生学习的积极性、主动性,也凸显学生"个性化"学习[1]。

当然,要将"教堂"变成真正的"学堂",不仅需要教师懂得教学技术,有教学能力,更需要教师有崇高的职业道德境界和自我发展、自我超越的动力,还要紧跟"未来课堂"的发展动态。唯有如此,才能成为有知识、有能力、有见解的聪明的智慧型教师。有了这样的教师,我们的课堂真正才能"学"起来,"动"起来,"活"起来。

(蒋桂林　陆　鹏)

---

[1] 马珏,朱军.虚拟课堂中学生学习方式的变化[J].中小学信息技术教育,2014(11):90—92.

❷ 教学之问：传递信息还是精加工信息？

早在17世纪，捷克著名的教育家夸美纽斯就指出，知识来源于人的感官对外界信息的接收。[①] 课堂是基础教育的最主要空间，是信息交流的最主要路径。在课堂教学中，信息是通过多种方式和载体来交流的，始终贯穿整个教学过程，课堂教学实际就是信息的传递以及接收、处理、记忆的一个动态过程。目前课堂教学的实施者教师经常面临的最大困惑是：我教了，他学了，为什么没学会？这就促使我们来重新思考教学究竟只是为了给学生传递信息还是需要进一步促进学生对信息的精加工？

一、教学概念的一般界定

在我国，"教学"一词最早见于《尚书·兑命》，《学记》引用它作为"教学相长"的经典依据。教学即学习，指通过教人而学，以提高自己，这是汉语"教学"一词最早的语义。到19世纪末20世纪初，随着我国近代班级集体教学形式的出现，"教学"的语义演变为"教授"，《中国教育辞典》(1928)把"教学法"解释为"各种教授方术者"。1917年，我国著名教育家陶行知从美国学成回国，受美国教育哲学家杜威"学生中心"思想的影响，极力主张改"教授"为"教学"，即教学生学，"教学"词义再度发生变化。解放后，我们在全面学习苏联教育学家凯洛夫主编的《教育学》时，接受了这样的定义：教学是教师教和学生学的统一活动。"教学"的第四种词义沿用

[①] [捷克]夸美纽斯.大教学论[M].傅任敢,译.北京：人民教育出版社,2014：156.

至今。

随着教学前提条件变化和外部思想的传播与介入,汉语"教学"一词的语义不断发生变化。依据约定俗成的用法,"教"、"教学"经常指代"课堂教学"。教学就是指教的人指导学的人进行学习的活动,进一步说,指的是教和学相结合或相统一的活动。① 教学是以课程内容为中介的师生双方教和学的共同活动。教师为了让学生想学、会学与好学,会作出种种尝试与努力,教师通过这些尝试与努力使不想学的学生想学,使想学的学生持续地学。教学是教师引起、维持与促进学生学习的所有行为。

二、信息论视角下的教学内涵

1948年,美国数学家香农发表了信息论的奠基性著作《通信的数学理论》,系统论述了信息的定义、怎样数量化信息、怎样更好地对信息进行编码等内容,②此后,有关信息理论研究逐渐兴起,并得到迅速发展。这些研究不仅在信息科学技术方面获得了巨大成功,而且也极大推动了现代教育理论的前行。教育信息理论的核心思想便是把人看成计算机式的信息加工系统,人的认知行为是由大脑内部的信息流程决定,因此,学习的实质便是获得和使用信息,而教学就是信息传递与接收的一个过程。

从课堂信息传递来看,从教到学是第一次信息转换,从学到学会是第二次信息转换。经过两次信息转换,学生才能学会。只关注第一次,不关注第二次,学生是难以学会的。但第二次比第一次更复杂、更重要。第一次转换是信息的人际转换,即从教师到学生;第二次转换是信息的自我转换,即学生对信息的精加工,如将新接收到的信息从短时记忆转换成长时记忆,便于及时提取;从单个新学的概念同化到原有的概念网中,使之结构化;将两个及以上看似不相关的信息整合在一起,形成新的知识。教学作为完整的专业实践活动,其结束的标志是学生有没有学会,绝非教师有没有教(如图2-1所示)。③

---

① 李秉德.教学论[M].北京:人民教育出版社,1991:2.
② 周又玲.从香农到波普——看信息论的认识论价值[J].学术论坛,2006(12):9—11.
③ 崔允漷.学历案:学生立场的教案变革[N].中国教育报,2016-06-09(6).

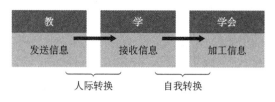

图 2-1 教学信息的转换与加工

三、现实教学中单向信息传递的局限

为了实现教学目标,教师会事先进行知识信息的精心准备,然后在课堂上将其传递给学生。但传统的课堂教学往往只是一种信息的单向传递,在这个过程中,教师多以自己为立场,他们或是只关注自己找到了什么信息资源,而不太关注内容是否适当、学生是否有兴趣、与目标达成有何关系;或是只关注自己的呈现与示范方式,而不太关注学生是否已经学会。

以高中数学概念教学为例,概念教学是数学教学不可或缺的重要组成部分,其目的是帮助学生获得、理解和运用数学概念,并在这个过程中学习数学方法、领悟数学思想、提高数学素养、感受数学文化。课堂教学中,需要必要的时间与空间让学生完成从观察分析到抽象出概念本质属性,到用规范数学语言进行概括表述这一学习过程,可实际上,概念教学的过程常常被教师的讲解告知取代,随后很快进入解题训练,用大量的练习充斥课堂。学生在为什么要建构新概念和怎样建构新概念上一无所获。这种主语是教师的单向信息传递,是造成课堂上学生浅层学习、虚假学习、游离学习等现象的重要根源。

传统的单向信息传递显然已经无法再满足课堂教学的要求了。信息的单向传递使得教师主宰一切,包办一切,而忽视了学生的学,课堂上教师是绝对的主角,学生只是在教师的指挥棒下看看听听,或简单地动手、动口,而没有真正地动脑,学生成了被动接受知识的对象。因此,出现"我教了,他学了,可没学会"的现象也就不足为奇了。

四、课堂教学除了传递信息,更需要精加工信息

(一)信息精加工的概念

根据美国著名教育心理学家加涅的信息加工学习理论,学习就是学生

的一整套内部加工过程,在这个过程中,学生将环境中的刺激转化为能进入长时间记忆状态的信息。学生的记忆由感觉记忆、短时记忆和长时记忆三个存贮系统组成。其中短时记忆是信息从感觉记忆到长时记忆之间的过渡阶段,对课堂教学的意义极大。① 短期记忆中贮存的信息时间较短,如果学生在课堂上没有把新信息与已有的经验结合起来,这些信息不久就会遗忘,也就是"教师教了,学生也学了,但没学会"。因此,要使学生接收到的信息进入长时记忆状态,就必须对信息进行精加工。所谓信息精加工,就是指通过对学习材料进行深入细致的分析、加工,同时理解其内在的深层意义,最终促进长时记忆的完成。② 因此,精加工的深度与效果决定了学生学习的质量。

(二)课堂信息精加工的必要性

我们当下正处于一个信息爆炸的时代,随着互联网技术的发展,信息量之大,信息传播速度之快,信息获取渠道之广,都已经远远超出了过去人们的想象。因此,教师在课堂上要做的不仅是向学生进行信息传递,更要帮助学生对接收的信息进行加工,使这些信息真正内化为被学生所掌握的知识。

对课堂信息进行精加工,也是以学生为主体的教学理念的内在要求。在学校教育中,学与教之间存在着相辅相成的辩证关系。从行为者的主次地位来看,学主教从,即学习是学生的基本权利,这是第一位的,教师教学服务于学生学习。从行为发生学的角度来看,先学后教,即先有学习的需求,再有教学的必要,教以学为基础或前提,若没有学习,则无须教学。从行为的专业性来看,以学定教,即教师作出的任何教学决策都是以学为依据的,是基于学情的。

(三)如何完成信息的精加工

学习是学生经验和知识的变化,这种变化的实现有赖于经历一种有指导的学习过程。学生用他们已经知道和相信的信息(知识)去建构和理解新的信息(知识)。教师作为教学专业人员存在时,就是为了让学生在新旧信

---

① 冯良忠,等.教育心理学[M].北京:人民教育出版社,2010:125.
② 姜智.教育心理学[M].长春:吉林大学出版社,2005:83.

息(知识)之间发生更好连接,在教师的帮助下,学生不仅学会了新知识,而且更想学、更会学。作为专业人员的教师,其存在的意义就是通过专业方案的设计、实施与评估,以规范或指导学生的学习过程,即促进学生的学习。因此,教师在基于专业责任设计教案时,就必须处理好信息的两次转换,教师不能只关注自己如何传递或呈现信息,即怎样教,更重要的是如何帮助学生加工或精加工,即怎样学、何以学会。

  教师应该如何有效地指导学生完成信息的精加工呢？首先,信息接受者(学生)大脑皮层的兴奋水平,直接决定着信息加工的效果。教师通过学习目标、评价任务的提前设定,可以在课堂上去调节、引导和发挥学生情绪,调动学生学习的积极性,从而提高课堂教学的效能。其次,一个信息的储存常常不是孤立的,而是处于与其他信息的相互联系之中,从而构成一个整体的结构模式,称为"组块"。短时记忆的容量有限,一般只能储存七个左右的信息"组块"①。因此教师在课堂上应向学生呈现恰当数量的信息量,并给予学生足够的加工或思考时间。同时还要引导学生对刺激信息进行"预加工",使学生学会利用自己的知识经验对信息进行组织,使他们成为"块状"。第三,当学生在接受新信息或解决某问题时,需要对已存储的相关信息进行提取,而加以相互作用或进行应用,但信息的提取又并非总能成功,有些信息在回忆时不能被激活,其主要原因是在学习时对信息的加工深度不够。在教学中,教师可以让学生更多地以精致性复述的方式对学习材料进行编码,将它们组织成为有意义的命题;同时引导学生在寻找新旧知识间的联系上下功夫,掌握本质特征的不同表述方式,真正有效地扩大学生的信息存储量。

  教学的过程实际上是一个教师帮助学生接受新信息、巩固旧信息,从而不断发展壮大自己的信息储存量的过程,在这个过程中,必须要把握好以教师为主导、以学生为中心这一原则。教师要有较高的思想素质和专业素质,尽可能地保证信息传递的有效性,同时还要指导学生充分发挥自己的主观能动性,对接收到的信息不断地进行加工、整理、转化、贮存,从而最终形成自己的知识体系。

(叶 红)

---

① [美]斯滕伯格,威廉姆斯.教育心理学[M].张厚粲,译.北京:中国轻工业出版社,2003:246.

03 方案之问：教之案还是学之案？

随着课程改革的推进，从双基到三维目标，再到核心素养体系的建立，我们看到的是教育由知识主体向人的全面发展的回归。作为其核心的课堂教学改革在艰难中冲破惯性与经验的束缚，慢慢实现由知识主体向学生主体的转变，教学模式也由传统的"满堂灌"（传递信息）走向指导学生的自主学习和信息加工。那么，作为课堂教学的预先设计和实施计划的教学方案，我们教师写了几十年的教案，应该有怎样的转变？

一、为什么需要专业的教学方案

教学方案是教师实施教学之前，依据国家的课程标准、学生的发展特点和自己的教学理念、风格，运用系统的观点和方法，遵循教学过程的基本规律，对教学活动进行的预设、规划、安排或决策。[①] 制定教学方案，是教师职业的重要内容，也是其专业性的重要标志之一。

专业性的一个基本特征是不可替代性。不可替代的意思是，这个专业领域的工作，只有这个专业的技术人才才能胜任。说起职业的专业性，大家都会提起医生、律师和建筑师等，但很少有人会认为教师也是一个专业性职业。这也是当下很多人，包括很多家长，都能对教育、对学校评头论足、说三道四的原因。

其实，早在1966年国际劳工组织和联合国教科文组织发表的《关于教

---

① 张晓华.教师专业化——世界教师教育发展的潮流[J].新疆石油教育学院学报,2004(4):25—26.

师地位的建议》就提出应把教师工作视为专门职业,认为它是一种"经过严格训练和不断研究才能获得专业知识并维持专业知识及专门技能的公共业务"。同年日内瓦国际劳工统计专业会议通过的《国际标准职业分类》中,教师被列入了"专家、技术人员和有关工作者"这一大类。在我国,1986年发布的《中华人民共和国国家标准职业分类和代码》中,将教师归为"各类专业、技术人员"这一大类;1993年中华人民共和国国务院颁布了《中华人民共和国教师法》,第三条明确规定:"教师是履行教学职责的专业人员",这一条款为我国教师职业的专业性质提供了法律依据。

那么,就具体的专业实践过程来看,称得上专业的实践一般包括三个环节:专业方案的拟订、方案实施与结果评估。区分一项实践活动专业与否的标志首先是专业方案的有无。① 如同医生的病历与处方、律师的法律文书档案、建筑师的设计图纸一样,教学方案就是教师专门设计的,用于实施课堂教学的专业性方案。具体体现在:

(一)教师能根据课程标准与学情确定科学的课堂教学目标

课程标准是对学生经过一定教育阶段之后的学习结果所做的具体描述,是对课程教学的基本规范和要求,是教学和评价的依据。但是课标面向的是一个学段的全体学生,描述的是全体学生通过三年学习所要达到的最低标准。怎样由上位的课程标准,转化为面向一个班的学生、通过一堂课的学习所要达到的目标,并且表述为一个学生看得懂、做得对、学得会的具有目的地形象的课堂教学目标,就是教师的一项专业能力,这与其所接受的规范的师范教育和多年的教学实践有密切联系。

其一,是对课程标准的理解与分解。理解课程标准是教学的前提,而在理解的基础上对课程标准进行分解,提出一堂课所要达成的具体目标,则是一项专业技能。任何一种素养都不是一蹴而就的,需要在教师的引导下经历由知道到应用,逐步形成习惯与观念的过程,有的还需要经过反复训练,实现由量变到质变的飞跃。每一天、每一堂课则是这个巨大工程中的一个环节,需要教师的专业设计。

其二,是对班级学情的细致分析。目标的设定还离不开对学生各个年

---

① 崔允漷.学历案——学生立场的教案变革[N].中国教育报,2016-06-09(6).

龄段认知习惯和认知能力的分析,目标是否恰当、内容是否适合、学生是否有兴趣,都是教学目标设定需要考虑的因素;同时,根据班级学生的个体差异,制定符合最近发展区的分层次目标,也是一位教师专业能力的卓越表现。

(二) 教师能选择合适的教学内容,体现"用教材教"

课堂教学的开展离不开教学内容,学生素养的提高也需要学科知识作为载体。这就需要教师结合教材,选取与目标达成有关的内容,整合各类教学资源,制定目标达成的路径,为学生的"学会"提供可操作、可检测的依据。教材是教学专家经过反复论证研讨基础上认真编写出来的,是专家集体智慧的结晶,是教师日常教学的重要资源,但并不是唯一依据。

教师的专业性还体现在他们能够根据学生的认识规律,在理解课程标准、把握教材基本理念的基础上,创造性地使用教材,对教材进行科学的增加、删减、补充、更新、重组等,以达到"用教材教"的境界。

(三) 教师能选择合适的教学方式,帮助学生学会知识

学习科学告诉我们,学习是与生俱来的,人天生就是爱学习且会学习的,而作为专业职业的教师,就是要引起学习、维持学习与促进学习,从而实现更好的发展。① 教师的专业性,不仅表现在对学科知识和知识体系的专业认知上,更体现在能够基于学情的证据作出判断学生应该如何学会,然后通过创设情景、提供支架、释疑解难、提供针对性支持等途径引领并促进学生学习。选择合适的方法,是达成目标的重要因素,例如阅读教材或PPT、观看视频、课堂练习、演讲与辩论、实验操作、合作探究等,构成了课堂教学的主体过程。这种教学方式的有效性还在于能够透过知识的表象了解问题的根源,找到答案并举一反三,帮助学生从解答一道题走向解决一类题,形成正确的解题思路,培养学科素养,真正达到"学会"的教学目标。

(四) 教师能设计评价任务,实时监测目标的达成情况

教学评价是教学活动不可缺少的一个基本环节,它在教学过程中发挥

---

① 崔允漷. 学历案——学生立场的教案变革[N]. 中国教育报,2016-06-09(6).

着多方面作用,能够诊断、激励、调控教学活动的进行,保证教学目标的最终达成。没有评价就没有理想的教学。随着信息化和学习型社会的到来,以纸笔测试为最高权威的传统评价方法已无法适应学习方式的转型,当前广大教师已广泛采用过程性评价、综合素质的评价等多种方式,设计多样的评价性任务,不仅考察学生的学科基础知识、基本技能和对学科概念及其规律的掌握与理解,而且对学生在学习过程中表现出的情感态度、科学探究方法与能力、科学的行为与习惯等方面的发展变化进行综合评价。同时,一改过去仅在学习过程结束后进行的终结性评价,将专业性的评价任务设计在教学过程之中。这就需要教师随时关注学生在课堂上的表现与反应,及时给予必要的、适当的鼓励性的、指导性的评价,实时监测目标的达成状况,及时调整教学状态,用评价来促进学习的深入。

二、传统教案的辩护与批判

教案是为课堂教学而准备的书面计划。[①] 同为教学方案的还有学案、导学案、学历案等等,反映出教学过程中不同的观念与立场。但是在很长一个时期内,教案一直是教学方案的代名词。

一般来说,教案是以课时为单位设计的实际教学方案,关注点是教什么和怎么教。如何写教案,是师范类专业所需教授的一门重要课程,是教师职业的基本专业能力,刚走上讲台的新教师,前三年是一定要写教案的。但同时一辈子都只写教案,始终关注自己教什么和怎样教,显然也是不合适的。教学过程中经常听到教师抱怨"为什么教了还不会"、"这道题都讲了五遍了,为什么考试还错"等等,我们有理由反思我们一写多年的教案,是不是在增加教的精彩、精致的同时,却在关注学生学习方面还存在诸多问题。

(一)注重教师立场,缺乏整体设计

课改之前,我们教学的依据是教学大纲,它以纲要的形式明确规定了教学目的和任务、知识技能的范围与深度、教学内容体系结构以及教学进度和教学法的基本要求。教师在学习和使用教学大纲时,主要关心的是知识点

---

① 崔允漷.有效教学[M].上海:华东师范大学出版社,2009:130.

发生了哪些变化,增加或删减了哪些内容,具体的要求和课时数是多少,怎样传授这些知识,这都是以教师行为为主体,体现了教案设计的教师立场和内容立场。这种强调碎片化的知识点立意的教案,缺乏对学生知识体系、能力体系、素养体系的整体设计,不再适应当前课程改革对教育教学的要求。

(二)关注教学内容的传递,忽视学生有没有"学会"

教师在撰写教案时,几乎全部注意力在于学科知识本身,如何理解知识点,如何将知识点串联成知识网络,如何拓展和挖掘知识点等,究其根本,还是关注怎样将知识传递给学生。其实这仅仅是学生学习的初期阶段。真正的学习重点,在于学生能够将所获得的信息进行精制加工,与自己已有的经验产生联系,在新的情境中运用新知识解决新问题,才算得上"学会了"。传统的教案在关注学生学习,尤其是有没有"学会"方面,几乎是空白的。特别是基于儿童的心理和生理特征,如何创设学习情境,如何在学生的已有经验和新知之间建立联系,促进信息的精致加工和深度学习,在撰写教案时一般都缺乏思考,导致教学过程中教师精心地讲解、学生机械地听讲、重复地训练,这对于一些知识的再现考核可能是有效的,甚至是高效的,但对于学生能力的培养、素养的提升是低效的,甚至培养出很多高分低能的学生。更可怕的是在这些机械、重复过程中,学生丧失对学习的兴趣和热情。

(三)关注教得精致,忽视与目标匹配的评价

教案的具体栏目包括教学目标、教学方法、重难点分析、教学过程、教学反馈等,教学过程更是具体到如何导入、怎样讲解、如何承转、如何小结等,充分体现了一位教师对课堂教学的细致安排和精心预设。通过写教案,可以更加明确知识的内涵与外延、知识与知识之间的关系,以及如何将知识深入浅出地再现或诠释出来,一环扣一环,让课堂教学顺利、有序展开。充分的备课、详尽的教案有助于教师熟悉教学流程、提高教学能力,可以让教师有充分的知识储备与心理准备,从容面对复杂多变的课堂教学过程。可以说,有什么样的教案,就有什么样的教学。

这样设计出来的教案,以完成教学内容为主要目的,以内容再现为主要反馈手段,缺乏对学生学习目标的准确定位,更不要说设计与目标匹配的评价任务,教与学脱节,学与评同样也脱节。

三、重新定位教学方案

"教了"不等于"学了",更不等于"学会了"。关注教师、关注内容的教之案,在一个教师走过青涩走向成熟的阶段,有必要向学生主体、关注如何学会的学之案转变,我们需要能够促进学习的教学方案。

(一)教学方案应该体现学生立场

教学的最终目标是学生掌握知识(学会),同时形成科学的学习方法和途径(会学),其主体应该也必然是学生。所谓学生立场的教学方案,即整个教学过程的设计都围绕或聚焦学生何以学会,从期望学生学会什么出发,设计如何学会的完整学习历程,配合指向目标监测的形成性评价,以确保至少2/3的学生学会。"教案的变革之路必须摒弃教师立场和内容立场,选择学生立场,体现以学习为中心的教案设计理念。"[1]

传统教案的陈述方式多采用的是"使学生"、"提高学生"、"培养学生"等方式,其行为的主体是教师而不是学生。学生立场的教学方案则应该采用"能背诵、能说出、会解释、会陈述、会运用、会证明以及列举、辨认、解释、描述、说明、整理、比较、设计、撰写、说明、判断"等以学生为主体的行为动词,让学生明确课堂中通过怎样的学习活动达到什么程度,引导学生进行自主的学习活动,并及时检测自己是否已经达标。

传统的知识立场教学重在知识,缺乏对于知识背后的价值观方法论以及学科历史与文化的关注。知识从特有的语境被抽离出来,变成了无关情感与思想的冰冷符号。[2] 学习也就成为没有意义也很无趣的一件事。

建构主义认为,知识不是通过教师传授而得到的,而是学习者在一定的情境中,借助其他人(包括教师和学习伙伴)的帮助,利用必要的学习资料,

---

[1] 崔允漷.学历案——学生立场的教案变革[N].中国教育报,2016-06-09(6).
[2] 佐藤学.课程与教师[M].钟启泉,译.北京:教育科学出版社,2003:55.

通过意义建构的方式而获得的。

情境学习理论认为,学习的本质,是个体参与真实情境与实践,与他人及环境相互作用的过程;是培养参与实践活动能力、提高社会化水平的过程;是一种文化适应及获得特定实践共同体成员身份的过程。情境学习理论主张的一个核心观点是:脱离真实情境,学习便无意义。学习只有发生在个体与情境的互动之中,才会彰显其价值。①

由此我们知道,学习的本质是经验在深度或广度上的持续变化,即个体在原有经验的基础上通过自主建构或社会建构形成新经验的过程。现代学习观就是人们用他们已知道和相信的知识去建构新知识和对新知识的理解。那么作为专业的职业教师,就要通过教学设计,立足学生立场创设真实的生活或社会情境,从学生的已有经验出发,搭建通往新经验的桥梁。因为,只有在真实情境中解决真问题,才能算是经历了"真学习"。

(二)为学生"学会"搭建支架

课堂教学以"学会"为目标,以"会学""乐学"为终极目标。从学生的视角来看,"学会"可以通过多个途径,但究其根本无外乎两个过程:其一是从教师或书本或各类媒体中获取信息。其二是对获得的信息进行精致加工,如将新接收到的信息从短时记忆转换成长时记忆,便于及时提取;如从单个新学的概念同化到原有的概念网中,使之结构化;如将两个及以上看似不相关的信息整合在一起,形成新的知识等等。那么,新定位的教学方案,会立足学生已有知识和经验,模拟、设计学生的学习经历,重视学生自主建构,让学习过程"看得见";重视知识的条件化、情境化、结构化,从而引导学生实现对知识的深度理解;根据学情,在学生的疑难点、困惑处搭建支架,或者分解步骤降低难度,或者提供辅助信息,帮助学生实现信息的自我加工和自主建构,从而达到"学会"的目标。这与只关注教师如何传递或呈现信息,即怎样教的传统教案相比是大相径庭的。

同时,教学方案还应该兼顾学生的客观差异,分层设计学习活动,设置分难度的评价任务,让不同能力水平的学生经历不同的学习过程。这有助

---

① 应方淦,高志敏.情境学习理论视野中的成人学习[J].开放教育研究,2007(6):10—13.

于解决课堂教学中普遍存在的"虚假学习""游离学习"的问题,实现在课堂情境中最大化地"在学习"、"真学习"。①

(三) 以促进学习为目标

教学方案的设计,还要以促进学习为目标,关注学习的全过程。除了课堂40分钟的学习过程预设,我们还要关注学前的目标解读、学法建议,更要关注学生的学后自我检测与评价、学后反思等环节。借助教学方案的文本设计,提高学生对自己学习目标、过程、结果、特点等方面的认识,增强学生自我认知、自我评判以及自我修正和发展的能力,从而提高自己的元认知能力,促进学生学会学习。

例如,利用学前准备,构建学生学习新知的新途径,并引导学生大胆质疑、主动建构的自主性学习指导;又如,引导学生通过对自身学习活动过程的反思来进行学习,对自己的思维过程、思维结果进行再认识的反思性学习的倡导;再如,引导学生进行个别化的自主学习,关注个人知识管理的累积学习策略的构建等,真正实现从关注课堂40分钟向关注学习全过程的转变。

随着课程改革的再一次深入,课堂正逐步发生深刻的变革,教师的职业生命也面临各种机遇和挑战:从教师立场的教之案走向学生立场的学之案,教师从知识的组织者走向学生学习经历的设计者,课堂教学从基于经验走向科学、走向专业。

(陆芷茗)

---

① 崔允漷.学历案——学生立场的教案变革[N].中国教育报,2016-06-09(6).

04 教师关注:"学会"还是"传递"?

教师的专业责任在于帮助学生实现有效的学习。现实的教学活动中,教师投入了大量的时间和精力研究如何讲解知识,把精心准备的内容传递给学生,然而学生"虚学习、假学会"的现象依然普遍存在,影响了育人的质量。问题的症结在于教师的教学更多的是从"教师立场"出发,欠缺了对学生学习的关注和评价。那么,如何理解"学会"?怎样才能让学生真的"学会"?

一、教师的专业关注——帮助学生"学会、明白"

教师的专业性主要体现在"专业的教学"上。教师教学工作的对象是学生,教学行为的目的是帮助学生学习,使学生掌握知识,发展能力,让学生"学有所得"、"学有所长",促进学生的全面发展。

从对"教学"的认识的角度来看,中国古代的认知是"教学即学习",近代教育家陶行知先生认为"教学即教学生学"。苏联教育学家凯洛夫(Kairov)则主张,"教学是教师教和学生学的统一活动"[1]。美国教育学家史密斯(B. O. Smith)总结了英语国家对"教学"的解释,其中一类定义认为教学意味着成功,要求学生掌握所教内容。[2] 崔允漷教授把"教学"定义为"教师引起、维持或促进学生学习的所有行为"[3]。从这些不同方式的定义可以看出,教学

---

[1] [苏]凯洛夫.教育学[M].陈侠,等,译.北京:人民教育出版社,1957:130.
[2] Smith, B. O. Definitions of Teaching[C]//M. Dukin (Ed.). The International Encyclopedia of Teaching and Teacher Education. Pergamon Press, 1987.
[3] 崔允漷.有效教学[M].上海:华东师范大学出版社,2012:20.

离不开"学生的学习",教学指向"学生得到有效的学习",教学应该以"学会"为目的。

从学习科学的角度来看,学习的本质是经验在深度或广度上的持续变化,即个体在原有经验的基础上通过自主建构或社会建构形成新经验的过程。现代学习观就是人们用他们已知道和相信的知识去建构新知识和对新知识的理解。① 学习是学生对知识进行信息再加工的过程,必须经过内化,才能成为自己的知识。从课堂信息传递来看(如图4-1所示),从"教"到"学会",信息必须经过两次转换,第一次转换是从"教"到"学",第二次转换是从"学"到"学会"。只有实现了信息的第二次转换,学生才有可能"学会"。如果只关注信息的第一次转换,不关注信息的第二次转换,教师就无法了解学生是否"学会"。

图4-1　教学信息的转换与加工

从对学生学业成就的要求来看,近年来,学生学业成就的观念正在超越单维度的概念,走向综合化。我国基础教育课程改革提出的"三维目标"正是综合化成就观的体现,"知识与技能"目标立足于让学生学会,"过程与方法"目标立足于让学生会学,"情感态度价值观"目标立足于让学生乐学。"三维目标"是对传统"双基论"的超越,体现了一种崭新的学力观。日本学者梶田叡一指出,"扎实学力"(基础学力)由表层的显性学力("知识、技能"与"理解、记忆")和深层的隐性学力("思考力和问题解决力"以及"兴趣与意欲""体验与实感")相互作用,共同组成,这种表层与深层的循环往复的学力形成路径,正是培养扎实的基础学力所需要的。② "三维目标"并没有把知识与技能的学习排斥在外,而是在"知识与技能的学习在教学中是如何实现

---

① [美]布兰思福特,等.人是如何学习的:大脑、心理、经验及学校(扩展版)[M].程可拉,等,译.上海:华东师范大学出版社,2013:9.
② 钟启泉."三维目标"论[J].教育研究,2011(9):62—67.

的"、"学生在知识与技能的学习过程中处于什么地位"等问题上给予了足够的关注。所以，教师不仅要关注学生要学会什么内容（应该知道什么），还要关注学习的途径、方法、效果，即学会了什么，如何学会，怎样才算是学会（能做什么）。

二、教学的专业误区——重"教"轻"学、评"

"引起意向、明释内容、调适形式、关注结果"是教学的四个逻辑必要条件，是"教学之所以为教学而非其他活动"的标准，也是将课堂行为引向有效的关键路径。

反观传统的教学，我们不难发现，虽然教师希望能让学生学会所教的内容，但是，教师教学的主要关注点仍然停留在如何传递、怎么讲解，缺少学生学习动机的激发、学习历程的规划、学习目标达成的评价。有的老师只管完成教学，不关注教学研究，也有些老师想研究却不知从哪里入手。当前教师教学研究的常见形式是集体备课、听课、评课，关注点主要还是老师怎么讲，仿佛教师完成教学内容了，讲得完美了，学生就一定学到了、掌握了。而对学生"如何学，是否实现了对教师所传递信息的加工"关注不够。教师自己的备课主要忙于研究教材教辅，制作教学课件，关注的更多是知识点、考点、题目、解法的呈现，缺少对知识的体系化建构和应用的思考。教师在备课活动中，虽然了解三维目标要求，但是教学目标被虚化的现象普遍存在，目标的来源或依据不够清晰，撰写也比较笼统，学生的学习表现要求不够明确，知识、技能目标写得不实，过程、方法目标游离于学习之外，情感、态度、价值观目标只是在贴标签。学生从开始上课到学习结束，都不太清楚自己通过学习应该掌握什么知识，获得什么方法，更不了解怎样算是学会、明白了。

只关注"教"而不关注"学、评"容易导致舍本逐末，有些教师课堂上为了形式而形式，忽视了教学的最实质内容，表面上教学活动热闹非凡，但这些设计游离于学生学习效果的评定之外，事后才发现学生既没有得到应有的思维锻炼，也没能掌握基本的知识，只能重新补救。此外，因为在教学设计中缺乏对课程的整体认知和把握，教师也很少能设置一些让学生形成课程"大观念"的本质问题，难以让学生对学习内容形成持续有效的关注。而且传统的评价设计往往关注的是事后评价，是在教学活动结束或者告一段落时进行的,无法及时发现学生存在的问题。由此产生的另一种极端现象是,出于对高利害标准化考试的功利化追求,有的课堂一言堂,满堂灌,甚至出现"高考考什么就教什么"、"怎么考就怎么教"的现象。若是高考不考的,即便是必修内容,教师也会将其删除不讲。这一切,都是不能正确理解和运用评价导致的不良后果。事实上,学生如果真的学会了,必然考得好,但是有的学生考得好,不一定是真的学会了。

教学,作为完整的专业实践活动,其结束的标志应该是学生有无"学会、明白",而不是教师有没有教完了,学生有没有考高分。教师教学的有效性是教学研究的重要问题,但是教的问题应该着眼于"促进高质量的学习",研究和思考"怎样教得有效"、"怎样教得更好",落脚点不是讲授的技巧,而是支持学生学习,鼓励学生思考,引出学生的最佳表现,创造适合于学生的教育。

三、教学的专业路径——落实"教—学—评一致"

教学是有意向性的行为,它必须指向任务的达成,即"学生学到了什么",因此,需要对教学目标、教学过程进行评价。教学目标的设定是否准确,教学内容的选择是否恰当,教学流程的设计是否合理,都应该通过学生的学业成就,即学生是否"学会、明白"来评价。教师的教学应该从传统的"教师立场"转变为"学生立场"。

从学与教的概念与关系来看(如图4-2所示),教师应设计专业的方案,通过专业地实施,并对方案的实施效果及时评估,让学生在原有经验与知识的基础之上,经历有指导的学习过程,建构新知,实现有效学习。

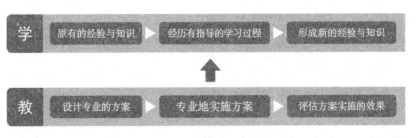

图4-2 学与教之关系

从教学评价领域来看，教育中的 ILT(Instruction-Learning-Test，教学—学习—考试)实践出现了新的范式：学习是主动的建构，是一个自我组织的过程，也是一个文化适应的过程；教育的目的在于促进学生学习；评价被看成教—学过程不可分割的一部分，采取一种情境化的质性的评价取向，既关注结果评价也关注过程评价，特别强调评价与教学的整合。在这种实践中，促进学习成为评价的核心功能。①

"为评价而教"才能发挥对教学和学习的积极影响，促进教学和学习目标的达成。我们可以将基于标准的学生学业成就评价看作是一个有目的地收集关于学生在达成课程标准的过程中所知和能做的证据的过程。②学生在经过一段时间的学习后应该知道什么和能做什么，课程标准有明确的界定和表述，它反映了国家对学生学习成果(学业成就)的期望。教师只有实施基于课程标准的学生学业成就评价，在教学中有目的地收集关于学生在达成课程标准的过程中"学会"和"明白"的证据，才能使课程标准在教学实践中的作用得到落实。

教师要开展专业的教学，需要了解和解决三个问题。一是"学生应当到哪里？"课程标准规定的是一个较大较远的目标，教师必须要将其分解为若干短期的小目标。教学目标应该基于课程标准，要指明预期的学生表现或成果，使教学活动、评价任务和作业检测有明确的指向。所有的教学目标都应该可观察、可测量、可评价。二是"学生已经在哪里？"要收集学生达成目标过程中学习状态的证据，了解学生相对于课程标准要求所处的位置。应事先设计表现性任务等评价活动方案，不仅是学习活动，而且是评价任务，更好地监测学生学习。要思考如何确定上述目标已经或正在得到实现，采用什么评价任务才能获得准确的信息。三是"学生当前状态与课程标准要求的目标状态之间存在什么差距，如何更好地弥合这种差距？"要思考用什么样的评价方式才能使学生表现更好。

任何课堂教学的质量都取决于所运用的评估的质量。③教师教学的专

---

① 崔允漷.有效教学[M].上海：华东师范大学出版社，2009：244.
② 崔允漷,王少非,夏雪梅.基于标准的学生学业成就评价[M].上海：华东师范大学出版社，2008：12.
③ Stiggins, R.J. Assessment Literacy for the 21st Century [J]. Phi Delta Kappan, 1995(77)：238-245.

业改进,应该立足于提高自己实施评价的能力,唯有落实"教—学—评一致",才能帮助学生实现高质量的学习。评价任务主要有两种形式,一种是传统的纸笔测验,另一种就是表现性评价(任务),如问答、展示、表演、实验、调查、复杂的纸笔任务等。由于传统的分数或等级呈现的评价结果不能有效提供学生学习状态的反馈,难以有效支持、促进学生学习,因此需要能够提供描述性反馈的评价标准,评价标准往往以评分规则的形式呈现。特别是,由于表现性评价具有多种答案,因此学生作品质量的评价包含必要的主观判断,为使判断合理、公平,评分规则事先设置了统一精确的标准或指南。[①] 在教师实践评价活动的过程中,表现性任务评价是关键技术,教师需要学习评分规则的开发和制定,并在教师评价、学生自评、同伴互评等使用方面得到有力的培训和指导。

  教学是由教师展开设计,在课堂活动中不断得以修正,借助反思复杂课堂事件的意义得以创造更有意义的经验的过程。教学创造的过程分为三个阶段,即计划(或设计)、实施(或实践)和评价(或反思)。在这里,教学的"设计"、"实践"、"反思"不是阶段性的过程,而是周而复始的循环往复过程。可以说,教师的教学反思能力构成了作为专家的教师能力的核心。[②] 要保证评价的教育性,教师还要重视"元评价"(对评价的评价),发展自身的评价素养。在评价的基础上,教师才能清楚地了解"学生在教师指导下的学习与没有老师指导下的个人学习"的区别,才能判断自身的教学是否引起、维持或促进了学生的学习。

(吕建林)

[①] 邵朝友.评分规则的开发与应用研究[D].上海:华东师范大学,2007:12.
[②] 钟启泉."三维目标"论[C]//杨向东,崔允漷.课堂评价.上海:华东师范大学出版社,2012:24.

05 具身学习:从"离身"到"具身"

为何儿童在初学算术时要借助手指?为何有人通过洗手来减轻罪恶感?为何"感情"、"道德"等抽象概念的理解要借助"火热"、"纯洁"等身体器官的感觉去描述?作为当代认知科学新发展的具身认知理论提出认知基于身体,具有实践性、活动性等特征。具身学习正是通过身体的感觉运动系统与周围环境的互动,促使学习者的认知、心理和情感水平发生变化。在具身学习的视角下,学习的主体是全部的"我"而不只是意识的"我",是本体的"我"而不只是主体的"我",这一视角对学习方式的转型有重要的应用意义。

立德树人是教育的根本任务,新一轮课程改革提出的"核心素养"这一理念,正是连接立德树人与学科课程教学的桥梁,在此背景下,如何将学习目的由掌握命题性的知识转向素养的培养;学习时空由局限于课堂转向对自然和社会的观察和思考;个体角色由学生转向现代公民等都是值得人们思考和探索的问题。"具身"学习方式无疑为此提供了新的视角。

一、"离身"学习的表现及危害

在传统认知主义"离身"思维方式的影响下,教学的任务被定义为促进学生思维能力的发展和客观知识的获得,教学是一种既定心智的抽象表征活动,类似于计算机式的输入、加工和输出的过程。[1] 这种离身倾向成为影响学习方式转变的最直接的制约因素,加上长期以来由于应试压力的存在,在教学中过于强调接受式的被动学习和低效重复的机械训练,使得学生的

---

[1] 邱关军.从离身到具身:当代教学思维方式的转型[J].教育理论与实践,2013(1):61—64.

学习方式存在以下问题:

(一) 依赖单一感官的学习方式

笛卡尔的"二元论"认为认识作为独立的实体与外在世界的身体或经验不发生相互作用,物质与经验的世界不能影响认识的独立性。在这一思维方式的影响下,拒绝身体参与的学习方式占据了学校教育的主流地位。在教育者看来,学习需要的记忆、思考都是依赖认知活动完成的,与学生的身体动作无关,多种感官的活动参与在课堂学习中常被严格的纪律所限制。"离身"学习呈现的是被动单一的"听中学",关注的感官学习方式局限于单一的"听"而缺乏身体参与的"写""说""演""触""做",教学成为纯粹的观念或知识的传递与流动。

(二) 脱离经验基础的认知过程

杜威主张"以经验为中心",将教育重新定义为"教育即学生经验的改造与重组",继而以"经验"为逻辑起点,推及教育活动的各个方面。这要求教学以学生为中心,以学生经验的生长为目的;课程以活动为载体,通过活动激发学生探求事物间联系的动机和解决问题的能力;情境由反映真实生活的材料组成,使学生面对生活,学习生活,培养学生解决实际中"真"问题的能力。而"离身"的教学思维方式在课堂教学中更看重的是知识立意,呈现的是教师精心梳理好的知识内在的联系,反复强调的易错易混点,在此情境下学生学习方式基本上是"听讲—记忆—训练—再现知识",很少有通过自己的实践体验来获取知识并赋予知识以意义的机会,这不是真正意义上的"真"学习。

(三) 缺乏情感体验的目标实现

在人的心理活动中,"体验"处于基础性的地位,认知和情意都是在其基础上发展而来。苏联教育家赞科夫(Zankov)说过:"教学法一旦触及学生的情感和意志领域,触及学生的精神需要,这种教学法就会发挥高度有效的作用。"[1]对学生进行情感体验的引导,既是教学的重要目标,又是教学目标赖

---

[1] [苏联]赞科夫.教学与发展[M].杜殿坤,等,译.北京:人民教育出版社,1985:106.

以实现的重要手段。"离身"学习脱离了学生的经验,因而忽视体验而缺乏情感的介入,课堂呈现的大多是认知性教学,往往使得学习在智育领域是成功的,而在情感、态度、价值观领域的落实相当困难。

从认识的起源和归属看,一切知识都来源于实践并服务于实践,而离身式学习却与此相悖离,更依赖于间接经验的传授,这一模式在知识的传递上或许是有效的,但在学生创新能力的培养上一定是低效的。在教学实践中,易造成以下后果:

首先,"离身"学习中身体与经验、情感的缺位,会使教师过分注重知识的传递,学生只能充当聆听者的角色,由教师高效率地灌输与其个体经验相分离的知识信息,学生身体的作用及情感的需要却被忽略了。其次,学生的学习与其生活经验及个体或群体的情感、意志、兴趣等状态没有本质上的联系,身体成了被遗忘在知识背后的存在,处于一种缄默状态。这一状态消弭了学生参与学习的热情,使他们或陷入枯燥单一的知识传授的学习困境之中,或耽于表面的浅层"探究",学习所形成的认知无法迁移到现实生活或新情境中,无法实现深度学习所要求的高阶思维能力的发展。第三,这一方式易让学生形成唯知识、唯技术的工具理性意识,矮化课程对于人本身的意义和价值,即学生在掌握了专业知识和技能的同时,却在精神文化结构上忽略了求真、向善、尚美等课程最本真的元素。在此种理念下培养出的人无法领悟科学的精神文化价值,无法做到将积极的情感和正确的价值观融入课程学习的全过程。同时,在此倾向影响下的评价方式也同样出现了"头重身轻"的局面,教学双方都倾向于通过单一的智力训练的方式获得高分,而对于以身体为基础的价值观的评价、对高阶思维发展的评价则显得可有可无。

二、具身学习的实施价值

(一)具身学习通过丰富学习方式,以适应学生成长的时代特征

德国哲学家威廉·狄尔泰(Wilhelm Dilthey)的生命哲学提出,人可以通过"体验—表达—理解"的方式阐明人的意义世界。第二代认知科学重新将"身体"置于认知实践的中心地位,强调认知是通过身体体验及其活动方式形成的,体验是一种亲身经历和实践过程中获得的独特感受。以上哲学

思想启示我们要不断创造条件,鼓励学生通过多种感官训练手段以体验、探索、实践、感悟、迁移以促成真正意义的学习。正如舞蹈是一种综合表现力的现场艺术,不仅需要娴熟优美的动作,更需要音乐、肢体、韵律的协调及对作品的深刻理解和创新编导才能表现出形体的内在精神与作品的灵魂,固然通过重复单一的动作模仿训练可以提高表演的熟练程度,但无法提高作品的整体感染力,这也正是大师与一般舞者的区别。

当前社会发展处于急剧变化的转型期,社会信息化水平不断提高,互联网渗透到每个角落,改变着人们获取信息的途径:从单一到无限,从确定到无穷变化,由此各种思想文化相互交织、相互激荡,在此背景下,学生成长独立性、选择性、多变性、差异性等特征明显增强,对书本的依赖越来越小,要将学生核心素养的培养落到实处,教学和学习方式必须做出相应的改变。如本轮课程标准修订中思想政治学科提出的"从学习方式的变革推演活动型学科课程的构想,正是'顺乎时代发展的走势而为',我们别无选择——一种以辨析式学习活动主导学习过程的课程新类型"[①],而这正是学习方式由离身迈向具身的体现和探索。

(二)具身学习通过建立与经验的联系,能促成深度学习的实现

知识是一种处理经验的工具,是应付连续不断的新情况的工具,这种新情况是生活的多变性所具备的。[②] 杜威在《民主主义与教育》中指出:"'知识'常被视为目的本身,于是,学生的目标就是堆积知识,需要时炫耀一番。这种静止的、冷藏库式的知识理想……不仅放弃思维的机会,……而且会败坏思维的能力。"[③]作为一个经验主义者,他认为一切学习和思维都始于经验,经验是发现活动和发生结果之间的联系,"从做中学"正是这一观点的体现,即要求学生身体力行,亲身经历和体验知识背后的奥秘并能运用其创造性地解决问题。

与传统的认知理论指导下的教学偏重技术性灌输和课程内容预设所不同的是,具身学习理论认为只有学习者亲身的经历和体验才称得上是学习,

---

① 朱明光.关于活动型思想政治课程的思考[J].思想政治课教学,2016(4):4—7.
② 黄济.教育哲学通论[M].太原:山西教育出版社,2008:211.
③ 赵祥麟,王承绪,编译.杜威教育名篇[M].北京:教育科学出版社,2014:125.

是给一些事情去做,而不是给一些东西去学,重视身体感觉和运动系统对思维方式的塑造作用。其强调的问题思维、情境思维、主体思维都对学生创新能力的培养起着促进作用,在此学生不再是知识的简单的接受者,实践、行动、做中学是课程实施的重要方法。将知识的学习与学生的经验建立联系,通过学生在真实情境中体验各种经历,并由此将知识以及其他的各种可能转化为自身的经验,实现自身的变化。这些经验可以确定问题所在,解释、阐明问题,但不能提供现成的答案,强调学习者要想真正掌握知识,要通过参与生活真实情境中的活动,立足已有经验,进行设计、筹划、发明、创造,"创新,以及有发明意义的筹划,乃是用新的眼光来看这种事物,用不同的方法来运用这种事物。"①而这正是深度学习的体现。

(三)具身学习通过实现本我的回归,能达成学习过程的知情意统一

德国哲学家马丁·海德格尔(Martin Heidegger)试图用"存在"理念来超越对原来二元世界的划分。他认为,人和世界是不可分割的、浑然一体的。存在是在世界当中的存在,与世界是相互关联的。人是通过人的身体以某种适当的方式,来与世界中的其他物体进行互动,进而在这互动的过程中获得了对其他物体和对世界的认知。这一思想成为具身学习理论中认知、身体和环境一体化思想的重要来源。受海德格尔影响的法国存在主义哲学家梅洛·庞蒂(Maurice Merleau-Ponty)是真正将身体作为学习的主体,强调身体对心智、情感塑造作用的学者,他指出,身体并不是一个介于"我"和世界之间的客体,相反,正是身体塑造了"我"对世界的知觉,身体的特殊结构制约了我们对世界的经验,任何学习过程都首先必须了解身体在其中所发挥的作用。

与传统认知主义把身体和心智视为对立的二元所不同,具身学习理论则强调学习过程的知、情、意统一原则。在这一视角下的学习具备身心一体、心智统一的特征,学习过程是由认知、意志、行为、情感共同构成的,"我们之所以能理解他人,从而改变自己的行为,就是因为我们能以具身模拟的

---

① 赵祥麟,王承绪,编译.杜威教育名篇[M].北京:教育科学出版社,2014:126.

方式执行同样的动作,在这个过程中,知识获取、情绪体验、行为操作是统一的整体过程。"①可见,身体力行是促进心智发展的有效方式,"纸上得来终觉浅,绝知此事要躬行",通过身体的实践才能发现知识背后蕴含的意义;在情感、态度、价值观领域,道德认知的获得是无法通过书本来了解的,也很难通过纸笔测试来评价,个人德性的生成必然需要通过实践,才可得到切身的理解。这一原则有利于走出单一的认知性教学的误区,使学习目标在情感、态度、价值观领域得以落实。

具身学习理论强调体验性与参与性,除"听"外,更鼓励学生通过看、说、触、做等多通道进行感官训练,感知经验,并鼓励学生在与环境的交互中进行学习,发展高阶思维;具身学习还强调情境性和生成性,以真实的生活情境或实践活动作为学生学习的平台,并通过有意义的任务的完成,获得体验、感悟,并进一步深入理解,形成情感认同或升华。同时,身体可使教育的成果得以外显,如学生的精神状态可通过其举止和表情显现出来;其道德水平可通过其言谈和行动体现出来等,"内得于己"的素养往往需要通过"外显于人"的行为表现才能变得有意义,社会主义核心价值观的培育才能成为可能、可见、可评。

三、具身学习视角下的学习方式转型策略

(一)由单一的"听中学"转向重视体验的多感官参与的学习

通过正确的学科学习方式来培育学科核心素养是本次课程改革的一个重要方向,在传统教学中,教师用得最多的教学方式是:教师在呈现一个新的概念或规律时,先用言语进行描述、给予定义,再列举生活中的案例去印证这一知识点,最后让学生通过解题训练对这一知识点熟练应用。学生单一、接受式的学习方式正是在这种教学方式长期的潜移默化下形成的,在这一方式下,课堂学习和学生的生活体验是两条平行线,极易出现理论与实践"两张皮"的现象,机械地在课堂上用一个案例印证一个观点而忽视了实践的丰富性和复杂性,也不利于学生对知识体系的整体构建,长此以往学生必然失去创新能力。

---

① 叶浩生.身体与学习:具身认知及其对传统教育观的挑战[J].教育研究,2015(4):104—114.

具身学习理论认为,没有脱离身体的心智发展。学习是一种"嵌入"身体和环境的活动。这意味着个体直接经验的重要性和知识对于情境的依赖性,身体力行的实践经验是学习能否成功的关键。如思想政治学科为培育政治认同、法治观念、理性精神与公共参与的核心素养,将学科课程界定为"活动型学科课程",将每个模块的三分之一的课时设计为"社会活动",倡导"课程内容活动化,活动设计内容化"。在学习过程的设计中,课堂学习与学生的生活体验这两条线应是交织在一起的,观点应是从社会的真实情境及学生的直接经验中提炼出来的。如在进行活动设计时,可以利用想象具身指导学生进行学习,即在一个实践活动中生成可感知的具身经验,在学习抽象性的理论或观点时想象这个具身经验,以此促进所学内容的迁移。

示例1:高一思想政治"企业的经营"的学习中,常用的教学方法是:引入与教学内容相适应的情境,在分析情境中帮助学生归纳、理解企业的相关知识及成功经营的因素等。以上方法虽然符合学生的由具体到抽象的认知规律,但学生在依托于这一情境的学习中扮演的是观察者而不是体验者。为使情境的创设更能彰显其与学生的价值意义,我们组织了一次企业模拟经营活动,由学生自己组建公司,拿出每天一段课余时间进行实地模拟经营,每个小组都遭遇到了不同的市场状况,有发现自己市场定位不准,在后期及时调整;也有前期经营状况不错导致信心膨胀而盲目扩大规模的;有宣传出色的也有营销不力的……在种种成功的经验和失败的教训中,学生们对企业如何成功经营有了切实的感受,在学习相关理论时能调动先前获得的具身经验并进行迁移,从而加深对相关理论观点的理解和认同。

诸如此类的实践活动有利于促使学生与情境本身的融合,通过亲身参与的经历形成了对事物的独特的感受、理解和领悟。

(二)由直接给予知识结论转向帮助学生体悟学习过程,提升思维品质

本次高中课程标准的修订,尤其重视学习过程正确与否,即强调学习过程的育人意义。在指导学生学习时不仅要考虑到学生学习的知识与技能是否正确,还要关注其习得的过程是否正确。否则用错误的方式学习正确的知识不仅达不到所需要的学习结果,甚至会走向反方向。

在学习中信息传递往往经历两次过程,一是人际传递,即教师和学生之间的"发送——接受"的过程;二是自我转化,即学生接受信息后的自我加工的过程,而后者正是实现学生由"学了"到"学会"的关键环节,要实现这一转化,离不开通过具身活动帮助学生体悟过程和提升思维品质。如在教学中可以通过直接具身帮助学生进行学习,直接具身是通过让学习者进入真实的或是模拟的情境,通过听、触、动、说等多感官、多知觉体验,获得本体感受经验,从而加深对抽象理论的理解。

示例2: 高二物理"动量守恒定律"的学习中,教师设计了一个师生共同参与的"内力大比拼"的活动,身材瘦弱的教师请一个高大健壮的男生上台和教师面对面站立,四掌相抵,同时发力,教师被推出很远,男生只后跨两步。由此让学生体验计算动量变化的条件并进一步引导出什么是"守恒"。

具身学习正是通过引导学生亲自经历知识产生的过程,由活动出发,激活学生的思维和探究欲,教师引导学生通过分析认识到"守恒",使学生结合具体现象经历了概念构建的全过程。在这一学习方式中学生将抽象理论重新建构并自我转化,作为一种新经验进入到学生的视角,提升了思维品质,并成为扎根于自我的学科素养,这一学习过程较之教师提出观点—严谨论证—学生理解—记录笔记更为有效。

(三)由机械学习转向关注创造反思,培育正确的价值观

传统课堂教学存在着时间有限、空间集中、资源相对不足等问题,学生的学习主要在相对封闭的学校里进行,与社会交流、接触的机会少,小组合作活动开展的饱和度不够,不利于实践能力和创新思维的培养。开放性、动态性、生成性是具身学习的重要特征,要求打破课堂和学校的限制,学生的学习要从课堂的狭窄范围扩展到社会的广阔空间,走进社会生活。本轮课程改革强调信息技术与课程教学的深度整合,倡导线上线下混合学习,为具身学习的开展提供了的空间。

讨论是常用的完成有效学习，培养学生批判性和创造性思维的教学方法之一。如果仅限于课堂的即时讨论，深度和广度难以充分开展，学生代表表达观点往往不够全面深刻，而其他学生由于时间仓促或资料不足也难以有效地评论或补充。在网络技术环境下，除即时讨论外，教师也可以通过网络平台提出议题，让学生通过查阅相关资料、实地观察或调研，发现问题、聚焦问题，寻找解决问题的依据，在线上和线下学习的交互中还可以让学生听到更多的"声音"，这有利于引导学生自身的学习活动过程进行反思，对学习结果进行再认识。

示例3：高一思想政治"政府　国家行政机关"的学习中，教师引导学生进行"查阅政府网站"的活动。在这一活动中学生通过查阅当地政府的网站了解政府近期的所做的重要工作，获得感性体验后，归纳出相对应的政府的职能，再通过对社会生活的观察，利用网站平台对政府的工作提出意见和建议或进行投诉或求助，在这一活动中，诸如关于社区图书馆的建设的建议、对校外工地噪音过大的投诉等得到了政府的及时回应。

这一活动在交互技术的环境中将学习者嵌入一个增强的表征系统中，以强化学习体验。通过学生进入政府网站这一互联网空间，在真实情境中感知政府的性质、宗旨、职能的具体实施，提出自己的关于社会现象的一些创造性的见解并得到回应，使自己的学习体验得到了强化。此时的学生进行的不是剥离现实的知识的学习，而是实例化了的具身学习。在此过程中，提升了学生"公共参与"的核心素养，有利于达成政治认同，使社会主义核心价值观的培育在潜移默化中落实。

具身认知理论为我们提供了一个引导学生学习方式转型的新视角，它突破了传统认知理论对身体性忽视的局限，为以学生立场为立足点的学程设计提供了可能的认识论基础。研究表明，具身的、合作的、多感知模态的学习方式对于学生——特别是那些在传统方法下学习不佳的学生大有帮助，在倡导将培育和践行社会主义核心价值观融入教育全过程的课改实践中，具身学习也应有着广阔的应用前景和美好的未来。

（李昱蓉）

06 反思学习：经历＋反思

在我国现阶段，对于"学习"的认知，大都停留在以书本知识学习、动手操作学习等外在事物为学习对象的层面上，往往忽视了学习者以自身为学习对象的学习（即反思学习）。学习只重视经历，而缺乏反思。即便个体存在反思行为，但往往不成系统，只是无意识的自发行为，缺少在反思意识引领下的自觉行动。实际上，反思学习是一种客观存在的具有相对独立性的学习类型，是新课程倡导的一种重要的学习方式，它对学生的身心发展具有独特的功能与价值，能促使学生对自己的学习内容、学习过程以及学习结果等进行再思考与再审视，从而促进"深度学习"的发生。

一、对学习的观照和省视——反思学习的涵义和特征

在我国传统教育思想中，"反思""内省"是学习或道德修养的基本方式，如"学而不思则罔，思而不学则殆""吾日三省吾身""内省不疚，夫何忧何惧"，等等。在西方，古希腊哲学家苏格拉底（Socrates）曾在《申辩篇》将反思理解为"对生活的审视"。

在现代教育研究中，杜威（Dewey）提出"反省思维"（reflective thinking）的概念，他认为，"这种思维乃是对某个问题进行反复的、严肃的、持续不断的深思。"①范梅南（Van Manen）认为，反思从某种意义上说是"思考"的另一种表达形式，"反思就是思考。但是在教育学的领域，反思含有对行动方案进行深思熟虑、选择和作出抉择的意味。它出现在诸如'反思性教学'、'批

---

① [美]杜威.我们怎样思维·经验与教育[M].姜文闵,译.北京：人民教育出版社,2005：1.

判性反思实践'、'在行动中反思'等这样的术语中。"①美国当代教育家舍恩(Schon)认为,"反思性实践"是"调动经验所赋予的默然的心智考察问题,在同情境进行对话中展开反省性思维,同顾客合作,致力于复杂情境中复杂问题的解决"。②

在心理学研究中,加德纳(Gardner)的"多元智能理论"将"反省智能"看作是人的智能结构中的一种基本的智能类型。"反思"在当代认知心理学中属于"元认知"的概念范畴,"元认知"即对认知过程本身的认知,实际上就是对认知过程的反思。

当代建构主义学说认为,学习要在活动中进行建构,要求学生对自己的活动过程不断地进行反省、概括和抽象。

从认知心理学的角度,有学者认为"反思性学习就是学习者对自身学习活动的过程以及活动过程中所涉及的有关事物、材料、信息、思维、结果等学习特征的反向思考"③。从实际操作角度出发,有学者认为反思性学习是"学习者在一定的反思性动机驱使下,以自身学习为反思对象,借助一定的反思途径,通过一系列反思性学习心智操作活动来调整、优化自我学习认知结构、提高自我学习效能、促进自我学习合理性的一种积极主动有效的学习活动方式"④。

在反思学习中,学习者既是学习的主体,也是学习的对象。作为学习活动中不可缺少的重要环节,反思学习不仅仅是对学习过程、内容一般性的回顾或重复,而是深究学习活动中所涉及的目标、知识、方法、思路、策略、成果等,从而促进知识迁移,提高元认知能力,提升思维品质。

反思学习作为深度学习的特质之一,其主要体现在自主性、探究性、情境性和发展性等四大特征。

第一,自主性。反思学习要求学生成为学习的主人,能主动反思自己的学习活动,对自己的学习过程进行重新认识和思考。反思学习的整个过程是学生自主活动的过程,通过自我认识、自我分析、自我发现、自我判断、自

---

① [加拿大]马克斯·范梅南.教学机智——教育智慧的意蕴[M].李树英,译.北京:教育科学出版社,2001:131.
② [日]佐藤学.课程与教师[M].钟启泉,译.北京:教育科学出版社,2003:332.
③ 楼黎社,张晓晶.把握认知心理促进反思性学习[J].中小学心理健康教育,2007(5):18—19.
④ 田圣会,李茂科.试析反思性学习的操作性定义[J].职业与教育,2008(3):69—70.

我评价、自我体验等行为,进行有目的、有计划的学习,整个过程伴随着学生自己元认知能力水平的应用和提高。

第二,探究性。反思学习的核心是"发现问题、研究问题、解决问题",要求学生反思学习过程中的各种现象,发现其中的"问题",并能自主进行针对性的探究,寻找解决问题的依据,从而找到答案,激活智慧重构理解。反思学习的探究性不仅表现在学生对已有学习内容的探究,更体现在学生通过主动探究产生超越已有知识以外的新知识,即形成实践性知识。

第三,情境性。反思学习需要在具体的学习情境中对整个学习活动进行反思。学习总是与一定的教学背景即"情境"相联系的,知识是具有情境性的,它要受到知识所使用的活动、情境以及文化的基本影响,并且与它们不可分离。知识也是与个人的学习经历相联系的,对学习经历加以思考,把实践性知识与学习的具体情境进行关联,将促使学习者形成学习体验,改善更新知识,形成新的能力。

第四,发展性。与常规学习以"学会知识"为目的不同,反思学习以"学会学习"、形成自主学习能力为目的,既关注学习的直接结果,又关注学习过程,更关注自身未来的发展。在学习要求上,反思学习不仅要完成学习任务,而且要培养反思能力和形成反思习惯,使理性思维得到发展,为成为终身学习者做好准备。

二、转知成智的重要途径——反思学习的价值

著名教育心理学家波斯纳(Posner)提出了一个教师成长的公式:经验+反思=成长。在这种观点的影响下,很多教育实践者开始重视教学反思。然而在现行的教育实践中,大多数师生并没有真正意识到"反思"在学生"成长"过程中的杠杆意义。

一个人获得知识、解决问题的体验是有时效的,如果不及时反省总结,这种学习经验就会消退,失去了从经验走向规律,从感性上升理性的机会,这对于学习是一种极大的浪费。我们常常疑惑于"学了,但为什么没有学会?"、"学会了,但为什么不能举一反三?"、"学会了,但为什么还是不会学?"等诸多问题,一个重要的因素就是没有反思学习的介入。"反思学习的主要功能或意义在于,通过反思提高学习者自我认识、自我评价、自我对待以及

自我改造和发展的能力。"①质言之,反思学习是促使知识迁移,化知为识、转知为智的重要途径。

(一)加强深度学习,促进知识迁移

知识迁移需要"深度学习",而学习反思是让深度学习发生的必要条件。学习活动是建立在知识准备基础之上的,而对所学知识的反思,能帮助自己找到学习的最近发展区,能更好地联系固有知识储备,促进知识的对比迁移,从而获得新知。学习者有效乃至高效的学习活动就是使旧知识与新知识产生联系,培养举一反三、触类旁通、学以致用的学习能力,也就是提高"知识迁移"发生的能力。在学习经历的基础上,激活有效反思,学习者不断让自己的思维由表层走向深层,迈向深度学习,实现知识迁移。

(二)提高元认知能力,帮助学生学会学习

"学会学习"被联合国教科文组织二十一世纪教育委员会确定为支撑终身学习的四大支柱之一,是信息时代公民生存发展、成就自我的必备能力。"学会学习"在很大程度上是经由学习反思达成的。"反思"在认知心理学中属于"元认知"范畴。元认知是学习者对自己学习目标、过程、结果、特点等方面的认识,即一般意义上的"会学习"。元认知力强与智商高并不是对等的关系,但一定是学习能力强的表现。反思学习的重要意义就在于,通过反思增强学生自我认知、自我评判、自我对待以及自我修正和发展的能力,从而提高学生的元认知能力,使学生学会学习。

(三)形成学习内驱力,提升思维品质

根据格式塔心理学中的完形理论,学习者的学习活动实质上是在填补完形,学习者有很多的认识空缺,在成长过程中,会逐渐形成一种内驱力促使自己不断去学习,以填补认识空白,努力求得问题解决。学习者如果只是吸收信息和输送信息,没有反思的过程,就很难知道学习过程的合理与否,

---

① 陈佑清.反思学习:涵义、功能与过程[J].教育学术月刊,2010(5):6—10.

也就难有自我检查和矫正的过程,最终也会逐渐丧失学习内驱力。桑志军认为,反思学习"使学习成为了一种学习者运用知识和智慧解决问题的过程,更能激发出学生的主动精神,提升学生的学习智慧,培养学生的创新意识和实践能力。"[①]反思学习要求学习者对自己的学习过程不断进行反省、概括和抽象,有利于调动学习者的学习积极性和主观能动性,促使学习者的学习活动成为一种有目标、有策略、有成效的主动行为,不断地发现问题、提出问题、解决问题,从而培养学生主动探究、勇于探索、长于创新的思维品质。

三、全方位的反向思考——反思学习的内容

范梅南认为,反思包括行动前的反思、行动中的反思和行动后的反思。[②] 对应学生的学习,具体表现为对学习目标的反思、对学习过程的反思和对学习成果的反思三个方面。

(一)对学习目标的反思

对学习目标的反思是指在进行学习活动之前,学生通过反思来设定合理的学习目标或学习计划。这种反思主要是建立在对自身过去的学习经验、现有的知识基础以及学习能力等的认识和评估的基础上,对将要展开的学习目标和过程进行统筹安排。一般来说,教师会针对全体学生的平均水平而确定适应班级教学的学习目标。对于某一个具体的学生而言,其学习目标不能简单地复制教师预定的学习计划,而应结合自身的学习现状和教师的预定任务,自我设定符合自身实际的学习目标或学习计划。

对学习目标反思应该考虑如下几个问题:目标和计划是否符合自身的情况?是否适合现有的学习时间和物质条件?目标难度是否在自己最近发展区之内?等等。

---

① 桑志军.反思性学习实践者的内涵、特征及培养[J].教育理论与实践,2012(23):48—50.
② [加拿大]马克斯·范梅南.教学机智——教育智慧的意蕴[M].李树英,译.北京:教育科学出版社,2001:134—136.

（二）对学习过程的反思

对学习过程的反思包括对学习内容的选择、学习行为的组织和对信息加工过程的调控等环节的反思。

第一，学习内容选择。学习者需要从自身的学习实际出发，对教材或教师所提供的学习内容进行梳理，关注并明确自己的学习重点和难点；根据自己的需要，选择适合自己的参考书、练习册等学习资源。

第二，学习过程管理。学习者根据学习计划和途径，自主进行学习时间的管理；在学习过程中有序完成各个学习环节，如课前学习、记录笔记、完成作业、课后学习等；控制学习过程中投入的程度；选择合适的学习方式，如自主、合作、探究等。

第三，信息加工过程监控。主要是对信息加工过程中思维方式的运用、认知策略的选择、思维过程的执行等进行管理。对信息加工过程的监控实际上就是元认知或自我监控的过程。对学习过程的反思不仅仅是指认知层面上的反思，也包括情感和行为习惯在内的反思。如对学习过程中表现出来的学习品质(技能、能力、习惯)的反思。

（三）对学习效果的反思

学生应学会对自己的学习结果和效果进行自我反思和评价。自我评价和反思的过程会促使学生更深入和准确地认识、了解自己的学习状况，发现存在的问题和取得的经验。通过反思总结出来的成功经验会提高学习的自我效能感，反思中发现的问题可以为后续学习提供方向。

对学习效果的反思包括如下内容：知识掌握程度、技能和能力发展水平、情感态度形成与否、学习习惯好坏以及其他学习品质(如学习的主动性和自我监控等)养成的状况，等等。

四、让反思成为学习方案的环节——教师的行动自觉

教师是学生学习的引导者，是学生反思学习的促进者。在教学中，教师必须积极创造反思条件，在教学方案中设计反思学习的环节，提供行之有效的反思途径，引导学生自觉反思。为此，教师应该做好以下几方面的工作：

（一）创设反思学习的情境

反思情境是一种重要的教学情境,渗透于任何有效课堂之中。平等、轻松、信任、合作的课堂氛围,能够帮助学生自我省视,更好地体验学习活动,关注学习中的问题所在,使反思活动得以顺利开展。创设适宜的反思情境,有利于使学生的反思欲望由潜伏状态转入活跃状态,激励学生主动性反思的产生。在反思学习过程中,教师还需要提供多种学习材料,以满足学生的反思需要,如网络平台、推荐书籍、资料链接等。

（二）注重审辩式思维的养成

在"维基百科"英文版中,对审辩式思维的介绍是:"审辩式思维是一种判断命题是否为真或是否部分为真的方式。审辩式思维是我们学习、掌握和使用特定技能的过程。审辩式思维是一种我们通过理性达到合理结论的过程,在这个过程中,包含着基于原则、实践和常识之上的热情和创造。"审辩式思维是反思学习的前提之一,在学习活动中主要体现为针对他人与自身的学习活动中进行打破常规的反思。在教育实践中,教师要注重对学生审辩式思维的培养,引导学生对学习内容、过程、方法与策略进行独立思考,形成自己的理解和判断,鼓励学生的质疑精神和个性化的解决问题的思维方式。

（三）明确反思对象和反思策略

教师需要布置明确的反思任务,预留充足的反思时间,设计规范的反思环节,以固化学生的反思意识和兴趣。反思学习的反思对象是学生的学习活动,包含学习者、学习对象、学习方式、学习过程与结果等诸多要素。反思对象不能仅仅停留在学习内容上,而应该关注完整的学习活动。同时,还需反思与学习活动相关的其他方面,如学习环境、师生关系、同学关系和学习态度等。在此过程中,教师要引导并鼓励学生不断思考,尤其针对不同的学生、学习内容和学习情境,提供给学生清晰的反思内容,引导他们制定特定的反思策略,以帮助不同水平的学生在反思实践中学会反思。

（包旭东）

累积学习：个人知识管理

"九层之台，起于垒土。"《老子》中的意思就是：九层的高台，是由一筐土一筐土筑起来的。从哲学角度说，万事起于忽微，量变引起质变。对于中学生的知识管理，这确实是一个形象又贴切的比喻。学历案的设计，目的正是从最基础的个人知识管理入手，关注学生的切身体验，梳理学生学习的成果和问题，帮助学生反思学习过程和学习方法，从而引导学生进行个别化的自主学习，学会学习。因此，如何通过学历案来指导学生进行知识管理，这就成为设计学历案的基础课题。

一、为什么要倡导知识管理

当前，中学生知识学习普遍存在着"三化"现象，即知识学习符号化、知识管理碎片化、知识测评单一化。

重结果记忆，轻意义探究，知识学习符号化。符号是知识的外在形式，知识借助于符号得以被用于言语表达和文化传承，但符号可能存在形式固化和缺乏生命活力的不足，而知识能够作为人类智慧的世代传承，其实质在于人能突破符号的局限，不断丰富和更新知识的内涵。但在"知识本位"主导下，教师往往实施"符号认知"的知识教学，强调学生对知识符号的反复识记，注重学生对知识符号识记的全面性、准确率和系统性，并借助题海战术，促使学生对知识的大量掌握和熟练记忆，以考高分为唯一目标，学生成为知识的容器和任知识摆布的奴隶。局限于知识符号记忆的教学偏离了教学的本质，也抹杀了知识的价值。因此，针对当前学生的知识学习仅停留为浅层次的符号认知的情况，需要倡导学生的知识管理。

重接受储存,轻有机整合,知识管理碎片化。"学科本位"主导下的知识教学体现了急切的功利主义。教师不注重对学生学习兴趣的激发、学习动机的培养和学习方法的指导,本着熟能生巧的思维,往往采取"传递—接受"式教学模式,教学就成为一个"刺激—反应"的单向传输过程。教师为了知识而教,学生为了知识而学。学生的知识管理呈现碎片化特征明显,这主要表现为:一是知识体系割裂了与社会生活的关联,简单地把书本知识作为必备且唯一的学习内容;二是知识体系割裂了与学生体验的关联,缺乏对学生情感、态度、价值观方面的关照,忽略了对"全面发展的人"的培养;三是知识体系割裂了学科之间的关联,单一的学科构建讲究知识完备,而相邻学科的融合却造成知识盲区。

重考纲指向,轻课标实施,知识测评单一化。考什么,教什么,这往往成为教师"有效教学"的不二法则。应试教育主导下的教学,关注的是知识的应试性,不考虑知识的运用性,更无法体现知识的创新性。在应试教育的指挥下,越是繁难偏旧的知识就越有教学价值。只要学生记住了概念、原理、规则或者解题步骤,就能成功将头脑中的符号进行机械复制。教师以学生在卷面上对知识符号的再现程度作为其学业评定的唯一依据。其结果是学生占有了大量能应对纸笔测验的知识,却无法运用知识去解决现实的生活问题。单一的纸笔测试,屏蔽了课程标准提出的评价原则和评价方式,忽略了知识教学对个人精神和生命灵魂的培育功能。这只能在某种程度上促进学生认知方面的发展,偏离了对学生核心素养的提升。

造成这些现象的因素固然有教师、学生、家庭、社会环境等各方面,但就学习主体而言,学生的个人知识管理是培养学生素养的一个关键所在。最近发布的《中国学生发展核心素养》研究报告提出,学生发展核心素养指学生应具备的,能够适应终身发展和社会发展需要的必备品格和关键能力,是关于学生知识、技能、情感、态度、价值观等多方面要求的综合表现。中国学生发展核心素养以培养"全面发展的人"为核心,分为文化基础、自主发展、社会参与三个方面,综合表现为人文底蕴、科学精神、学会学习、健康生活、责任担当、实践创新六大素养。[①] 从教育角度来看,只会传授知识,不懂得教会学生自己积累与管理知识,那将无法满足学生的发展需求。同时,学生核

---

① 核心素养课题组.中国学生发展核心素养[J].中国教育学刊,2016(10):1—3.

心素养的培育和提升需要在学生自觉能动的主体活动中才能实现。教学应遵循学生作为学习主体的活动规律，引导学生主动地发现知识、探索知识、获得知识。中学生的知识管理，应该基于开放生成的知识本质，基于知识掌握、追求素质提升的人的发展；注重多种知识形态的共同存在，注重学生对生活经验的知识的建构。综上所述，通过个人知识管理实现的累积学习是非常必要的。

二、累积学习的理论基础和策略

累积学习是指每一类学习都是以前一类学习过的知识技能为基础，按照由简单到复杂的层次递进的学习过程。

美国心理学家罗伯特·加涅（Robert Gagne）认为，人类学习的复杂性程度是不一样的，是由简单到复杂的。他将行为主义学习论与认知主义学习论相结合，提出了累积学习的模式，一般称之为学习的层次理论。其基本观点是，学习任何一种新的知识技能，都是以已经习得的、从属于它们的知识技能为基础的。加涅按照学习的复杂程度，将学习分成了八类，即信号学习、刺激—反应学习、动作链索、言语联想、辨别学习、概念学习、规则学习、问题解决或高级规则学习。

加涅累积学习理论的一个重要特征是：学习是累积性的，较复杂、较高级的学习，是建立在基础性学习基础上的。累积学习理论的另一个重要特征是迁移规律。加涅认为迁移有两种：纵向迁移与横向迁移。纵向迁移是指把某种理智技能作为更高一级理智技能的基础。因此，学习较复杂的技能，主要取决于是否已经掌握较简单的技能。横向迁移就是把习得的内容应用于类似的新情景中去。因此，让学生在各种不同的学习情景中运用某种技能，有助于学生形成横向迁移的能力，从而为纵向迁移打好基础。[1]

学生的累积学习其实就像树的生长，遵循着从无到有、从小到大、从少到多、从点到面、从弱到强、从单一到整体的生长规律。在这样的知识生长过程中，教师需要积极引导学生追寻知识生长的轨迹，种植学科的"知识树"，并且由树的生长到树林的培育。根据上述理论，学生累积学习的方式

---

[1] 施良方.学习论[M].北京：人民教育出版社，2001：321—327.

有这几种：

首先，把握纵向迁移规律，种植学科的"知识树"。知识树，其实就是知识能力结构概念图，是用树形结构来梳理相关学科知识和结构的一种方法。这样的"知识树"可以是一册的内容，也可以是一单元的内容，还可以是一节课的内容。其中单元的"知识树"更为重要。知识树的构建主要取决于学生对知识中概念关系的理解，具有较强的主观性，格式上没有完全一致的要求，但是建构知识树最基本的方法是：先将知识库中的知识分成几个大类，建立第一级概念并将知识点划分到相应的概念下面；再对每个概念所包含的子集继续进行分类处理，建立子概念的同时实现知识库的进一步划分，最后得到一棵满足专题学习需要的知识树。这就在知识的逐级增长中，促进累积学习的纵向迁移。知识树的建构除了掌握这些基本策略之外，在具体的构建过程中，教师需要引导学生关注教材，认真研究学习内容的学习要求、知识体系、内容结构，将其以知识树的形式展示出来。在此基础上，再全面系统地建构和把握整册书乃至整个学段、整个学科的知识体系，形成清晰完整的学科的"知识树"。

其次，把握横向迁移规律，培育学科融通的"知识林"。学科融通就是在累积学习中进行学科的横向迁移。为什么呢？第一，人类知识是一个有机的整体。物理学家、量子论的创始人M·普朗克认为，科学是内在的整体，被分解为单独的部门不是取决于事物的本质，而是取决于人类认识能力的局限性。实际上存在着由物理学到化学、通过生物学和人类学到社会科学的链条，这是一个任何一处都不能被打断的链条。一个现代人不应该把自己束缚在狭小的单学科天地里，而要在掌握一门专业的基础上，把握这种"科学的链条"，向多学科、跨学科的方向发展，成为一个全面发展的人，以适应现代经济、社会综合发展的需要。第二，学科融通不仅要重视学科知识本身，同时还要重视知识产生的背景、发现过程、思维方式等。学生学习应该改变单一的知识结构思维，把知识的背景、过程、思维、方法等作为知识要素有机结合。第三，知识系统永远处于不断更新升级的过程中。因此，学习不是为"知"而知，而是为"创"而知。知识管理不仅要掌握知识的外在符号，而且要把握其内在意义，特别是把握发现知识、创造知识的方法。学习的知识不能局限在书本知识上，还应把动态的知识融会贯通，在发现中创造。由此可见，通过学科融通实现累积学习是非常重要的。

那么,如何才能够做到学科融通呢?这里以语文学习为例做些说明。譬如,指导学生背诵《岳阳楼记》时,如何让学生深切感受到"衔远山,吞长江,浩浩汤汤,横无际涯"的描写作用呢?教师可以提供给学生地理和历史资料:洞庭湖绵延八百里,南接湘、资、沅、澧,北纳多条长江支流,烟波浩淼,湖山辉映,自古以来就是令人神往的湖山美景。而岳阳古称巴陵,位于洞庭湖与长江汇合处,枕山带湖,为巴、蜀、荆、襄之要冲。再看"衔远山,吞长江,浩浩汤汤,横无际涯"这句话时,眼前便能浮现出洞庭湖绵延百里的波澜壮阔的景象,就能深刻地感受到范仲淹那种"先天下之忧而忧,后天下之乐而乐"的情怀。再如,指导写作"谈快乐"这篇文章时,单纯介绍一些写作的方法、技巧,肯定是不够的,必须调动学生的科学人文素养。因为语文课程是一门学习语言文字运用的综合性、实践性课程。工具性与人文性的统一,是语文课程的基本特点。谈论"快乐",如果懂得快乐产生的心理机制和生理特征,知道古今中外圣哲先贤关于快乐的一些论述,自然视野开阔、神思飞扬:儒家以修齐治平、超凡入圣、建功立业为快乐,所以主张"天行健,君子以自强不息";道家以神游物外、逍遥自在为快乐,所以主张清心寡欲、物我合一;现代哲学家认为快乐是"理想实现的心理体验",人是否快乐,与"欲"有关。再联系苏辙的《黄州快哉亭记》,金圣叹、梁实秋等人的《不亦快哉》等诸多名篇,我们在内容方面就有了扎实的基础。但是这些知识和素材,我们不仅在语文学科中接触过,而且在政治、历史、艺术甚至自然学科中都涉及过。因此,在写作中,"快乐"话题是一种学科融通的媒介,它可以将哲学、社会学、美学等各个方面的基本知识,通过写作组合,提升相关的理论思维,形成具有宽广视野的"快乐"的树林。

三、学历案引导下的学生累积学习

崔允漷教授认为,作为"微课程"而设计的学历案,是围绕某一学习主题、课文或单元,从期望学会什么出发,设计并展示学生何以学会的过程,以便学生自主建构或社会建构经验、知识。[1] 学历案设计的核心就是关注学生发展。中国学生发展核心素养以培养"全面发展的人"为核心,教育的最终

---

[1] 崔允漷.学历案:学生立场的教案变革[N].中国教育报.2016-06-09(6).

目的在于把学生培养成生活主体。知识教学的出发点应该是人。学生学习的根本目的和最终结果不是获得更多的知识,而是以人为本,让知识学习为学生的发展奠基。因此,学历案的设计与育人目标是一致的。并且在学历案中,学生的累积学习是这样来实现的:教师运用学历案给学生提供多样化的学习支架;同时,知识教学主要教给学生最基本的课程知识和有关方法的知识,其他的知识可以通过学生自己阅读、观察、感悟、对话、实践等活动来获得。具体来说,在学生的知识学习中,学历案的功能主要实现了以下几个方面的改变:

(一)从提高应试转向发展素养——知识学习的目标定位

科技发展日新月异,知识急速更新衰退,单靠对教材中知识符号的浅层记忆已不能满足信息化时代的发展要求。但是,有些教师却过分强调学生作用而轻视知识价值,把知识仅仅看成书本知识或者是工具性的知识,大大窄化了知识的视域,看不到知识教学和学生发展的内在的统一性,导致教学活动的经验化倾向。实际上,知识本身是一个多元结构,对学生发展具有多维价值。因此,核心素养时代的知识教学,定位目标需要把握累积学习的规律,从注重提高应试转向发展素养,培养学生终身发展的素养和能力。因此,学历案设计要准确定位知识管理的目标,定位学生的知识需求,让学生了解自己的学习动机,根据自己的发展需求和学科学习目标有序地开展学习。它不仅要关注物理世界、社会世界和观念世界的对象、情境和概念,更要关注挖掘这些对象、情境和概念的深层结构,揭示知识背后的思维方式及其所反映的人的精神世界、价值世界。[①] 换句话说,就是教师在保证学生理解知识符号的同时,更要注重对学生的情感陶冶和价值观塑造,促使学生素养的全面发展、持续发展。

(二)从符号记忆转向意蕴发现——知识学习的内容确定

学历案如何指导学生管理知识学习的内容呢?现代认知心理学派认为,知识可以分为陈述性知识、程序性知识和策略性知识。陈述性知识是指

---

① 李召存.课程知识论[M].上海:华东师范大学出版社,2009:132—133.

个人具有的有关世界是什么的知识;程序性知识是个人具有的有关"怎么办"的知识。策略性知识也是一种程序性知识,不过,一般程序性知识所处理的对象是客观事物,而策略性知识所处理的对象是个人自身的认知活动。学历案可以指导学生将知识合理的分科梳理、分层整理。例如,现行人教版《普通高中课程标准实验教科书(必修)》中的语文知识系统如何梳理。因为现行人教版语文教科书中有一个关于网络作文建议的部分,这里将其单独列出,算作实践性知识。在梳理过程中,又具体将陈述性语文知识划分为文化、文学、语言文字、文章学和逻辑学等知识;程序性知识具体分为阅读知识、写作知识、口语交际知识、工具书查阅知识等;策略性知识则主要是关于语文学习方法的知识,如重复、抄写、记录、画线、解释、总结、做笔记、类比、记忆术、列提纲、制作关系图、设置学习目标、提出有关问题、集中注意、监视领会状态、调整阅读速度、复查调整计划、将成败归因等。最后按百分比将其在整个知识系统中的分量统计出来,为后期的进一步分析、研究奠定事实基础。但是,核心素养时代的知识教学,基于学历案的学习与教学不能仅仅局限于教材文本符号的传递接受,教师不仅要具备课程意识,在对教材文本组织学习活动时,还应引导学生理解符号所代表知识的内在意义,挖掘其中蕴含的思想情感与价值理念。在知识教学过程中,还应做到对潜在课程的开发与利用,最大限度地发挥知识教学的潜移默化的育人功能。因此,人教版语文教材的话题意蕴的品味与挖掘,人文情怀的贯通与联想,生活情境的再现与体验,等等,这些就纳入学生个性化的知识管理中。

(三)由单向传输转向自主学习——知识学习的过程设计

加涅的累积学习理论提示我们,知识教学过程是一个循序渐进的过程。学生每一层次的学习,都是以前一层次的学习结果为前提。所以,学历案的学习过程设计首先要分析学生前一层次学习的结果,确定学生的内在需求及发展目标的层次性、差异性,以保证学习活动的顺利进行。基于这一过程,学历案可依据学生的学习基础引导学生寻找适合自己的学习方式,在知识学习过程中画出思维地图,在知识储存时做好分类标识,在复习知识时评估存储知识的价值。例如,在知识教学中,陈述性知识可以用学历案有层次地呈现,程序性的知识可以通过学习活动在知识的建构中发现,策略性的知识可以通过学生的自主拓展不断累积。学历案改变了传统的知识本位教学中的单向传输模式,设计的学习过程体现先学后教的特征。它注重学生的个体差异,强调学生的能动发展和创造性表现,把学习权还给学生,让学生去自主探究发现和尝试解答问题,并在课堂学习中通过小组合作实现对知识的深化理解和完整建构。学历案中教师是学生学习的设计者、指导者、帮助者和学生的学习伙伴,教师只需依据学生学习中的疑难和困惑实施针对性的教学。

(四)由纸笔测试转向多元评价——知识学习的评价方式

加涅认为,学习的每一个动作,如果要完成,就需要反馈。所以,评价反馈对于学习是必要的。教师如能及时地、准确地对学生的学习行为作出评价,就会达到强化学生学习动机和激励学生学习行为的目的。在传统的知识学习中,知识符号是学习评价的主要内容,纸笔测试是考试评价的唯一方式,考试分数是学生评价的不二标准。为了让学生在考试中提高分数,教师习惯运用标准化考试评价学生的发展能力。事实上,对于学生的核心素养发展而言,考试成绩只是学习目标中的一小部分。但学生的社会责任、道德品质、健全人格、理性思维、审美情趣等素养的培养与发展更值得关注。因此,确立"以人为本"的观念,克服只关注结果的弊端,反对"去情景化"的知识加工式的教学行为,注重过程的价值,完整地实现"知识教育"的整体价值是非常必要的。而这些很难通过标准化测验来检测和评定的。但是,基于学历案的学习评价中以学生完整的学习过程作为"教—学—评"一致性的平台,通过知识学习、方法练习、对话构建、实践体验、自主探究、评测反思等学习流程,对学生作出及时的、综合的、客观的评价,成为核心素养综合评价的科学依据。这就改变了传统的单一纸笔测试,实现了对学生学习的多元评价。

总之,通过学历案进行知识管理的愿景,其目的不在知识本身,而在于通过每个学生的个性化学习,促进学生的全面发展、持续发展。

(魏荣葆)

08 深度学习：基于理解与应用的学习

针对当下学校课程知识碎片、重复操练、死记硬背的浅层学习大量存在的问题，深度学习的研究蓬勃兴起。有的聚焦学生参与来探讨学习投入，有的从高阶认知的角度来探讨深层的学习加工，有的从理解与应用的角度来探讨深层的学习结果，大大丰富了我们对深度学习的认识。这里着重从课堂教学的角度来探讨深度学习的特征与策略问题。

一、浅层学习普遍存在

现实教学中一类教师比较倾向于关注自己"怎么教"，在信息传递或呈现方式上，想方设法，绞尽脑汁，费尽心力，丰富了"教"的内涵，教师占据主导；另一类教师倾向于关注"教或学什么"即内容，竭尽自己之能事，只关注了学习信息轰炸式的输入，至于学生学习真正发生的状况几乎无法顾及，内容占据主导。[①] 前者体现了教师立场，后者体现了内容立场，两者均忽视了学生立场的主体地位。正因如此，放眼当下教育，普遍存在重知识轻能力、重技能轻素养的现象。在高三复习中我们听得最多的说法是帮助学生建立知识网络，把书由厚读薄，再由薄读厚，提高学生理解能力、推理能力等，但事实上看到的更多的是知识点简单罗列，方法的生硬灌输。真正从科学角度切入的教学，引领学生建构知识网络，创设情境让学生自主总结归纳方法并形成学生自己的自我理解的现象却少有发现。

---

① 崔允漷.学历案：学生立场的教案变革[N].中国教育报,2016-06-09(6).

在课堂教学中,教师关注更多的是自己所要教的内容,没有把学生作为学习的主体,学生经常被动地回答教师的提问,学生的主体性没有得到很好的发挥,不能实现深度学习,没有真正地引导和帮助学生将知识内化成自己的理解并形成能力,正因如此,教育也备受专家、学生及社会的诟病。问题的根源在于教师的知识本位和应试为上的教学思维和教学理念。学生作为学习的主体,渴望得到他人的尊重和赏识,令人遗憾的是,现实的课堂中仍有许多老师不去考虑学生的反应和需求,以自我固有经验的认识一成不变地来实施教学,以自己的兴趣代替学生的兴趣,不充分尊重学生实际的学习需求。借用2015年春晚的一句经典语录:"你以为你以为的就是你以为的?"教师立场的实质就是太把"我们以为"的强加给"学生以为"的,导致学生立场得不到尊重,学生的创新思维和独到见解缺失和枯竭。

从宏观层面来看,首先,由于高考在人们心目中的特殊地位,几乎所有人都明白高考作为人生的"敲门砖",我们无法绕越,加上高考选拔时间紧、人数庞大的客观原因,本来设计的一些制度在执行过程中都出现了不同程度的折扣,先进的理念无法落地,追求的价值无法得以充分体现。其次,现在的选拔仍然是以纸笔考试为主,体现的多半是知识与技能,这也是为什么应试教育被大家"屡改不变"的根本所在,真正能体现人的核心能力和关键品质的内容无法得到客观的评价。再次,教育主管部门被社会公众舆论所左右,教育的评价还更多地体现在分数的评判上,这也是教育"两张皮"现象及素质教育理念不能落地的根本原因。最后,专家对教育的设计超越现实太多,很多理想总是无法在现实中落实,这也是招致基础教育受到社会大众诟病的重要原因。上述种种原因带来的结果是学校教育为了应试教学,碎片化倾向越来越严重,具体来说就是:学校教育无法与现实抗争,对教师来说只能是考什么教什么,对学生来说只能是考什么学什么。

以高中物理为例,由于高考不涉及实验操作内容的考核,有的学校实验教学几乎空白,盛行"做实验不如看实验,看实验不如讲实验";有的学校学生层次略低,学生对高考等级要求不高,这样的学校就采取选择性教学,舍弃物理中的一些难度大的主干知识(如不关注动能定理),只选择一些考试要求低的知识点进行教学(如对要求低的选修模块投入大量教学时间),并且把理解的内容按记忆的要求进行教授,根本谈不上对学生学科核心素养的培养。以上种种现象的实质是教学根本没有体现学生立场,以考什么定学生学什么,势必造成知识的碎片化和机械重复的学习方式,进而导致课堂教学中浅层学习的普遍存在。

二、深度学习的概念、特征和价值

(一)深度学习的概念

美国学者马顿(Marton)和塞利约(Säljö)认为,浅层学习处于较低的认知水平,是一种低级认知技能的获得,涉及低阶思维活动;而深度学习则处于高级的认知水平,面向高级认知技能的获得,涉及高阶思维活动。[①]

我国学者黎加厚认为深度学习是指在理解学习的基础上,学习者能够批判性地学习新的思想和事实,并将它们融入原有的认知结构中,能够在众多思想间进行联系,并能够将已有的知识迁移到新的情境中,作出决策和解决问题的学习。[②]

可见,深度学习是指以学生学习为中心,在教师的指导下学生自主基于理解进行知识建构,基于真实情境主动学习和解决问题。深度学习要求从教师立场、内容立场向学生立场转变,教师要从满堂灌向少而精转变,更多地为学生搭建"脚手架"让学生自主攀登而不是背着学生攀爬。从学生全面发展的视域来看,实现深度学习是发展核心素养的必经之路。

(二)深度学习的主要特征

第一,理解学习。深度学习强调的是对知识、概念的理解而不是机械的记忆,通过学习能够深刻理解知识的本质而非表象,从而加深对深层知识和复杂概念的理解。换言之,理解学习要求学生在对知识学习的基础上,学会对知识进行情景化地运用,进而善于管理知识。

第二,内容统整。学生学习的文本要具有科学性、层次性、开放性、系统

[①] Marton, F. & Säljö, R. On Qualitative Differences in Learning: I-Outcome and Process [J]. British Journal of Educational Psychology, 1976(1): 7-8.
[②] 何玲,黎加厚.促进学生深度学习[J].计算机教与学,2005(5): 29—30.

性,文本应当是学生学习的认知地图,学生基于文本能够自主学习并能检测自己的学习状况,知道自己到了哪里了。通过对文本的学习,学生在同化、顺应中将新信息与已知概念和原理联系起来,整合到原有的认知结构中,从而引起对新的知识信息的理解、长期保持及迁移应用。文本的层次性、开放性为解决学习的差和异奠定了基础,文本的系统性为学习的完整性提供了保障。

第三,自主建构。只有通过自主建构知识才会真正掌握,因而在学习过程中教师要想尽办法为学生学习搭好脚手架,在合适的机会为学生提供最适切的帮助,激发学生学习的潜能,让学生主动去学习,而不是拖着学生按照自己的意愿去学习。只有这样学生才能对知识进行内化,主动建构形成稳固的知识体系。

第四,迁移运用。深度学习要求学习者对学习情境深入理解,对关键要素的判断和把握可以在相似情境"举一反三",在新情境中分析判断差异并将原则思路迁移运用。

(三)深度学习的价值

深度学习与浅层学习的区别主要体现在以下八个方面,如表 8-1 所示。

表 8-1　深度学习与浅层学习的比较[①]

	深度学习	浅层学习
记忆方式	强调理解基础上的记忆	机械记忆
知识体系	在新知识和原有知识之间建立联系,掌握复杂概念、深层知识等非结构化知识	零散的、孤立的、当下所学的知识,且都是概念、原理等结构化的浅层知识
关注焦点	关注解决问题所需的核心论点和概念	关注解决问题所需的公式和外在线索
投入程度	主动学习	被动学习
反思状态	逐步加深理解、批判性思维、自我反思	学习过程中缺少反思
迁移能力	能把所学知识迁移应用到实践中	不能灵活运用所学知识
思维层次	高阶思维	低阶思维
学习动机	学习是因为自身需求	学习是因为外在压力

---

① 张浩,吴秀娟.深度学习的内涵及认知理论基础探析[J].中国电化教育,2012(10):7—11.

从以上对比不难发现,深度学习不仅要思考"教什么"、"怎么教",更要考虑"为什么教这些"、"为什么这样教",[①]这是在思考教学背后更深层的意义,从而逐渐培养学生的高阶思维能力;深度学习的产生不仅需要学生具备恒心、毅力,也需要适宜的方法与措施。学生只有通过深度学习方能将碎片化、片段化、浅表化的知识变成体系知识和结构化知识。"十三五"期间,我国基础教育课程改革进入深化与攻坚阶段,学生核心素养(即学生应具备适应终身发展和社会发展需要的必备品格和关键能力)的培养成为基础教育改革的着力点。深度学习是一种有效的提升核心素养的学习方式。

(四)深度学习流程图

要使深度学习真正发生,教师首先要引导学生解剖自己,为自己画像,正确认识自己;其次是找准定位,明确自己的目标;再次是掌握学习的方法,熟悉学习路径,选择合理的学习素材并利用各种资源;最后是运用各种办法检测自己,学会总结和反思。具体流程如图 8-1 所示。

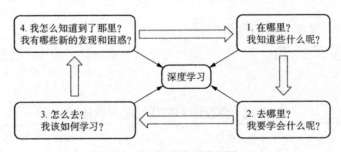

图 8-1 深度学习流程图

三、深度学习策略

只有立足"学",才能弄清楚"教"。所有关于教的问题的思考和设计,都应基于学生立场,从课程的视角,以对学的理解和把握为基础,否则,教就可能成为背离学的规律、脱离学的目的的无实际效果和意义的活动。为更好地实现深度学习,把握好以下策略显得十分有意义。

---

① 崔允漷.追问"学生学会了什么"——兼论三维目标[J].教育研究,2013(7):98—104.

(一)预评估

预评估是教师对学生的综合评估,涉及学生已有基础、学生身心规律、教育规律、学生兴趣及志向等,预评估要突出"精"和"准"。① 以高三"法拉第电磁感应定律复习"为例,大多数学生通过以前的学习,一方面已经熟悉法拉第电磁感应定律,能够熟练解决常见情境下的动生电动势及感生电动势的计算及方向判断。但学生可能对以下三种情况的理解还是存在一定困难,即:导体棒切割长度变化、磁场区域为非匀强磁场、切割速度为变速运动;学生对影响感生电动势的二个要素存在以下情况还是有难度,即磁感应强度非线性变化、在变化磁场中部分导体电动势大小;对当电路的面积和所处区域磁场同时发生变化相关电动势的计算有困难。

(二)确立高阶学习目标

高阶思维能力的发展程度是深度学习与浅层学习的最大区别。② 从布鲁姆分类目标教育理论来看,当下应试背景下的学习大多数停留在"记忆、理解和简单应用"的层面,教师应该将高阶思维的发展作为学习目标伴随课堂教学的始终,要始终将"分析、评价和创造"作为学习目标的重点关注对象。当然,这种关注"分析、评价和创造"高阶思维能力的发展一定是基于"记忆、理解、应用"基础上的关注。

(三)整合学习内容

学生以碎片化的形式将知识存储于记忆中,学的越多负担越重,而且遇到新问题时,往往无从下手。在高三的复习教学过程中经常遇到这样的现象,教师常挂在嘴边的一句话"要将知识串成线,织成网",但在教学实施中无论是学生的学习文本材料还是课堂实施仍以片状化的知识为主要特征,最终的结果是学习过程没有在新旧知识之间建立联接,新知识没有进入学生原有的认知结构,就会出现解决问题的效率低、效果差的现象。只有指导

---

① [美]Eric Jensen, LeAnn Nickelsen. 深度学习的7种有力策略[M]. 温暖,译. 上海:华东师范大学出版社,2010: 5.
② [美]R. 基思·索耶. 剑桥学习科学手册[M]. 徐晓东,译. 北京:教育科学出版社,2016: 139—146.

学生在学习中真正从知识发生的内在规律出发，将孤立的知识要素联接起来，将知识以整合的、情境化的方式存储于记忆中，只有这样才能进行有意义的知识建构，从而达到对知识的提取、迁移和应用。

（四）创设真实的情境

情境认知理论认为，学习的终极目标是要将自己置于知识产生的特定情境中，通过积极参与具体情境中的社会实践来获取知识、建构意义并解决问题。能力的发展是一个渐进的过程，是一种潜移默化影响的结果，它是一种隐性特征，因而学生能力的培养和发展必须建立在一定情境之下，真实的情境具有综合性、全面性，问题的解决可以是个体也可以是小组，所产生的问题具有开放性，知识的应用具有系统性、开创性，是一种建构性学习，利于打开学生的思路，培养学生的合作意识、迁移应用能力、创新能力。

（五）与目标匹配的评价方式

从动机心理学角度来看，对学生学习的评价应树立评价不是为了证实而是为了改进的评价理念。只有在明确教育目标的前提下，设计围绕目标可能实现的评价任务，再针对评价任务设计教学任务、教学活动、教学手段、教学流程，从系统的立场实现"教—学—评"一致性。过程评价、发展评价是教学教程中的重要评价方式，及时反馈是引导学生深度反思自己的学习行为，积极评价是激发学习动力的重要手段。因而当反馈关注学生的学习过程而非只是最终成果时，反馈就会极大地促进学生学习。

（夏季云）

班级教学：如何破解"差"与"异"两大难题

自2001年实施新课程改革以来,我国的中小学课堂教学的模式也在转型中,从灌输式教学转型为建构式教学,学生从被动接受知识转变为主动建构知识。学生的个性差异是客观存在的,而建构式教学就是尊重差异的教学。长期以来,传统教学侧重于关注学生的共性,而对学生的差异关注不够,重视学生认知结构的形成,忽视学生在共性条件下个体差异的发展,一把尺子量到底,埋没了学生天赋才能、兴趣爱好和鲜活个性,也加剧了学生差异的分化。在班级课堂教学中,如何立足于学生个体差异,关注每一个学生的真正学习,处理好班级教学中存在的"差"与"异",寻求尊重学生差异的教育教学模式,促进不同学生学习潜能的发展,是当前基础教育改革与发展中面临的一个重要课题。

一、班级教学的利与弊

现行的班级授课制产生于近代资本主义兴起的工业化时代,由捷克教育家夸美纽斯(J. A. Comenius)创立的。所谓班级授课制是指以同一年级儿童为对象,以教师为中心,划一地传递同一内容的教学形态。在这种教学形态中,知识是由教师传递给儿童的,只要求儿童被动地接受知识。从形态看,这种教学(1)是在教室这一规定的教学环境中进行的;(2)不问儿童的能力差异;(3)对所有儿童使用同样的教学;(4)"清一色"分科教学;(5)教师采用"清一色"讲解法;(6)单项灌输;(7)知识习得,重在知识归纳。教学的主导权在教师。可以说,这是一种极其划一的知识灌输型的教学形态。① 集体性集中教学是班级授课制中的最大优点。相比于之前的"私塾"一对一的个别指导,班级教学一个教师同时能教几十甚至上百个学生,学生按照年龄分班,同龄的孩子在一个教室里,由各科教师系统地传授学科知识。这种教学方式能够充分发挥教师的主导作用,教学的效率高,使得国民普通教育制度与就学义务制度成为可能。

但是一个班级中学生个体差异是客观存在的,每个学生都是独一无二的,来自不同家庭,接受不同教育,如同直观的高矮胖瘦,认知也存在快慢深浅,个体差异必然会产生他们的学习差异。20世纪80年代哈佛大学认知心理学家加德纳提出多元智能理论,每个人都拥有八种主要智能:语言智能、逻辑-数理智能、空间智能、运动智能、音乐智能、人际交往智能、内省智能、自然观察智能。加德纳的多元智力理论认为每个人都具有多种智力,但不同的人在各种智力方面所拥有的量是不同的,由于受遗传、环境以及所属文化的制约,不同的人在这些智力的组合与操作上各有特色,在具体教育情境中就表现为不同的学生具有不同的认知方式和风格。班级中每个个体不可能拥有完全相同的智能,个体间智力的差异在于智能的不同组合,单个个体有很高的某种智能,却不一定有同样程度的其他智能,这种内隐的智能差异的外显化导致学生的个体差异的产生。② 如同样的内容,有的学生学得快,有的学生学得慢。有的偏向逻辑思维,有的极富语言天赋,有的优于数理化,有的强于艺术体育。这只是智能类型不同。然而,在步调一致的班级教学中,在统一课程体系、统一的教学进度、统一的评价标准中,不一样的智能的学生学习必然产生差距,班级中出现"好、中、差"。部分学生学得"差",常见的表现有一些学生存在认知困难,不能真正理解相关知识,平时学习依赖于死记硬背,囫囵吞枣,学习没有习得过程,到考试是原形毕露,逐渐失去学习的兴趣与信心。还有些在学习中存在不正确的学习过程,如没有语言交流的语言学习导致哑巴英语;不科学的方式学科学,如理科背实验而实验,久而久之差距越来越大,成为没有"真学习"的学困生,导致差的产生。另一方面在班级教学中,教师往往只关注部分学生学习的"差",而忽视了"异"学习的存在。其实班级中每个学生的学习方式也是不一样的,有的学生学得

---

① 钟启泉.读懂课堂[M].上海:华东师范大学出版社,2015:110.
② 钟启泉.读懂课堂[M].上海:华东师范大学出版社,2015:60.

"差",是教师没有意识到或处理好学生的"异"学习。常见的表现有学生兴趣点与学习任务无关,或学习过程存在偏科现象,课堂上不能把控自己,从事与课堂教学无关的事项,如玩电子产品、打瞌睡等,游离学习。或者面对不适应的教学,滥竽充数、人在心不在,跟不上进度,疑似在学,成了没有"在学习"的游离生。班级教学的同步教学使学校的管理和教师教学的效率达到最大化,但不是学生的学习效率最大化。尽管学生学习的"差"和"异"是客观存在,但在忽视学生个性的班级教学影响下,学生的"差"被加剧,学生的"异"却被忽视。

二、处理班级教学"差"和"异"两大难题的探索

从20世纪70年代开始,对忽略儿童之间差异的灌输知识的班级授课制的批评声高涨起来,世界各国开始了一场静悄悄的课堂革命,教师的作用转变为儿童学习的设计者和服务者,开始由教师中心向学生中心转变。无论在欧洲各国中号称教学方式最为传统的法国,还是受国际教育界瞩目的欧洲教育改革明星——芬兰,都在推进"项目中心"的课程和"协同学习"。即便在固执于"同步教学"的东南亚国家,这个势头也开始涌动。2001年,我国教育部发布的《基础教育课程改革纲要(试行)》强调新课程改革的具体目标是要实现从"灌输中心教学"向"对话中心教学"的转型。① 改变教主学从的课堂教学模式,关注儿童的差异,保障每一个学生的"学习权",实现人人得以有效成长的课堂教学,出现了"小班化""分组学习""分层学习"等多种方式的教改实验,但真正实现了关注学生差异的课堂学习并不多见。在应试教育越演越烈的当下,班级教学注重集体化、同步化、标准化,高效传授知识和应试技巧,用高强度机械训练提高教学绩效,教师关注的仍然是教师教学本身,并没有聚焦学生的需求,没有从根本上厘清学生差和异产生的原因。

造成班级教学学生差异,部分学生学业不良的原因是多种多样的。既有直接原因,但深入分析,又有诸多因素交织导致。日本教育学者北尾伦彦的研究表明,造成学业不良的因素可分为三个层次,分别为一次性因素、二

---

① 钟启泉.读懂课堂[M].上海:华东师范大学出版社,2015:111.

次性因素和三次性因素,其中,一次性因素是直接相关因素,二次性、三次性因素是间接相关因素。

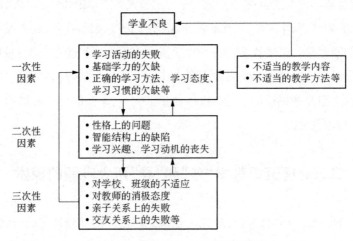

图9-1 造成学业不良的相关因素

一次性因素中可以分为教师方面的因素和学生方面的因素,它们是相互关联的。学生学习"差"的产生,主要是基础学力的欠缺;而学生"异"学习的产生,有教师的教学方法和内容的不适当的因素,也有学生没有正确的学习态度、方法和好的学习习惯的因素。

二次性因素包括智力、性格、兴趣、动机等因素。这里既包含有智力因素薄弱而造成的学生学习"差"的产生,也有由于没有形成正确的学习态度与学习习惯而造成学生"异"学习的产生。

三次性因素是环境因素方面的诸多条件,包括学习、班级、家庭、社会等诸多因素。这些与前面的一次性、二次性因素是相互联系的。如部分学生学习"差"的产生与其家庭教育错误造成儿童不良性格,不能形成自立的、积极的学习态度,或者不能适应学校、班级的正常教学活动而导致的学生"异"学习的产生。①

人们关注"差"的产生,这是跟学生的基础学习力、性格、智能结构等自身因素有关,而往往忽略了"异"的产生。学生的学习方法、态度、习惯、兴趣、动机及学习环境等会导致"异"学习的产生。

---

① 钟启泉.差生心理与教育[M].上海:上海教育出版社,2003:17.

三、如何正确处理班级教学中的"差"与"异"

美国学者戴安·赫克斯(Diane Heacox)认为,"差异教学"是指教师改变教学的进度、水平或类型以适应学习者的需要、学习风格或兴趣。其根本目的是让学生能以自己的方式,谋得自身的最佳发展,获得相对于自己的学业成功。差异教学是指在班集体教学中立足学生差异,满足学生个别的需要,以促学生在原有基础上得到充分发展的教学。因此,在班级教学中,利用和照顾学生个体差异,站在学生的立场,促进所有学生的最大发展是解决学生差异的重要方法。

我校开展的学历案的研究,关注学生差和异的存在,将解决差异作为基于学历案教学的核心理念之一,让教师从学习内容的组织者变成学生学习经历的设计者,以学生的是否学会为目标,创设学习情景,设计具有专业水平、体现教—学—评一致性的学历案。教师在学生各自的基础上,让学生自主经历知识建构的全过程,促进学生的深度学习,有效减少差异的产生。

(一)让学生经历"真学习",减少"差"的产生

传统的教学课堂大多是你说我听,学生被动地接受,课程大多比较呆板单调,难以引发学生兴趣,甚至有些学生会觉得枯燥无味而产生厌烦情绪。这种方法假定学生通过听来学习,然而关于大脑的研究告诉我们,大多数人并非以听的方式来学习。只有20%的学生通过听来学习,其余80%或通过视觉或通过触觉来学习。学历案是教师对学习过程或历程进行专业化设计的方案,是教师设计的引导学生学习用的文本,是学生达成学习目标的"脚手架"。

在学历案教学中,在顾全整体的前提下,照顾学生的学习差异,设计多种教学方法,阅读、查找资料、讨论、分析、表达、辩论等等,尽可能使每一个同学都能参与进来,获得各方面的锻炼、发展与提高。教师倾向关注学生"是否明白或学会",将教—学—评置于"一条线"上进行思考,以"是否学会"作为思考的出发点,同时又是行动的终点;教学的过程就是监测目标达成或评价的过程,不断镶嵌评价任务,不断引出、收集学生的评价信息,作出新的

教学决策,帮助或指导学生实现信息的第二次转换,促进每位学生发生真实学习的过程。在这一学习过程中,逐步将知识条件化、情境化、结构化,促进学生深度理解和应用的实现;学生通过多元化的学习方式:说中学,做中学,教中学,悟中学,引导学生主动参与、乐于探究、勤于动手,逐步培养学生收集和处理科学信息的能力、获取新知识的能力、分析和解决问题的能力,以及交流与合作的能力等,课堂教学中互动与互补促使全体学生都能在各自原有基础上得到良好发展。如今的学生出生就生活在多媒体世界中,他们不仅需要听,而且需要参与;不仅只是静坐,而是要动起来;不仅需要线下的课堂学习,还需要线上的慕课、微课的学习。全方位多角度的学习,可以弥补学生学习的差。学生在目标的引领下,自主构建或社会建构经验或知识的过程,让学习过程看得见,经历"真学习"过程。

(二)让学生经历"在学习",实现"异"的学习

学生个体差是客观存在的,影响着他们的学习的差异。与传统的教师教学"我教你学"完成教学任务不同,学历案设计把学生学会作为教学的出发点和落脚点,置学生立场为所有教学行为的原点。学历案的设计不再像以往那样仅仅为了完成教学内容的要求,而是更多地从关注学生,促进学生经历"在学习"的状态。

学历案学习过程中探索适应性的教学:适合不同学生学习的速度、进程、风格,甚至内容和任务。给不同层次不同能力的学生制定的学习目标,是有差异、有选择的。教师根据学生的"异"采取不同的教学措施,给予不同层次的评价。原则上准备了多种多样的适应学生学习的方式,安排各种学习机会,如小组协同学习,根据内容需要按 2×20、4×10 或 8×5 分组活动,或者每次选 2—4 位学生作为助教,每个人都有任务、机会,如果每个学生在接受任务时感到有成功的机会,就会更投入学习,尝试挑战。充分尊重不同学生的个性,让每个学生都能以自己的认知方式与学习风格学习,学生之间由于彼此异质性的思维碰撞而拓宽了自我世界,借以实现全员参与的对话的教学。生生、师生、生师在宽松的氛围中自由地表述各自的见解,相互倾听,尽情讨论,依赖于小组协同学习的成果达成学习目标。学习任务分层设置及学习过程的互动的状态,不仅在课堂教学中,还延伸到课后的学习过程

中,如在作业的分层布置、课后反思及互动的评价中也有体现,教师用赏识和发现的目光去看待学生,改变以往用一把尺子衡量学生的标准,提高学生对学习的兴趣与信心,体会学习的意义,激发内在的学习动机,得到最大限度的发展。教学活动为学生提供更多的选择机会,创造更加丰富的学习环境,让他们可以根据个人的认知历程,有创意地探索个人在历程中所具有的特质与能力,有效学习各种基本的能力与概念。[1] 在这样的学习过程中,每个学生都处于"在学习"状态,实现"异学习"。

苏萨(Susa)说过,教师需要知道不同感觉偏好的学生在学习中会有不同表现,而教师倾向于按照他们自己的方式进行教学。[2] 这在某种程度上可以解释为什么很多学生在某个老师的课堂上学习困难,在另一个老师的课堂上却学得轻松。学生对学习不感兴趣或不想学习,事实上可能仅仅因为他们不适应教学方法,或者课堂里教师仅仅重视一种模式。创设多样化的教学技巧的课堂,将会使高质量的学习成为可能。

(沈皖秀)

---

[1] 崔允漷.有效教学[M].上海:华东师范大学出版社,2012:60.
[2] [美]格利·格雷戈里.差异化教学[M].赵丽琴,译.上海:华东师范大学出版社,2015:55.

10 教学方案：从"教案"到"学历案"

教学方案是教育专业化的产物，也是教师专业发展的标志之一。教学实践要成为专业行动，首先需要让教学方案成为专业的方案。只有方案专业了，后续的实践才有可能成为专业。长期以来，人们为了让教学方案成为专业的方案，作出了诸多尝试与探索，近年来关于学案、导学案等的实验就是这种探索的延续。那么，教学方案会何去何从？其专业性应该体现在哪里？笔者在此作些探讨，以期抛砖引玉。

一、教学方案的源起与演变

教学方案源起于教案。所谓教案，就是指"教师以课时或课题为单位编制的教学具体方案"。[①] 其中的核心问题是教学程序的安排。

尽管教育教学活动已有悠久的历史，但对学校教育中的教学程序最早进行系统阐释的理论应该是19世纪初赫尔巴特(Herbart)的"教学形式阶段"学说。之前，尽管有许多先进的教育思想和教学原则、规则留传下来，但都只是停留在想法、观点或做法层面，或者至多算是个人的真知灼见，没有揭示其背后的"理"论，难以以"理"服人。同时，这些思想原则缺乏对教学活动程序的构想，以致教师即使受到先进教育思想和教学法的影响，也仍然不懂得如何操作，也不知道如何在教学活动中运用先进的教育思想和教学法。"教学形式阶段"学说为解决上述问题提供了心理学的理论假设。

赫尔巴特的"教学形式阶段"是指清楚、联合、系统、方法四个阶段。它

---

① 夏征农.辞海—教育学心理学分册[Z].上海：上海辞书出版社，1987：13.

本来不是指课堂教学的具体步骤,而是关于如何使学生形成个别概念、从个别概念到普遍概念直到普遍概念运用的过程的构想。后来,赫尔巴特学派的齐勒尔(Ziller)、赖因(Rein)分别对其加以改进,并使其成为包括若干阶段的教学程序。如赖因把"清楚"分为"预备"(通过谈话,使儿童回忆已有的知识,为学习新知识作准备)与"提示"(提出实物或事例,让儿童观察与了解),加上"联系"(让儿童对相关事物或事例加以比较、分析)、"统合"(帮助儿童解释相关事物或事例的原因)、"应用"(让儿童通过练习,运用原理、规则解答问题)。这就是经典的"五段教学法"。有了这类教学法,教学设计便有"法"可依,这种教学设计的文本就被称之为"教案"[①]。

20世纪初,赫尔巴特学派的"五段教学法"传入苏联之后,苏联的教育家们在此基础上进一步发展了此成果,突出的贡献在于形成了"课的类型与结构"[②],如表10-1所示。

表10-1 课的类型与结构

课的类型	课的结构	
一、综合课	1. 组织教学	1—2分钟
	2. 检查作业	3—8分钟
	3. 引入新的课题,明确目的	5—10分钟
	4. 讲授新教材	10—12分钟
	5. 巩固复习	10分钟
	6. 布置作业	5—8分钟
二、新授课	1. 揭示新课题及其意义	
	2. 说明讲授计划	
	3. 按计划叙述	
	4. 概括基本原理	
	5. 回答学生作业	
	6. 布置作业	
三、作业指导课	(未作环节划分)	
四、检查—复习课	(未作环节划分)	

20世纪50年代,在"以俄为师"的形势下,苏联教育家凯洛夫(Kaiipob

---

① 陈桂生.常用教育概念辨析[M].上海:华东师范大学出版社,2009:201.
② 陈桂生.常用教育概念辨析[M].上海:华东师范大学出版社,2009:202.

关于教学方案的思想与做法对我国中小学的实践影响非常大。《教育大辞典》中关于教案的辞条是这样定义的:"教案,即课时计划。教师备课过程中以课时或课题为单位设计的教学方案。内容一般包括:班级(或年级)、学科名称、课题、教学目的、教材要点、课的类型、教学方法、授课时间、教具和教学进程(步骤)、板书设计、习题及其答案等。"①尽管教案的形式和内容在实践中也有一些改变,但从"教师立场"来呈现教学方案的实质没有改变。归纳一下各种关于教案的格式,大致的内容主要涉及如表10-2所示的内容。

表10-2 教案的格式

结构	内容
一、课题	说明本课名称
二、教学目的	或称教学要求,或称教学目标,说明本课所要完成的教学任务
三、课型	说明属新授课,还是复习课
四、课时	说明属第几课时
五、教学重点	说明本课所必须解决的关键性问题
六、教学难点	说明本课的学习时易产生困难和障碍的知识点
七、教学过程	或称课堂结构,说明教学进行的内容、方法和步骤
八、作业处理	说明如何布置书面或口头作业
九、板书设计	说明上课时准备写在黑板上的内容
十、教具	或称教具准备,说明辅助教学手段使用的工具

随着我国改革开放的全面实行,西方关于教学方案的相关理论的全面引入,人们的教学观念发生了很大的变化,如从教到学、以学为中心、学习者中心等,一些中小学教师开始思考如何变革教学方案,并大胆地开展实践探索。其中,影响最大的是学案、导学案。学案的基本格式如表10-3所示。

表10-3 学案的基本格式

一、学习内容
❖ 让学生知道下节课上什么内容
二、学习要求
❖ 不能抄教学目标,用学生的语言具体写出本课应懂哪些知识,应会用哪些知识等。从学生角度出发,言简意赅,体现学生是学习的主体。

---

① 顾明远.教育大辞典[Z].上海:上海教育出版社,1990:214.

三、本单元的中、高考考点及分析	
❖ 告诉他要考的考点,激发他的重视程度。 ❖ 预习中尝试做一做,学习(复习)中就去接触高考题。 ❖ 也可以探究时做题目用。	
四、学习过程	
(一)课前预习	1. 课前预习××页至××页 2. 参考(复习)资料××页至××页(根据学习要求,自我课前预习阅读) 3. 几条尝试练习题目:(1)数量不能太多。(2)难度要控制,最好是公式的一次应用,不要太难,把知识点转化成题目、填空题、选择题或者小式。(3)属高考容易题,基础题。(4)也可分层次(好、差),指定××同学做。 ❖ 尝试练习的目的是千方百计调动学生参与,帮助加深对知识的理解(没有应用的层次),让学生带着问题来听课。
(二)课堂探(索)研(究),讲解方法,总结规律	❖ 设计问题的立足点,要引导、参与、指导、探究,问的质要高,问的量要控制。从例解到类解,题目要精选,让题目作为知识的载体,2—3个例题,要综合覆盖面大,题目属于是中等偏上难度,有阶梯性。
(三)提高拓展的练习	❖ 提高:在掌握规律后,让学生应用方法或规律解题(不断地练与讲)。 ❖ 拓展:做后又评点又归纳(可多次用板演,从练→讲→练→讲……),通过约十分钟巩固提高,达到不断在练中解决问题的目的(一课三练:前练→课堂探究练→提高拓展练)。
(四)课后复习	1. 复习××教材。2. 完成××练习。

导学案存在多种形式,但其基本结构包括学习目标、重点难点、学法指导、知识链接、问题探究、目标检测、作业布置和总结提升八个部分。毫无疑问,学案或导学案实践上的探索有一定的合理性,如关注学习、突显练习质量、教学与考试一致等,或者在提高纸笔考试成绩上也许发挥了一些作用。但从学理上看,无论是学案还是导学案,都没有给出很好的理论解释。在具体做法上,仍然存在许多值得探讨的问题,例如:把"学习"窄化为"做题",学案与导学案充满练习,成了"一课一练";虽然也关注到学生学习,但对"完整的学习过程"的设计缺乏应有的关注;名为"(导)学之案",实为"教之案",表现在"考点分析""学法指导""作业布置"等标题上,有偷换概念之嫌;没有回答在班级授课背景下,如何解决"在学习"与"真学习"的两大难题。因此,我们有必要从学理上和实践上探索教学方案变革的可能性。

二、学历案的初心与内涵

"学历案"一词是崔允漷教授及其团队建构的。在与崔教授的交流中得知,学历案来自于对教学专业的再认识,来自于对教学方案的再认识,也来自于对中小学实践中的学案与导学案等探索的深度反思。同时,考虑到实践中学案与导学案有被误解、滥用甚至"名不副实"的问题,故借用学历教育之"学历"一词和医师需要写的专业方案——病历之"历"的概念,取名"学历案",以突显对"学习经历或学习过程"的关注。

从教学方案的历史演变来看,当教师还没有分化出来成为一种职业,教学法还没有独立出来成为一门学问的时候,教学方案与教学内容基本上是不分的,"教什么"(经典文献)就成为教学方案,这个时候的教学方案其实是内容立场的。随着工业社会的到来,社会分工越来越细,社会对劳动者的知识与技能要求越来越高,普及教育势在必行,学校成了专门培养年轻一代的教育机构,班级授课制应运而生。"先有学校,后有教师"这种自然的逆生长导致教师教学素养跟不上,"怎么教"的问题就是那时学校教育最突出的问题。赫尔巴特学派的"教学形式阶段"学说为解决"怎么教"的问题提供了学理支持,于是教学方案也就从"内容立场"走向了"教师立场",这标志着教学方案专业化发展的一个里程碑。经过两百年的发展,特别是课程理论的发展,教学方案发生过多种变革,在中小学特别是我国的中小学实践中也可见一斑。目前的教案大体上可分为两类:一是秉承教师立场的关于"怎么教"的教案,二是内容立场的关于"教或学什么"的"学案"。学案主要关注内容即学什么,不太关注目标或学习过程,也不太关注评价。因而在现实的课堂上,我们常可以发现有这样两类教师:一类教师比较倾向于关注自己"怎么教",在信息传递或呈现方式上,想方设法,绞尽脑汁,费尽心力,丰富了"教"的内涵;另一类教师倾向关注于"教或学什么"即内容,竭尽自己之能事,只关注学习信息量的轰炸式输入,不太关注学生学习是否真正发生。当下比较流行的"学案"或"导学案"从一定程度上可能促进了学生的知识学习,但浅层学习、虚假学习现象依然普遍存在,深层的、真实的学习没有得到真正的落实。

基于以上的观察与思考,为了改变目前课堂教学存在的问题,我们南京一中依托华东师范大学崔允漷教授团队的理论支持,提出了大胆的改革设想,从改革教案入手,采用"学历案"的教学设计,期望"学历案"实现四大功能的转变:即实现由教中心向学中心转变;实现从知识传授为主向素养培育为主转变;实现从单一课堂学习为主向多种学习方式转变;实现由浅层学习向深度学习转变。

何为学历案?它是在班级教学情景下,基于学生立场,围绕某一具体的学习单位(主题或单元),从期望学生"学会什么"出发,设计并展示"学生何以学会"的过程,以便学生自主建构或社会建构经验的专业方案。一份完整的学历案包括:学习主题/课时、学习目标、评价任务、学习过程、检测与作业、学后反思等六个要素。它是教师设计的、规范或引导学生学习用的文本,是通向学生目标达成的"脚手架";它是一种学校课程计划、学习的认知地图、可重复使用的学习档案,是师生、生生、师师互动的载体,也是学业质量监测的依据。

如何编写学历案?在前期研究的基础上,经过我们几轮的实践与深入的探讨,按照学历案的要素,以及该要素涉及的一个关键问题,我们提供了回答这些问题的提示(见表10-4),并对教师进行必要的培训,以指导教师编写学历案。

表10-4 学历案的要素、关键问题与回答提示[①]

要素与关键问题	回答提示
1. 主题与课时 在多少时间内学习什么?	1.1 内容:课文或主题或单元;来自何处?知识地位? 1.2 时间:2—6课时,依据目标、教材、学情确定
2. 学习目标 期望学生学会什么?	2.1 依据:课程标准、教材、学情、资源等 2.2 目标:3—5条;可观察、可测量、可评价;每条指向学科关键能力或素养;相互之间有关联;三维叙写;可分解成具体任务或指标;至少三分之二的学生能完成
3. 评价任务 如何知道学生是否学会?	3.1 要求:包括情境、知识点、任务;学生完成此任务后的表现与上述的任务或指标一致 3.2 评价与目标无须一对一对应
4. 学习过程 经历什么过程才能学会?	4.1 学法建议:达成目标的资源、路径、前备知识提示 4.2 课前预习:定时间,有任务 4.3 课中学习:学习的进阶(递进或拓展);评价任务的嵌入;体现学生自主建构或社会建构的真实过程

---

① 崔允漷.学历案:学生立场的教案变革[N].中国教育报,2016-06-09(6).

(续表)

要素与关键问题	回答提示
5. 检测与作业 如何巩固已学会的东西？	5.1 要求：包括课前、课中与课后作业，整体设计作业；论述或综合题要包括情境、知识点（可多个）与任务 5.2 明确功能：检测题、巩固题与提高题
6. 学后反思 反思自己是如何学会的？	6.1 引导学生思考梳理已学知识、梳理学习策略 6.2 诊断自身问题、报告求助信息

上述六个要素体现以一个主题/问题/项目/观念/技能的学习为单位，以"何以学会"为中心，以形成性评价为指引，分解目标达成的过程，为学生自主或有指导的学习提供了清晰的途径。

教学方案的变革只是课堂转型的第一步。教学方案已经从教案走向学历案，从教师立场走向学生立场，那么，课堂教学如何转型？在兄弟学校探索的基础上，我们进一步发展或精致了基于学历案的课堂教学形态，主要有以下五种：

1. 对话型：学生自学学历案＋同伴交流问题＋师生对话解答。
2. 指导型：教师依据学历案导学＋个体或小组学习＋教师过程指导。
3. 自主型：学生依据学历案设定的步骤自学＋同伴或教师过程指导。
4. 合作型：小组按学历案分工完成任务＋全班交流与分享＋教师点评或提炼。
5. 评价型：教师分享结果标准＋学生参照标准完成学历案的任务＋学生自评或互评。

基于学历案的教学实践理应有"型"，但又不能用"型"来约束学历案的活力。我们仍遵循"教学有法，教无定法"的理念，在基于教学规律的前提下，课型应有更大的自由度，一切从学生出发，上述课型只是为初学者或新手教师提供一种参照，是一种理论形态。有经验的教师总是会根据情境、目标、学情、资源、自身特长等因素创新课堂教学形态，寻找可能的"更好"。模式对于经验概念化或理论来说是需要的，但执行模式的人不要将它模式化，否则，教学模式会僵化灵动的实践。

三、学历案的理论与实践意义

从教学方案的变革入手，撬动课堂转型，大面积实现学生"在学习"，促使"真学习"的发生,我们经过课堂观察与分析、班级教学质量比较研究、高考成绩提升的归因分析发现,基于学历案的教学的确给课堂教学带来了新的气象,也提升了教学质量。尽管在实践中实现课堂真正的转型还有待时日,但我们已经发现了学历案的理论与实践意义。

(一)学历案体现了学生中心的教育理念

学生中心主要关注两个方面,一是个体学习者——关注学生的遗传、经历、观点、背景、天赋、兴趣、能力和需要等;二是学习者的学习——关注学生如何最有效地开展学习以及这种学习是如何发生的,即关注学习过程与结果。[①] 传统意义上的教案,教师站在自身立场思考如何利用自己的知识体系和已有的教学经验来确定教学内容和教学环节,而对个体学习者考虑不够,对学生学习过程关注较少。如上所述,学历案则是基于学生立场,围绕某一具体的学习单位(主题或单元),从期望学生"学会什么"出发,设计并展示"学生何以学会"的过程,以便学生自主建构或社会建构经验的专业方案。它通过如下两个策略来实现学生中心的教育理念:其一,学历案通过基于学生立场实现对学习者个体的关注,学历案是在充分尊重学生个体特征、学习需求的基础上来进行的方案设计。其二,学历案促进了学生的学习和发展。学历案是一种支架,一种指向学生最近发展区的可视化支架。维果斯基的"最近发展区理论"认为,学生的发展有两种水平:一种是学生的现有水平,指独立活动时所能达到的解决问题的水平;另一种是学生可能的发展水平,也就是通过教学所获得的水平,两者之间的差异就是最近发展区。只有当教学能够支持最近发展区的时候,个体学习者才能够学得更多、学得更好。[②] 而学历案正好是教师创设的一种指向学生最近发展区的支架,即学历案能够更好地促进学生的学习和发展。总而言之,学历案的设计是把学生作为教学的出发点和落脚点,弱化教师强权,置学生立场为所有教学行为的原点,让学生感受到学习的快乐,以学生发展为最高目标。关注差异的存在,从学生实际出发,实现学生的发展恰是学历案的核心理念之一。

[①] 雷浩.为学而教:学习中心教学的研究[D].上海:华东师范大学,2017:57.
[②] Vygotsky, L.S. Thought and language [M]. Cambridge, MA: MIT Press, 1986: 12-16.

（二）学历案体现了课程的专业要求

学历案是围绕某一个主题/问题/项目/观念/技能，以系统思考为统筹，将评价作为切入点，把学生发展定为最高目标，从整体上建构师生学习共同使用的文本。如前所述，一份完整而又专业的学历案包括：学习主题/课时、学习目标、评价任务、学习过程(学法建议、课前预习、课中学习)、检测与作业、学后反思等六个要素。由此可见，学历案很好地体现了课程的四个核心要素，即"目标、内容、实施、评价"。而且，学历案以一个主题/问题/项目/观念/技能为最小的学习单位，因此，学历案也可称之为"微课程"或课程的"细胞"。它站在学生角度，专业化地呈现学生在某一教育事件中完整的学习历程，是地地道道的微课程文本，体现了课程文本的专业要求。

（三）学历案是落实课程标准要求的专业路径

学历案是实现基于课程标准教学的重要突破口。学历案主张依据课程标准和教材，明确相对独立的主题/问题/项目/观念/技能为学习单元，自上而下，在整体的视角下设计一个一个单元的学习经历，而不是教师习惯上采用的以琐碎的知识点为教学设计单位，站在自身立场上，呈现"怎么教"的方案。学历案的设计要求教师理解学科本质，了解学科大观念，熟知课程标准倡导的基本理念，学会分解课程标准中的内容标准，确定具体的单元或主题目标，将学习内容进行系统性整合，以实现学生学科核心素养的发展。因此，教师设计和运用学历案是基于课程标准教学的专业路径，是创造性落实课程标准的必经之路。

（四）学历案体现了有效教学的核心技术——教—学—评一致性

从应然的"目的"走向实然的"目标"，这是课程作为一个独立领域出现的标志，是课程走向专业化的第一步。课程成为一种专业的最重要的标志在于评价，即我们何以知道预设的目标已经达成，何以清晰地知道"学生学会了什么"。课程思维需要一致性地思考在目标统领下的教学、学习、评价的问题，所有单一或点状的思考都不是课程思维，而是通常说的教学思维。学历案的设计体现了课程的理念，自然已置于课程视域。特别是学历案在编制的次序上与传统的教案、学案相比有重大变化，首先设定学习目标，将评价任务设计置于教学过程设计之前,教师的教、学生的学和评价任务都是指向学习目标。其中,作为核心要素的评价任务,能够随时检测学生的学习目标达成情况,为教和学提供证据。因而"教—学—评一致性"技术自始至终贯穿于整个学历案,为实现课堂的有效教学奠定基础。

(五)学历案促进了课堂中的深度学习

当下孤立记忆和非批判性接受知识的浅层学习大量存在,课堂教学普遍存在"虚假学习、游离学习"的问题。引发学生真实学习,培养学生高阶思维的课堂深度学习却一直没有受到足够的重视。深度学习的主要表征有三:一是高投入,即学生高度参与课堂学习,如倾听、专注、坚毅等;二是高认知,即超越了解、记住、复述、背诵等浅层认知,强调深度理解、问题解决、创造性思维、批判性思维等高阶认知;三是复杂环境,即学生的学习是在复杂环境下进行的,主要表现为人际的合作性、问题的复杂性和工具的丰富性。学历案的初心就是希望解决课堂教学中的"在学习""真学习"问题。通过提高教学的适应性,如学法指导、分层作业、课后反思等,吸引更多的学生投入学习;通过设计完整的学习经历,让学习过程"看得见",便于学生发生真正的学习;通过知识条件化、情境化、结构化,以实现学生对知识的深度理解;倡导说中学、做中学、教中学、悟中学,让学习方式多样化,丰富学生学习经历;倡导反思学习,以一个学历案为反思单位,培养学生反思习惯,寻求个人化的学习方式等等。由此可见,学历案的初心或价值追求,就是为了促进课堂深度学习的发生,并且,学历案也为促进课堂深度学习提供了一系列的专业技术。

(尤小平)

中篇 编制指南

如何设计学历案的学习单元？

学历案是围绕学习单元而设计的学习方案,是新课标倡导"大主题""大项目"理念下体现学科核心素养的重要形式。坚守学生立场、着眼课程视域是学历案编制的重中之重。学历案从单元教学的角度出发,既关注单一知识点的教学,更重视学习内容的统整性,从而很好地解决了内容的适切问题。

一、单元设计的必要性

所谓"单元",乃自成体系,自成系统。"单元设计"也并非新鲜词汇。而当其置于核心素养的关照之下,便具有了突破传统的内涵。单元设计是"撬动课堂转型的一个支点"[①]。

(一)单元设计突破课时中心的束缚

单元设计是教学过程中经常运用的组织策略。翻检过去诸多版本的教材,我们发现,与其称之为"单元设计",毋宁谓之"章节知识点式"安排教学。在发展学生核心素养的时代,"单元设计"则应当是"基于一定目标与主题所构成的教材与经验的模块、单位"[②]。

以往的教学多以课时为推动教学的力量,侧重于以知识逻辑编排单元,以知识内容获得为导向,而课时与课时之间的联系常常被忽略。如深受苏

---

① 钟启泉.单元设计:撬动课堂转型的一个支点[J].教育发展研究,2015(24):1—5.
② 钟启泉.学会"单元设计"[N].中国教育报,2015-06-12.

联课堂模式影响的"复习旧知——导入新课——讲读练习"的固有模式曾在很长一段时间内影响我国的教学。随着课改的深入，这种模式逐渐淡出人们的视野。一方面，此种固化的教学形态损害了课堂的活力；另一方面，其对于琐碎知识点的讲解破坏了知识的系统性。如果说传统的章节知识点教学是网结上的一个个点，那么，学历案视角下的单元设计则将其进一步升级，将散落在上面的零碎的知识点绾结为网络。它更注重"大主题"下目标、学习任务、评价的一致性，更关注课时设计中前后的关联，从而依据核心素养整合教学内容和教学方式。而"大主题"下的单元设计绝非简单地"增加教学课时"、"增加教学内容"，而是以任务群为引领，设计基于核心素养的项目式学习方案。

（二）单元设计关注学生知识体系的建构

学历案视角下的单元设计更加关注学生由知识获取到实际问题解决到核心素养的最终形成。单元设计的出发点是学生核心素养的落地，而学生核心素养的获得很大程度上需要自主建立知识体系。基于建构主义的学习设计、单元设计更多地关注学生在真实的情境中如何系统地学习，也就是在教师为学生提供学习支架，学生以适切的角色进行对话协同，进而完成有意义、指向核心素养的等额任务中，在展现学习成果中提升学习品质，在学后反思中提升元认知的能力，从而为学生后续的学习提供可资建构的途径。

（三）单元设计提升教师专业发展的能力

着眼于"学生本位"的学历案单元设计对于教师的专业素养提出了更高的要求，同时亦对教师的专业发展具有重要的引领作用。过去的单元设计由于课时的局限和教师对学科内涵把握不够准确，出现了学习目标定位失准、教学方式机械化、教育价值泛化等问题。而学历案单元设计要求教师要打破单一课时的视野局限，以联系的眼光、系统的思维高屋建瓴地把握课时与课时之间的联系，考虑单元设计的整体性如何对学生的核心素养培养起到作用。具体而言，教师要站在课程的高度上思考如何依据课程标准建构单元，如何创设指向目标的任务群和项目学习，如何为学生的项目学习和思维发展创设学习支架，如何设计能够实现学生思维可视化的评价任务，如何启发学生进行批判性反思。

二、如何设计学历案学习单元

一般而言,单元设计的方式是多样化的,主要依据教学目标和教学内容来设计。根据佐藤学(Manabu Sato)的观点,单元设计的类型主要有以下两种:一是基于学科知识体系的建构,形成"目标—达成—评价"的单元设计;二是基于学习主体的已有经验,形成"主题—探究—表达"的单元设计。[①]

而在单元设计的过程中,回答好如下问题是学历案单元设计的基础。单元设计如何体现"教—学—评"一致性?单元设计如何让核心素养的要求落地?单元设计如何充分发挥学生的主体性?同时,以下要素也需要予以全面考虑:知识内容的适切性、开放性和弹性;学习目标的系统性、全面性、层次性和精准性;学习时间的充足性和灵活性;学习过程的建构性;学习方法的多样性和选择性;学习评价的多元性、过程性和多样性;学习环境与资源的丰富性等。

以建构主义学习理论为基础的"在社会情境下积极思考"(Thinking Actively in a Social Context)模型[②]则为学历案提出了切实可行的参考方案。该模型共分为八个阶段,分别为"收集和组织"、"确认"、"发散"、"决定"、"实施"、"评价"、"交流"、"从经验中学习"。在"收集和组织"的阶段,教师主要收集学生的已有经验,明确学生过往经验已达到什么样的层次和水平,为接下来教师选择何种话题作为学生探究的方向打下坚实的基础。在确认阶段,教师需根前一阶段的收集学生反馈确定学生的学习目标。在"决定"和"实施"阶段,教师在分配任务后启发学生可以有多少方案即研究路径,并引导学生选用最优路径予以探索,指向学习目标。在"评价与交流"阶段,教师和学生要分别对探究路径和探究结果作评价,从而更加明确任务完成的效果。而最后一各阶段显然更加重要,即"从经验中学习",通过对于学习目标

[①] 钟启泉.单元设计:撬动课堂转型的一个支点[J].教育发展研究,2015(24):1—5.
[②] Wallacetasc, B. Using The TASC Thinking And Problem-Solving Framework To Create a Curriculum of Opportunity Across The Full Spectrum of Human Abilities [C]//H.E. Vidergor & C.R. Harris. Applied Practice for Educators of Gifted and Able Learners. Rotterdam: Sense Publishers, 2015: 113-130.

的比照,学生自我完成反思。

如在数学学科"函数"这一单元的设计中,可以按照"目标—达成—评价"将实施过程设计如下[①]:

1. 确定单元内容:单元教学中的单元不同于以往的教学单元,常见的有知识线索的主题类单元(如函数单调性,方程等等),以思想方法为线索组织单元(如消元法,待定系数法等),以数学核心素养为线索组织单元(数学抽象,逻辑推理,数学建模,数学运算,直观想象,数据分析)。在"函数单调性"中确定单元内容为:借助符号语言表述单调性基本概念;理解函数单调性和不等式之间的关系;理解导数和单调性的关系,建立函数模型。

2. 制定教学目标:单元教学目标不是课时目标的简单叠加,而是在核心素养指导下整合课时目标,使其指向核心素养;将单元目标落实到课时目标中,确定课时目标的广度、深度与层次性。如在"函数单调性"中,第一课时的目标可以定为借助图形语言和符号语言,理解函数单调性的概念,第二课时的目标可以定位为建立函数单调性和不等式之间的模型,第三课时则是建立导数与单调性的关系。

3. 实施教学流程:严格按照所确定的单元内容和教学目标,教师创设情境,分配任务。采用教师讲授与学生合作的方式理解函数的单调性;学生通过结合课本研究,总结函数单调性的应用。

4. 学习评价与反思:在学习过程中和学习过程后都要贯穿学习评价,根据评价反馈学习结果。针对学习过程中出现的错题,引导学生反思知识点掌握情况,对函数单调性深入理解。

三、以任务群学习为抓手的语文单元设计

基于上述建构主义视角下的单元设计模型,结合语文学科的特点,语文学历案单元设计要以核心素养为旨归,以系统建构为手段。而核心素养理念下的任务群学习以项目学习为载体,将学习目标、学习资源等加以整合,为语文学历案编制提供了有力抓手。

---

① 吕世虎,吴振英,杨婷,王尚志.单元教学设计及其对促进数学教师专业发展的作用[J].数学教育学报,2016,25(5):16—21.

(一) 确定单元内容,拟定学习目标

语文学历案的编制必须审视教学文本的核心价值,找寻单篇文本最具教学价值的教学点,同时,又必须以课程视野来关照,以系统思维建构核心教学点序列。换言之,单篇文本的教学内容既是核心教学点之一,又是整体教学中不可缺失的一环,从而不同的核心教学点就形成互为映照、逐步提升的关系。因此,一份优秀的学历案必须考虑教学内容的统整性。同时,学历案的编制还需考虑个体学习进程的差异。早在1994年,钟启泉先生就提出了"按照每个学习者步调去学习适于自己的材料"①的理想,而在任务群统领下的语文学历案则很好地贯彻了这个意图。

对于单篇文本中最具教学价值的教学点、单篇文本的阅读方法、单篇文本在写作上的特色、如何由阅读层面过渡到写作层面等问题,理应在"学习指导"栏目中作为程序性知识列入,而学生则可以根据具体详实的"学习指导"进行自主学习。教师在"学习指导"栏目下应留出足够空间,让学生记录下阅读"学习指导"后的疑问或者对于"学习指导"的质疑,以实现学习指导与学生反馈的双向互动。

在进行单元设计的时候,要充分考虑单元文本之间的相似性与差异性,确定单篇文本的核心教学价值点,从而确定单元的核心内容。下面参照上海市教委教研室在"基于课程标准的教学与评价"导向下开展的学科单元教学指南的项目研究成果(见图11-1),建立单元文本核心内容的模型。

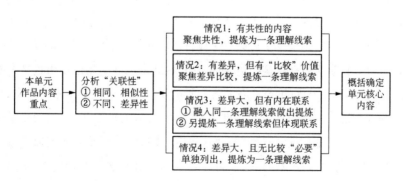

图 11-1 建立单元文本核心内容的模型②

---

① 钟启泉.教材编制与教学结构[J].外国教育资料,1994(6):17—20.
② 沈瑜萍.分析特点、把握重点、抓住要点,整体构思单元设计——以"非洲印象"单元为例[J].上海课程教学研究,2017(4):24—28.

(二) 遵体而教，依体而学

正所谓"体类殊异"，语文教学当"遵体而教，依体而学"。从文本的体类出发进行教学，恰恰是语文教学中最本原、最真实的问题。面对一篇文章，教师教什么，学生学什么，都应从文学体类出发。而对于教者教什么，学生学什么，南京市教研室语文教研员徐志伟老师早在2009年就著文从"课程定位"、"教学定位"的角度进行了深入的阐发。而在文后的附文《耐烦·游戏·融通——我追求的三个关键词》一文中，徐老师提到："公开教学《论积贮疏》、《游褒禅山记》、《病梅馆记》，只是以诵读为核心，带动字词句的理解，带动情感体验，带动理性分析，而没有字字句句落实"[①]，上面提到的三篇文言文，教学的重点自然应基于文言文的体类特征和学生的学情，以诵读的形式带领学生由感性到理性，从而达成教学目标，提升学生的文言文素养。

上文曾经提到，语文学历案的编制必须审视教学文本的核心价值，找寻单篇文本最具教学价值的教学点，并建立一个学习单元内各个单篇文本价值的有机联系，建构文本与文本之间的知识、能力和素养体系。既可以是知识与能力的平面展开，亦可以是知识与能力的递进提升。

而最具教学价值的教学点的确很大程度上要基于单篇文本的文体特征，由此出发设计学习目标和学习重难点。如一首唐诗的学习，既可以从诗的意象入手，也可以从诗的平仄韵律入手分析，也可以从诗人的思想感情方面把握，但是若要关照诗这种文体本身的特征，则应该从诗的韵律入手，通过吟诵把握诗人意象、诗人的思想感情，反复诵读。如现代诗歌《再别康桥》的学习，如果只是探讨反映了诗人什么样的思想感情而忽视了诗歌中的意象与意境的关系，则有悖于诗歌的文体特征。而且，教师要注意设置一定的教学情境，将学生放在真实的语言环境中，以此来提升学生运用语言文字的能力。如学习张若虚的《春江花月夜》，不能仅仅死板地让学生分析意象、意境，而要尝试让学生为其他读者推荐，并说出或写出推荐理由，或者让学生为小学生提供"如何读一首诗"的建议等等。同时，教师要关注该篇文本与该单元中其他文本在学习目标上的关系，需要站在任务群的角度予以设计，切忌陷入单元设计中知识点之间毫无联系的尴尬。比如高中阶段小说的教学，要依据小说文体的特点和单篇文本的不同特征来设计，例如《最后的常

---

① 徐志伟.追求课程视野、教材视角和教学视域的融通[J].语文学习,2009(4): 20—24.

春藤叶》重点学习"全知视角和限知视角的结合",而《地球上的王家庄》则重点学习"儿童视角下的变形世界"。

再如,在高中阶段语文散文的教学中,不顾作者,不顾文本语境,不顾文体的文本解读和文本教学仍然大行其道。散文文体学历案的编制以刘亮程散文为例,确立学习任务群如下:

1. 比较阅读《寒风吹彻》、《一个人的村庄》、《在新疆》、《通往田野的小巷》等刘亮程不同时期的作品,结合作者的人生经历,从散文语言的角度,说说你更喜欢作者哪个时期的作品?

2. 请从散文的思想性、社会性、个人性等角度对于刘亮程的散文予以评介。

3. 总结刘亮程散文的文体特征和写作风格。你从读刘亮程散文中学会了哪些写作手法?并尝试模仿其散文笔法写一则片段。

(三) 围绕任务,进行单元评价

学历案教学提出"教—学—评"一致性,评价贯穿教学的始终。单元教学中,要从总体上设置学习活动,并对每个教学活动设置相应的评价任务,以确保学生单元学习的有效性。

在编制学历案的一个学习单元的时候,教师应当充分关注单篇文本所涉及的语文学科知识,同时,更为重要的是,教师要帮助学生建立阅读过程中的思维模型,引领学生思维站在更高的视角,通过"单篇文本"的阅读逐步达到有效的"整本书阅读",再回到"单篇文本"中。而要实现从"单篇文本"的阅读到"整本书阅读"的跨越,一方面,学历案的编写者要在课中学习"指向目标"栏目中设计相关的单篇文本和指向整本书阅读的思考问题,另一方面,要在文本后的探究中设计"任务群"教学进一步引领学生围绕"任务群"展开自读、互读的学习。而所谓"任务群"教学不同于以往的"问题串"教学,它是"学生在教师的组织下完成几个相互关联,层层递进的活动式任务,从而实现学习目标的过程。"[1]国家新课程标准亦提出"学习任务群",

---

[1] 袁源.从"问题串"到"任务链"——初中语文阅读教学方式新探索[J].教育研究与评论·中学教育教学,2016(8):20—23.

以期"弥补课程内容的缺失",它是"融合语文课程诸要素、落实语言实践活动的载体"①。通过活动式任务,学生在自主学习中获得对于文本的自我认识和自我理解,在互动交流中加深对于文本的体认,在自我评价、生生评价、师生评价中反思学习的路径、方式是否有效,提升自我学习、有效学习的能力。而"任务群"的目标"无疑是希望进一步强化语文课程的实践性和综合性"②,极大地提高教学效率。如一教师在教授《伶官传序》时,将学习过程分为"学生与历史对话,与欧阳子对话,与同伴对话,进而品读原文,以言悟文",不仅引导学生以"任务群"展开与文本的对话,同时又回溯文本,加强对文本的理解,真正关注学生的阅读素养的培养。实际上,这就从很大程度上解决了教师在课堂上将自己对于文本的理解强行灌输给学生的弊病,同时,从建构主义心理学的角度来看,这有利于学生语文系统思维的建构、发展和提升。

评价与反馈是学历案贯穿始终的环节,语文学历案要设计自我评价、同伴互评、师生互评,在此过程中动态评价学生学习的过程。学生作为学习的主体,也要学习如何评价自己的学习,教师在此过程中予以恰切的指导,从而提升评价的有效性、激励性和发展性。而评价的基石则是学业质量标准,学业质量标准是学生核心素养获得与教学内容的有效连接。比如高中必修阶段的一个任务群是"语言积累、梳理与探究",那么要如何评价语言的积累呢?除了评价积累量以外,教师还要制定具体的行为量表和表现量表来检测学生如何采用科学的方式进行积累和梳理。如评价学生诗歌意象鉴赏能力的积累,就不能单单从诗歌意象的积累和诗歌文本中一两句的分析来评价,而应该从诗歌意象的积累、诗歌中关键语句的积累,历史变迁中诗歌意象的变化等几个维度进行评价,从而保证学生学习的真实性。

而尤其值得注意的是,单元设计中各个任务群有各自所要承担的职责,处理好任务群之间的互融互通,实现任务群之间在学习目标与学习任务之间的相互支撑,从而使得以学历案为载体的任务群教学相得益彰,更好地提升学生语文核心素养。

---

① 郑桂华.高中语文学习任务群的教学建议[J].中学语文教学,2017(3):9—12.
② 赵福楼.核心素养:现代语文重建的起点与归宿[J].天津师范大学学报(基础教育版),2016(4):26—30.

学历案学习单元的确定,不仅要立足于学情、根植于课标,实现课程、教材与教学的融通,更为重要的是,编制的学历案能实现学生的"真学习",充分关照生命意识、人文品格、人类情怀。语文学历案的推行确有助于学生思维的发展与提升,确有助于学生批判性思维的培养和系统思维的锻炼,确有助于学生语文核心素养的提升。

(徐　爽)

12 如何确定和叙写学历案的学习目标？

Light Animal 是一种体验鲸鱼、海豚和其他野生动物及其栖息地的新方式，它的目的是在不俘虏鲸鱼和海豚等动物的前提下向公众介绍它们。在明确目标——不让野生动物被俘虏的指引下，Light Animal 是多么令人激动的一项成果。同样在课堂领域，如希望学生享受成功的学习和知识理解的快乐，谨慎地制定学习目标是十分重要的。① 学习目标是教师预期学生经历了学习之后形成的结果，既是学生的目标，同时也是教师教学思路的载体。本文分析了目前对学习目标认识和叙写的一些误区，从专业的角度解释由课程标准到课堂目标的路径，并结合具体案例说明学历案中的学习目标的确定过程。

一、当前目标确定和叙写普遍存在的问题

（一）学情不了解，课标代替目标，生搬硬抄

课程标准是国家课程的基本纲领性文件，是国家对基础教育课程的基本规范和质量要求，当然也是一线教师确定教学目标的依据。教师在研读课程标准，对课程标准有了充分的理解和思考的基础上，结合教材、学情，将课程标准分解为具体的教学目标，进而转化为评价方式、学习内容和教学活动，这才是正确确定学习目标的方式。而在实际教学情景中，很多教师都没

---

① [美]玛丽·艾丽斯·冈特，托马斯·H.艾斯蒂斯，简·斯瓦布.教学模式(第四版)[M].尹艳秋，等，译.南京：江苏教育出版社，2006：1.

有完整地阅读过课程标准,更谈不上深入地思考。在确定学习目标时,将课程标准中的具体内容标准直接照抄,没有考虑具体的学情和情境,没有真正分解目标,教师自己都不是很清楚要将学生带到哪里去,也不清楚要教到什么程度,这样的教学,结果可想而知。

(二)立场不明确,以教师为本位,忽视主体

学习目标即教师预期学生经历了学习之后形成的结果,学习的过程是学生亲身经历的,目标达成度自然也是通过学生反映出来,因此在叙写目标时,教师必须站在学生的立场和角度考虑,对学生学习达到的一个程度进行描述。课标中关于不同层次学习目标的行为动词的列举也是站在学生立场的,如说出、分析、模仿、体验、养成等。然而,即便在目前课标已经颁布十几年的情况下,仍然有一些论文、教参中出现教学目标主体倒置的问题,教师"指导""培养""带领"等行为动词频现。在这样的指导思想下,课堂必定是教师的课堂,学生必然也是虚假学习、被动学习。

(三)目标不清晰,基本要素缺乏,无法评价

学习目标是一节课的灵魂,没有清晰的目标,就没有明确的依据处理教材和选择方法,也就没有标准来评价学生到底学会了什么。有些教师在备课或上课时只思考教材处理或教学方法的问题,只关注教什么或怎么教的问题;或者有的地区教育主管部门人为地将教的问题交给教师,评的问题交给教研员,导致教师只管教、教研员来评的现象。上述情况均是学习目标要素缺乏的具体体现,也是很多课堂的现状。

二、从课程标准到课堂目标的路径

课程标准描述了希望学生经历一段时间的学习之后达成的预期学习结果,是专家制定的比较上位的学习目标。而实际教与学是教师和学生共同参与的,引领学生进行学习的教师需要将课程标准变为教师理解的课程,把课程标准中上位的学习目标细化为更下位、更具体的学习目标,即学习目标的具体化。从课程标准到课堂目标就是一个解读课标的过程,它是一种教

学设计的革新,教学方法的改善,也是对实施有效教学的指引。下面从课堂目标的确定依据和课堂目标的分解方法具体阐述。

(一) 学习目标确定的依据

1. 目标的确立要基于课程标准

《基础教育课程改革纲要(试行)》(2001)第7条明确规定:国家课程标准是教材编写、教学、评估和考试命题的依据,是国家管理和评价课程的基础。换句话说,教材编写、教学、评估和考试命题要以课程标准为依据,国家管理和评价课程也应以课程标准为基础。这是国家从课程法规政策层面对教学提出的强制性、规范性要求。① 在课程标准中的课程目标是课标编写组对学科素养或能力、学科总目标、学段目标的规划,其中重点体现了学科素养,这是学生后天习得的终身受益成果,是公民基本素养的重要组成之一,是学生在解决真实情境中的各学科问题时所表现出来的必备品格和关键能力,这是教育工作者在实施课程标准时的基本任务,也是核心任务。教师在制定教学目标时源于课程标准,学生最终的学习结果以课程标准为质量底线,是基础教育教学质量的基本保障。

2. 目标的确立要基于学生的学情

课程标准是统一的,但受众对象不一样,每个学生都是独一无二的个体,他们在知识背景、认知水平和接受能力上存在区别。要想让所有的学生逐步达成共同的课程目标,教师在教学目标的确定上需要充分考虑学情。教师首先要分析学生的起点知识能力,如果目标定得过高,脱离学生的实际水平,就会降低教学效果,使学生在高难度的学习内容面前望而却步;如果难度过低,会造成时间与精力的浪费,久而久之学生就会失去学习的兴趣。根据学情确定的课堂目标,越接近学生"最近发展区",就越利于提高学生学习的兴趣。其次教师还要注重目标设计的层次性,分层次的教学目标可以满足不同学生的水平发展需求,使每位学生都能在原有的基础上有所发展,尝到进步的快乐,从而对学习树立起足够的信心,为学习添加动力。

---

① 朱伟强,崔允漷.基于课程标准的教学:一个实践模型[J].江苏教育(小学教育),2012(8):8—11.

3. 目标的确立要基于教材等资源

教材是按照教学大纲要求编写的教学用书,它既是教师开展教学活动的基本素材,又是学生学习的主要材料,地位在各种教学资源中无疑是非常重要的。教材在编写时除了考虑学科特点外,还以课程标准为依据,全面贯彻落实课程标准倡导的课程理念,体现课程标准提出的课程目标,使学生在知识、情感态度与价值观、能力等方面全面发展。基于这些情况,教师在确立学习目标前,首先要研究教材内容,依据具体的文本,思量教学策略,考虑学习目标,并反过来用该学习目标考量、考评教学策略是否合理,文本、策略和目标三者应相辅相成。除了教材,学校资源、社区资源、家庭资源、媒体资源等都是课程实施过程中可以利用的各种课程资源。课程资源也是影响课程目标能否有效达成的重要因素,因此,在目标确立时,教师也需要充分考虑挖掘利用现有的各种课程资源,提高目标达成度。

(二)目标的确定与叙写路径

1. 课程标准分解的基本方法

分解课程标准,主要就是分析一条内容标准的表述结构中是否具备了学习目标的基本要素:行为主体、行为表现、行为条件、表现程度。若有,则依据其清晰程度,结合具体的学情、教学情境、以及学业要求和质量标准等,对其进一步扩展或剖析;若无,则须结合具体情境界定、补足,以形成课堂层面的学习目标。这种分解课程标准的基本方法可称作要素分析法[①]。它主要用于认知、技能等具体、明确、可预设的成果性目标的分解。

例如"阐明基因的分离规律",这条内容标准用到动词"阐明"和核心概念"基因的分离规律",但怎样才算"阐明",学会"基因分离规律"哪些方面的下位知识,如何获得或展现这些知识,学会这些知识与技能应达到什么样的水平,都没有描述清楚,需要进一步明确。我们可以将动词"阐明"分解为"得出""解释""说明""应用"等,而核心概念"基因的分离规律"涉及"相对性状、显隐性性状、性状分离、等位基因"等概念、"一对相对性状的杂交实验的过程"、"减数分裂的内容"等,然后对每一个具体的学习结果确定获得或展

---

① 朱伟强,崔允漷.关于内容标准的分解策略和方法[J].课程·教材·教法,2011(10):24—29.

现的条件,并明确表现程度,得到以下学习目标:

(1)通过收集关于孟德尔生平的资料,认同孟德尔遗传实验的科学性及其在近代遗传学上的地位。

(2)经历豌豆杂交实验分析的过程,会用数理统计的方法处理、归纳、比较、分析实验数据,能用遗传图解表示实验过程和结果,能说明孟德尔的一对相对性状杂交实验过程。感悟孟德尔实验设计的创造性和价值。

(3)通过阅读教材,应用遗传因子的假设,说明孟德尔的植物杂交实验的过程与结果,解释与分析基因的分离现象,提高根据实验现象进行假设理论推理的能力。

(4)分组开展模拟实验,体验遗传因子通过分离产生的配子的类型及比例。

(5)应用减数分裂的知识,得出分离定律的内容,能运用分离定律解释和预测一些实验现象,增强应用意识和解决实际问题的能力。

2. 课程标准分解的实施程序

第一步,判断一条课程标准的陈述方式、表述结构,找出关键词。将陈述结构复杂的内容标准叙写成结构简单的学习目标。第二步,分析行为表现。第三步,确定行为条件。第四步,确定行为表现程度。第五步,写出学习目标。下面用"减数分裂"为例来谈这五步骤。

"减数分裂"是苏教版高中生物(必修2)《遗传与进化》第二章"减数分裂和有性生殖"部分第一节的内容,本节内容包括减数分裂的过程、有性生殖细胞的形成。首先,明确课标对本节的要求是:阐明细胞的减数分裂并模拟分裂过程中染色体的变化。这是一个行为动词+核心概念的陈述类型的课标,行为动词是阐明、模拟,核心概念是减数分裂、染色体变化。

第二步分析行为表现即学什么,就需要扩展或剖析核心概念。减数分裂首要是具体描述雌雄配子的形成过程,所以配子的形成过程应该是需要扩展的一个学习目标;其次,减数分裂中染色体的行为是描述减数分裂各时期特征的指标,也是遗传规律发生的细胞学基础,所以核心概念中染色体的变化也需要进行扩展,可以从观察绘制减数分裂各时期染色体的形态数目变化角度扩展;再者,减数分裂保证了物种染色体数目的稳定,这样核心概念就不再是减数分裂、染色体这几个关键词,而是具体的学习目标。第三、四步确定行为条件和表现程度,这需要结合学情、校情、资源等确定。我们学生从高一入校就进行学历案教学模式的学习,他们自主学习的能力经过一学期的训练大有提升,那种等待老师教的习惯已经改观很多,所以在确定怎么学、学到什么程度时,是以表12-1方式处理的:

表12-1 确定行为条件和表现程度的方式

学什么	方法、途径	学到什么,学得怎么样
减数分裂的过程	前概念:绘制有丝分裂重要时期的图像。 新知识①:观察减数分裂的图像和视频、小组讨论、总结减数分裂的过程。 新知识②:观察雌雄配子形成的图像和视频、小组讨论异同。	与有丝分裂比较、绘制不同时期细胞减数分裂的图像、说出特点,形成知识迁移、观察、分析的能力。
减数分裂的意义	观察分裂过程中染色体的特殊形态变化。 观察分裂过程中染色体的数目变化。	构建数学模型表示染色体的数目变化,联系生活实际,解释常见的生殖变异现象、阐明减数分裂是生殖细胞形成的方式。理解减数分裂与遗传和变异之间的关系。

第五步,叙写出本节课的学习目标:

(1)绘制有丝分裂重要时期的图像,观察减数分裂的图像、视频,小组讨论分析,绘制减数分裂的过程,说出各个时期的特点,形成知识迁移、观察、分析的能力。

(2)观察雌雄配子形成的图像和视频,说出异同。

(3)观察减数分裂中染色体的形态和数目变化,构建模型表示染色体、DNA的数目变化,尝试用相关知识解释常见的遗传和变异的现象,阐明减数分裂是生殖细胞形成的方式,理解减数分裂和遗传变异之间的关系。[1]

---

[1] 唐凤."学历案"学习目标的确定与叙写——以生物学科为例[J].江苏教育,2017(1):63—64.

总之,学历案学习目标的确定和叙写要依据课程标准、学生学情以及教材资源,其关键路径在于基于学生学情对课程标准进行分解和细化。只有确定了具体可评的学习目标,教师才能进一步明晰评价和教学思路,从而帮助学生达成目标,获得核心素养的发展。

(车亚莉)

⑬ 如何撰写与目标匹配的评价任务？

评价任务是学历案的一个重要组成部分，它介于学习目标与学习过程之间。评价任务的设计，就是将学习目标转化为可以作为收集学生关于学习结果的行为反应的检测项目，可评可测。无论哪种形式的评价任务，与目标匹配的关键就是一致性。这种一致性主要体现在评价形式、评价内容与方法方面。

一、形式的匹配：评价任务与目标的对应性

诺曼·韦伯(Norman Webb)是"基于标准的评价"的领军人物，他提出了评价与课程标准保持一致性的一整套分析体系和测评方法。依据韦伯模式，我们判断一致性的主要关注点是知识种类的一致性、知识深度的一致性、知识广度的一致性和知识分布平衡的一致性。[1] 其中，知识广度的一致性具体要求对课程标准的每一个具体目标至少要有一个评价项目与之相对应。[2] 知识分布的平衡性主要考察评价项目在各个具体目标之间分布的情况，课程标准中强调的重点内容主题要能有更好更优先的体现，其他目标要有一定的比例均势。

---

[1] Webb, N. L. Alignment of Science and Mathematics Standards and Assessments in Four States [M]. Washington, DC: National Institute for Science Education (NISE) Publications, 1999: 1-43.
[2] 刘学智,张雷.学业评价与课程标准的一致性：韦伯模式本土化探究[J].外国教育研究,2009(12)：13—17.

在我们假设学习目标与课程标准完全一致的前提下,在实际设计评价任务的过程中,可把思路简化为:有学习目标,就得有相应的评价任务。可以是"一对一",一项任务检测一个目标;可以是"一对多",一项任务检测几个目标;也可以是"多对一",几项任务检测一个目标。到底采取哪一种设计方案,则取决于设计评价任务的三要素"情境、知识点、任务"。所检测知识点越单一、所创设的问题情境越简单,则多采用"一对一"的设计方案,更具有针对性。所检测的知识点属于课标强调的重难点,则往往采用"多对一"的设计方案,多次反复在不同的问题情境下进行检测,以增强检测的效度和信度。而对于一些学科核心素养中难以直观检测的部分,如家国情怀的体验感悟,又或者是依据学生的学习经历和课堂表现等现象来检测学生综合运用知识的能力,则往往采用"一对多"的设计方案。

【案例1】

在高一历史"现代中国的对外关系"的学习中,教师设计了这样的学习目标:(学习目标1)根据对文字、图片、表格等内容的分析,学会获取有效信息来分析新中国不同时期(建国初期、七十年代、新时期)外交政策与当时国际、国内形势之间的关系,理解不同时期外交政策变化的原因;(学习目标2)通过小组合作与探究,总结影响国家外交政策的因素,并学会运用全球史观、整体史观来分析历史事件,认识历史发展的阶段性和阶段特征,同时培养独立思考、合作探究的学习理念和严谨、科学的学习态度。评价任务设计为:无领导小组合作构建相关时期思维导图,分析并理解外交政策变化的原因,认识并总结影响国家外交政策的因素(检测目标1、2)。

我校高一学生入学时的历史基础较好,但学生普遍存在对历史史实"知其然却不知其所以然",欠缺在具体的时空条件下对历史现象进行考察以及以史料为依据对史实进行推理和论证的能力。因此,教师在设计实际教学中的评价任务时始终注重对于高一新生时空观念和史料实证方面能力的培养。具体在本课中,安排了无领导小组合作构建相关时期思维导图这一评价任务。学生在小组中分别承担统筹者、破冰者、构建者、记录者、解说者、情报者这些角色,讨论构建并上台阐述本组的思维导图。这种"一对多"的设计方法,即一个"评价任务"同时检测两个或两个以上学习目标所包含的知识点和能力点,能够有效地将新知与旧知整合在一起,既考查了学生在时空观念、史料实证等方面的水平和能力,又培养了学生独立思考、合作探究的学习理念和严谨、科学的学习态度。

二、内容的匹配:内容主题和认知要求的一致性

基于韦伯模式中知识种类一致性和知识深度一致性的具体要求:一方面,评价任务与学习目标有相应的内容主题,这些主题都来自于课程标准;另一方面,评价目标与学习目标有同样的认知要求,依据课标在期望学生"应当知道什么"和"应当做什么"的目标上是匹配的。[1] 可见,课程标准规范了学业成就评价的设计理念,提供了维度框架,限定了内容范围和认知要求。[2]

可是在实际教学中,时常出现设计评价任务与目标不符合的情况,"学的没考到,考的没学过"。又或者教师设计的评价任务模糊不清,无法清晰明确地向学生发出指令,学生不清楚要"说什么"、"写什么"、"做什么"。如果任务过于琐碎,学生感到无话可说;如果任务过于抽象,学生感觉无从下手。有时,标准化测验中的难度系数过高,出现大量超出课程标准要求与考纲范围的题目,不仅徒增学生的学业负担,更会出现大量随机作答;难度系数过低,则会出现学生都能正确作答,分数分布很集中,就不易区分各个层次的学生人群。以上种种,很容易造成学生学习活动没有方向,测评结果无法体现学生的真实水平,最终影响评价的信度和效度。

要想解决上述问题,就在于吃透课程标准。虽然课程标准中用"了解""理解""掌握"等心理术语来规定学生的认知水平,却没有具体说明学生究竟要能够做到什么才算达到这些水平。在实际操作中,我们可以用核心行为动词来细化内容标准。借助安德森(L. W. Anderson)等人[3]的教育目标

---

[1] 崔允漷.有效教学[M].上海:华东师范大学出版社,2009:115.
[2] 崔允漷,夏雪梅.试论基于课程标准的学生学业成就评价[J].课程·教材·教法,2007(1):13—18.
[3] Anderson, L. W., Krathwohl, D. R., Airasian, P. W., et al. A Taxonomy for Learning, Teaching, and Assessing: A Revision of Bloom's Taxonomy of Educational Objectives [M]. New York: Logman, 2001: 29.

分类学中知识与认知过程的两维度表格(见表13-1),我们可以相对直观地判断分析评价任务与学习目标二者是否一致。

表13-1　安德森等人的教育目标分类

知识维度	认知加工维度					
	记忆	理解	运用	分析	评价	创造
事实性知识						
概念性知识						
程序性知识						
元认知知识						

而在设计纸笔测试类型的评价任务时,当前还可以基于大数据来不断调整测试的内容范围和认知要求,保证深度广度的一致性。比如美国的Summit学习测评系统和MAP测试系统,这些测评系统对各学生群体、学生需要掌握的各类技能及不同发展阶段的具体要求等都作了详尽的分解,每次测评都可以对分类知识点、失分点、着重提高点、分数段等信息进行详尽的解析。教师和学生不仅可以根据实时性的反馈,来安排下一步的学习,更能通过数据了解更有时间纵深的个人综合动态测评。借助科技的力量和大型教育数据库,测评已逐渐从标准化向个性化转变。

三、方法的匹配:评价方法与目标的切合性

在实际教学中,有些教师过分追求课堂氛围。在一个简单的教学目标之下,设计了一连串各种类型的表现性评价任务。课堂活动看似气氛活跃,可是各个任务之间缺乏逻辑关联,学生的各项能力也没有在这些活动中提高,学生并没有发生"真学习"。为活动而活动,为评价而评价,完全脱离目标指向。事实上,不同的学习目标适合不同的评价方法,每种评价方法各有其优劣。我们可以通过表13-2直观认识评价方法与学习目标匹配的关系。①

---

① 崔允漷.有效教学[M].上海:华东师范大学出版社,2009:115.

表13-2 评价方法与学习目标的组合

评价方法 学习目标	选择式反应评价	论述式评价	表现性评价	交流式评价
知识和观点	选择题、正误判断题、匹配题和填空题能够考查对知识点的掌握程度	可以测量学生对各个知识点之间的关系的理解	不适用于评价这种学业目标——优先考虑其他三种方法	可以提问,评价回答,并推断其掌握程度,但是很费时间
推理能力	可以评价某些推理形式的应用	对复杂问题解决的书面描述,可以考查推理能力	可以观察学生解决某些问题或通过成果推断其推理能力	可以要求学生"出声思考"或者通过讨论问题来评价推理能力
表现性技能	可以评价对表现性技能的理解,但不能评价技能本身	可以评价对表现性技能的理解,但不能评价技能本身	可以观察和评估这些技能	非常适于评价口头演讲能力,还可以评价学生对技能表现的基础知识的掌握
产生成果的能力	只能评价对创作高质量产品的能力的认识和理解	可以评价对产品创作的背景知识的掌握情况;简短的论文可以评价写作能力	可以评价创作产品的步骤是否清楚,产品本身的特性	可以评价程序性知识和关于合格作品的特点的知识,但不能评价作品的质量
情感倾向	选择性反应问卷可以探测学生的情绪情感	开放式问卷可以探测学生的情绪情感	可以根据行为和产品推断学生的情感倾向	可以跟学生交流,了解他们的情绪情感

作为能有效促进个体发展的"学历案","评价任务"必须充分关注学生的差异性。有的学生对数据处理敏感,有的学生擅长语言表达,有的学生沟通协作能力欠佳等,这都要求"评价任务"的设计可以体现多样性和发展性。同时,每个学生的基础学情不同,同一难度、同一层次的评价任务很难让每位学生都肯定自我,享受学习的过程,体验学习中的点滴收获与成功的愉悦。那么,在同一"学习目标"下,分层次设置多角度不同的"评价任务",考查学生能否在变换的情境下"真的学会",这不失为一种好方法。

【案例2】

在高一地理"农业地域的形成与发展"的学习中,教师设计的学习目标为:通过课前调查、角色扮演、分地到组活动,分析农业生产的主要区位因素及其发展变化对农业生产和区位选择的影响,学会分析研究地理问题的基本方法。评价任务设计如下:(1)课前调查南京市各区县特色农产品,课上汇报举例说明影响各区县特色农业类型选择的因素。(2)完成角色扮演"假如我是农民",列举主要农业区位因素。(3)小组合作完成"上山下乡、分地到组"、案例探究和实战演练,能正确分析农业生产的主要区位因素及其发展变化对农业生产和区位选择的影响。

可以看出,教师的设计既有群体任务又有个体任务;既有对学生地理学科能力的培养和考查,也有对学生综合素质的培养。同时又基于学情,注意到了任务设置的逐级递进,问题情境从具体直观走向抽象客观,符合学生的思维特点。

在具体的教学中,要想摆脱教师"我教了你不会"和学生"有知识无常识"、"高分低能"的尴尬境地,评价任务要非常注意情境创设。问题情境越真实具体,与学习目标越匹配,与学生的原有经验吻合度越高,评价的效度也就越高。

【案例3】

在高一思想政治"企业的经营"的学习中,要求学生要了解企业经营、发展策略,例如如何组建公司、公司如何运作、企业运营过程中要注意哪些因素等。这部分内容对高一的学生来说比较难以理解,所以政治组的老师就设计了高一商务实践系列活动。从企业经营方向、企业创建过程、企业实际运营、企业全方位发展等多个侧面铺设了接地气的模拟化真实场景,学生在综合实践中达成了相关学习目标,且将学科知识和生活经验有机结合起来,将理解知识和运用知识有机结合起来。

图 13-1　学生成果展示

由此可见,要提高评价任务的有效性,既需要丰富评价的形式和手段,更需要学生多途径的展示。良好的评价任务一定是留给学生充分的自主探索空间,促使学生充分暴露自己的所思所想,不断主动地思考、讨论,适应不同类型学生的学习需求;同时也使教师能准确了解学生学到哪里,学会了没有,需要在哪些方面深化认识、提高能力。重要的不是答案正确与否,而是学生是如何得出这个答案的。只有进入学生真实的思维世界,教师才能发现并找寻到学生的困难,并引领他们逐步提升。

总而言之,不管何种方式,评价任务都应与学习目标相匹配。如果不匹配,即使获得了证据,也是无效的,既不能作为教师下一步教学的依据,也不能促使学生准确地进行自我评价。

(沈 甜)

如何在学历案中撰写学法建议?

学生的学习不是一个孤立的过程,它受到多方面的因素影响。特别是学生要按照教师预设的文本展开学习过程时,他们面临的是一个未知的,可能和教材不同的学习组织过程。老师应如何指导学生理解这个过程,指导他们采用怎样的方法融入这个过程,是非常值得探讨的。本文将从学法建议的作用和地位出发,提出学法建议的撰写原则和撰写时的注意事项,以期为学历案的叙写提供写法上的借鉴。

一、学法建议在学历案中的作用和地位

学法建议,顾名思义就是在某单元学习之前,对学生将要采用的学习方法和具体的学习过程中可能存在的问题给予提前指导。按理这种指导是很有意义的,但从目前情况看,不少老师不是特别关注学法建议的撰写,有些老师即使关注学法建议,也只是停留在口头上,缺少具体行动。所以,明确学法建议在学历案中的作用和地位是非常必要的。

传统的教案与学案都有学习方法方面的描述,如探究学习法、自主学习法、合作学习法等,但一直存在描述过于概念化、名词化,过于笼统的问题,对学生的预习和学习的指导并不明确,学生无法从这些名词中找到针对具体单元的探究要点、自主学习的注意事项或合作学习中实际问题的解决方案。而学历案的核心观念就是鼓励学生自主学习,要充分发挥学历案的作用,就要在学习方法上给学生以具体明确的指导,将学习方法具体化,使其真正有利于学生的学习,这正是学法建议要完成的任务。

另外,学历案是老师预设学生使用的,那必然会有一个使用指导的问

题。学生在使用中能否充分理解教师预设的学习目标,是否知道在课堂中将采用何种方法和路径进行学习、自己在学习中会用到哪些资源,最终能否在完成评价任务的过程中达到预设的学习目标,这些都是学法建议应解决的问题。可以这么说,学法建议是指导学生利用学历案学习的重要一步,在整个学历案学习过程中起到引导学习的作用,是整个学历案的使用指南。

二、撰写学法建议要遵循的基本原则

(一) 老师不仅要教知识还要教方法

教学时老师们往往更关注教法,相对较少关注学法,有些老师甚至不关注学法或者只是口头关注学法,仅仅根据自己对知识的理解来进行教学设计。要知道"授之以渔"的课堂教学才是老师对教学规律的遵从,学法建议首先要做的就是体现学习方法的指导。学习方法的指导不仅要包括具体知识的理解方式和解决办法,还应包括这个单元的内容是如何规划的,将会以怎样的一个过程来实施,学生应该以怎样的方式来学习。

(二) 对学生的学习要有明确的指导

学法是学生为完成学习任务而采用的方法。学法建议则是针对学生学习给出的具体指导,其内容要让学生感到有用。很多的学生在学习时,往往是被动的,老师讲什么就听什么、记什么。学历案恰恰要打破的就是这一点,学历案是以"预期学会什么"为方案设计的起点,经历一个有指导、有计划的学习过程,最后以评价学生"是否学会"为终点。[①] 在学历案的指导下,学生的学习是主动的。作为主动学习的学生必须要能理解整个教学过程,其中包括对课标要求、学习目标、评价任务乃至学习过程的理解。那么,学法建议的主要内容就应该是帮助学生精准地理解整个教学过程,这样才会让学生感到有用,才能真正成为"给学生用的方案"。

---

① 卢明,崔允漷.教案的革命[M].上海:华东师范大学出版社,2016:10.

(三) 学法建议的呈现方式要通俗、简单

学历案的受众是学生,学法建议的呈现方式一定要是学生看得懂的,这样学生才会感到"好用",所以书写形式要尽量通俗化。学历案不是学术论文,陌生的、过于专业化的术语会失去亲和力。现在的学生很难静下心来阅读,而且过于专业、生涩的文字,以及那些模棱两可、含混不清或易产生歧义的词或概念也不容易让学生看得懂,会影响学生对内容的理解。

学法建议的文字内容要尽量地简单。"如无必要,勿增实体"(Entities should not be multiplied unnecessarily)①,学历案不需要凑字数,冗长的文字只会让人生厌。学法建议的具体呈现方式也可以简单化,比如有些内容可以用图表或思维导图的形式表示,既简单又直观。

三、学法建议的写作策略

学法建议包含的内容没有一个固定的标准,一般而言,只要能更好促进学历案的学习就行。实践中,学法建议可以包含多个方面,根据其内容特点分为以下几个类型:一是知识结构类,如本单元在教材中的作用和地位、重点难点的分析、理解课标要求、学习目标和评价任务需要注意的事项等;二是学习方法类,如本单元学习将会采用什么样的组织形式、应该采用什么样的学习方法、学习的过程或路径是什么、课中学习可能遇到的问题和一般解决方法;三是学习资源类,如本单元的学习有哪些可以利用的资源;四是使用指导类,如课后检测使用指导意见。

(一) 知识结构类

学习类似于学会在环境中生存:学习周围的世界,学习什么样的资源可以利用,学习怎样利用这些资源来使自己的活动富有成效。知道自己在场景的什么地方,需要网状连接,将自己目前的方位和更大的空间连接起来。② 学法建议一开始应帮助学生建立知识框架,讲清本单元在整个教材中

---

① [美]布伦诺斯基.科学进化史[M].李斯,译.海口:海南出版社,2002:222.
② [美]布兰思福特,等.人是如何学习:大脑、心理、经验及学校(扩展版)[M].程可拉,等,译.上海:华东师范大学出版社,2013:8.

所处的位置、本单元与前后知识的联系、本单元核心内容的知识结构以及学习本单元的意义和能够培养的能力等内容。这一部分的表达方式可根据主题的需要来定,除了一般的文字描述外也可用图表的形式来表达。例如"遗传的分子基础"学历案中是这样写的:"'探究遗传物质的过程'是苏教版高中生物必修二第四章第一节的内容,它以人类探索遗传物质的历程为载体,重点讲述了肺炎双球菌的转化实验和噬菌体侵染细菌的实验过程。这部分内容的学习,有助于深入理解科学实验和科学探究的一般方法,体会科学探索的艰辛。"

"学习即理解,理解即思考"[①],学生对一个单元的学习能否深入,在于他能否有效地理解这个单元。学习时重点难点如何切入,课堂重点难点如何突破,往往是学生理解单元知识的关键。所以重点难点的建议是学法建议的一个重要方面。重点难点的分析还可以包含课中学习可能遇到的问题和一般解决方法。这里可以写出一些知识的深广度要求,以免在学习时出现误区,也可以针对具体知识提出一些拓展性建议,以适应学生在各方面发展的需求。

例如在"铝的化合物"的学习中,教师设置了四个学习任务和相关的实验。学习任务一:认识氧化铝,并进行实验1,即对比 Al 和盐酸、氢氧化钠溶液的反应;学习任务二:认识氢氧化铝,并进行实验2,即向 $AlCl_3$ 溶液中加 NaOH 溶液;学习任务三:认识铝元素在溶液中的存在形式;学习任务四:探究制取氢氧化铝的方法,并讨论实验室制氢氧化铝的方案。在这些学习任务中,学生需要运用氧化还原反应和离子反应的相关知识,对实验现象作出合理的解释,对所讨论的化学反应本身和化学反应所体现的转化规律能进行认真的总结归纳。如果不在学法建议中进行提醒,学生在学习时可能会浮于表面,难以关注变化中的规律。所以本案例中学法建议是这样表述的:"你在学习的过程中要注意观察实验现象,运用化学知识和原理作出合理的解释,注意运用氧化还原反应和离子反应的有关方法分析铝的化合物之间的一系列转化关系;你要能建立铝及化合物的转化关系图,能知晓各转化的化学方程式和离子方程式;你要能在这些转化关系中梳理总结出

---

① [美]戴维·珀金斯.为未知而教,为未来而学[M].杨彦捷,译.杭州:浙江人民出版社,2015:102.

转化规律,并运用转化规律发现新的转化关系,从而加深和巩固对新知识的理解。"

不过,学生毕竟不是老师,要让学生充分理解学历案,还要让他们对老师预设学习目标和评价任务充分理解。例如,在"原电池"学历案中,有一个学习目标是这样设定的:"通过对化学电池的定量化尝试,完成化学电池的设计,更好认识学习化学电池的意义,感受化学学科魅力。"学生如何理解这句话呢?在学法建议中,教师可以写上:"在定量实验中要注意数据之间的大小关系,以及这个关系与两极反应之间的联系。"这样学生在实验时就可以自然把关注点集中于此,而不是课堂上在学生实验过程前或过程中老师专门提出注意事项,打断学生在学习过程中的完整性。

(二) 学习方法类

学习路径中首先要指明学习组织的形式,如小组互助、自主学习等,让学生看到学历案时就知道本节或本单元学习中课堂上可能的组织形式,可以提前做好规划。

其次,学习路径中要指明学习过程。其实学历案本身就是一个大的学习路径图,在这里主要是给出学习过程的流程图(学习地图),让学生对本节的流程设计有个认识和规划。例如,"数系的扩充"学历案中,就这样表述了学习路径:"回顾、感受数系扩充的一般过程——基于问题情境,引入新数 i——理解复数的基本概念——理解复数相等的条件并进行应用。"这种方式是很清晰明了的。

学习方法的提出可以结合本学科的核心素养来表述。如化学中可以这样说:"以平衡转化的思想看待……问题;从模型建构的角度分析……问题;或以……方式建立模型。"这样表述是相对明确和具体的,比探究法这种表述更容易让学生上手。

另外,也可以对具体的学习目标或评价任务给出指导性建议,不过这种指导应直指本单元的重点难点。例如,"文本和表格加工"学历案中是这样写的:"本主题通过数据作为处理对象,依据调查目标,整理数据,建立合理规范的表格。然后基于各种统计要求,采用数据加工工具对数据进行分析处理。在此过程中重点体会常见统计问题的解决方法,对于难点操作如分类汇总,采用案例演示法,先分析,后模仿,再应用。"

(三) 学习资源类

教材里各单元的内容是对一个或若干个知识的呈现和分析,很多背景知识以及其他学科的相关知识或限于篇幅,或限于知识体系的安排,在教材中并没有呈现出来。而学生要全面地理解和学习知识,这些知识又是必需的,这样的内容就可以把它安排在学习资源中。如果所需要的背景知识或其他学科的知识太多,考虑到篇幅的安排,可以把这一部分放在学历案文本的最后,作为附录来呈现,这样整个学历案会更紧凑。

当然,学习资源的书写要精简而具体,并不是越多越好。其中一定要体现老师对知识的提炼性,这样学生才能在学习本单元知识时利用好老师所提供的资源,而不是被过多的信息干扰。比如"元素周期表"的学习中要用到门捷列夫的生平和元素周期表的发现过程,以加深学生对元素周期表结构的理解,这部分就是学习中要利用的资源。教师不能只简单地提供介绍的网站,而应该提炼后写在学习资源中。

不过,在提供上述资源时,要把知识背景和学习过程中的学前准备区分开来。比如"元素周期表"的学前准备不应是门捷列夫的生平和元素周期表的发现过程,而是1—18号元素原子的核外电子排布。也就是说,资源是书上没有的需要查找的知识,学前准备是以前学过的本节学习中要用到的知识。

(四) 使用指导类

一般来讲,写的最多的是检测使用指导意见,说明课后每组习题完成后可以达到的标准,例如"学历案中的 A 组练习为合格标准,B 组为较高要求"。考虑到文本的简洁性,有些使用指导是放在学历案的各个环节中的。比如,评价任务和课后检测中的检测目标指向的说明就放在各个评价任务和习题之后,明确说明该任务或习题指向的目标。

总而言之,学法建议看起来是一个和课中学习内容关联不大的内容,但实际上却起着承上启下的作用。如果能充分用好学法建议,一定能极大发挥学历案各个环节的作用,让学生可以在宏观和微观两个层面观察学历案和课堂教学,引导学生自主学习、深度学习,突显学科核心素养的培养。不过使用时也要注意,学法建议是给学生看的,必须在上课前发到学生手中,给学生足够的时间和空间进行深入的阅读。没有这个前提,学生就不可能认真地分析学习,无法用来指导后面的学习。而且一开始进行学历案教学时,学生往往对学法建议部分不关注,也不知道怎么使用这个学法建议,所以在开始阶段老师要对学法建议的使用进行指导,帮助学生认识到学法建议的作用,并学会利用学法建议指导自己的学习。

当然,学法建议在使用过程中,并不是所有栏目都必须要写,而应该根据课程本身实际情况适当地增减。不过,我们在实践中发现,有些内容是必须具备的,比如:本单元在整个知识体系中的作用和意义、学生完成学习过程将会经历的路径、课程学习中重点或难点的注意事项以及课后检测的使用指导意见。而其他内容,比如:有的单元教材内容本身就很完备,这时学习资源就不需要写了;有时学习目标和评价任务清晰易懂,也就不需额外加以说明。

(刘言涛)

15 如何设计学历案中的"学习过程"?

如果学习目标是一份令人艳羡的菜谱,学习过程就是厨师团队悉心的烹制。没有恰当的学习过程支撑,再好的学习目标也只能是空中楼阁。所以,学历案非常重视学习过程的设计。在学历案的学习过程环节,教师通过创设情境、提供支架(学历案)、释疑解难、监测学习信息、提供针对性支持等途径引领、促进学生学习。①

现在很多老师的教案只关注自己教什么、怎么教,很少关注学生怎么学,课堂评价设计也很随意。而学历案的教学设计除了关注教师的"教",还特别关注学生的"学"以及能够知道学生学得怎样的"评",并且三者要互相支持,即所谓"教—学—评一致性"。为了能够实现学习目标的设想,在设计学习过程时需要做到以下四点:第一,学习过程的设计要有利于学习目标的达成;第二,学习过程的设计要嵌入评价任务;第三,学习过程的设计要体现学习的进阶;第四,学习过程的设计要有利于学习方式的变革。下面将分别对此进行详细的阐述。

一、学习过程的设计要有利于学习目标的达成

学习目标的设定是学历案的核心,学习过程是目标达成的活动载体,因此,学习过程的设计要明确地指向学习目标,学习过程就是学习目标的展开过程和达成过程。在设计具体的学习过程时,要在后面标明本活动是指向

---

① 崔允漷.学历案:学生立场的教案变革[N].中国教育报,2016-06-09(6).

哪一条学习目标的,使得教师和学生都明白这一学习活动的目的和意义所在。

在"牛顿第三定律"的学习过程中,我做了如下设计:

活动1:你能根据你的观察和思考,借助身边的普通物品(包括你自己及同学的物品)、教室内的实验器材向我们大家展示相互作用力吗? (指向目标1)(检测目标1)

探究1:设计实验,通过观察、数据分析,总结出作用力反作用力之间的关系。 (指向目标3、4)

教师是专业技术岗位,教师的专业性就体现在其具体教学行为的目的性上。既然是精心设计的课中学习的环节,那么这样设计的目的是什么?是为了实现哪一条学习目标?做这样的设计,有助于教师设计有针对性的学习过程,在具体实施时也能提醒自己遵照此目标而行。这尤其有助于刚刚入职的新教师和正在起步的年轻教师规范专业行为、提升专业素养。

学历案是给学生阅读帮助其实现学习目标而设计的,对绝大多数学生而言,知道自己当前行为的目的有助于在老师同学的帮助下完成学习任务。这就如同赶路,如果我们不知道终点在哪里,而同伴只是叫我们"往前走……往前走",我们最容易出现两种情绪,一是烦躁,二是疲劳,这都是学习的大忌。而在回程,我们往往觉得要比来时轻松很多,这就是因为回程时我们知道家还有多远。

二、学习过程的设计要嵌入评价任务

在教学、学习和评价三位一体的关系中,评价被看成是镶嵌于教—学之中的一个成分[1],形成性评价本身就是学习过程的一部分。所以,在设计具体的学习过程时要提前考虑评价任务,能够通过评价任务检测学习目标达成效果的学习过程设计才是科学的、专业的、有效的。简单地说,学习目标设定就是教师期望学生到哪里,评价任务设定就是教师何以知道学生到那

---

[1] 崔允漷. 基于标准的课程纲要和教案[M]. 上海: 华东师范大学出版社, 2014: 2.

里了,学习过程设计就是教师怎样安排学生使学生能够更快更安全地到达那里。①

学历案的核心思想是"教—学—评一致性"。一项学习任务完成了,学习效果怎样,教师必须实时掌握,不能带着夹生饭进入下一环节,这就必须在学习过程中及时嵌入评价任务。通过及时嵌入的评价任务,教师能够准确及时地了解学生的学习效果,为接下来如何开展课堂学习提供依据。

在"牛顿第三定律"的学习中,我设定了以下这条学习目标:

> 通过复习回顾、生活观察,去感受相互作用力,能够根据自己的理解利用身边工具向大家展示并说明相互作用力。

相互作用力在初中初步学习过,这一目标的设定是对学生学习基础的检验,以便进入下一阶段学习,具有承上启下的作用。为了检验这一目标是否达成,我设计了相应的评价任务:

> 借助工具设计实验和大家一起去体验感受作用力与反作用力。
> (指向目标1)

能够在实践中应用知识是检验知识掌握情况的较高标准,也能进一步加深对知识的理解和掌握,这是评价任务设计的目的。围绕这一评价任务,我对相应的学习过程设计如下:

> 活动1:你能根据你的观察和思考,借助身边的普通物品(包括你自己及同学)、教室内的实验器材向我们大家展示相互作用力吗?
> (指向目标1)(检测目标1)

上课伊始,就需要向学生展示教师准备的实验器材。活动1是由学生根据资源(实验器材,教室物品等)设计实验。除此之外,教师也可以设计学生间的活动,来展示其中的相互作用力并作说明。

---

① 卢明,崔允漷.教案的革命[M].上海:华东师范大学出版社,2016:11.

从上述案例可以看出,在设计学历案教学过程时,教师首先要根据自己对课程和课标的理解设定学习目标。接着思考有哪些途径和手段能检验目标的达成效果,然后围绕目标和评价设计适合学生的学习过程。这种基于"教—学—评一致性"的设计思路可以有效地解决教师"为什么教"、"教什么"、"怎么教"、"教到什么程度"的问题。由于学历案也是学生使用的学习文本,因此,这样的设计思路同时帮助学生解决了"我要到哪里去"、"我怎样去、我需要什么样的资源"、"我真的到那里了吗"的问题。①

三、学习过程的设计要体现学习的进阶

人类的学习活动就是人们用他们已知和相信的知识去建构新知识和对新知识的理解。② 这种学习活动本身就是进阶式的,只有进阶的学习才符合人的认识规律。泰山一千多米高,有了十八盘的台阶,我们或迟或早都能上去。而一座峭壁十米高,光溜溜没有任何工具,谁都上不去。这就是阶梯的意义。

在学习过程的设计上,不论从宏观上还是微观上,都要考虑学习梯度的设计,而阶梯之间的高度差要符合学生的实际情况,要着眼于学生的最近发展区,使得大多数学生都能通过一定的努力达成学习目标。学历案的学习过程主要通过以下三种方式来体现学习的进阶:一是通过设置"课前学习"来铺设阶梯,二是从"课中学习"的整体框架设计上体现进阶,三是在具体知识点学习过程的设计和实施上体现进阶。下面将以"牛顿第三定律"的学习为例,对学习过程设计如何体现学习的进阶作进一步阐述。

(一)通过设置"课前学习"铺设阶梯

学生在设计实验探究作用力与反作用力的关系时,需要以力的三要素作为设计思路,教师必须确保每个学生都知道。力的定义中的相互性正是牛顿第三定律的内容。而知道力的作用效果是通过转换推理将力的测量转

---

① 崔允漷."教—学—评一致性"意义与含义[J].中小学管理,2013(1):5.
② [美]布兰思福特,等.人是如何学习的:大脑、心理、经验及学校(扩展版)[M].程可拉,等,译.上海:华东师范大学出版社,2013:9.

换成时间的测量(本文后面将提到)的重要前提。因此,将它们作为课前学习的内容比较合适。采用填空的形式则可以快速地检验学前准备的完成情况。这样的设置就是为了确保学生的课堂学习有一个扎实的基础作为前进的阶梯。

一、课前学习

复习高中物理必修一课本第53页,力的定义是＿＿＿＿。力的作用效果是＿＿＿＿和＿＿＿＿。回顾初中所学内容,力的三要素是＿＿＿＿、＿＿＿＿和＿＿＿＿。

(二)从"课中学习"的整体框架设计上体现进阶

本节课的学习过程设计主要分为三个层次:通过实验或实例,从感官上去感受相互作用力;通过设计、操作、分析实验,从理性思考上去发现相互作用力的规律;运用牛顿第三定律解释现象、解决问题。三个层次彼此相连,不断深入,及时评价,让学生经历不断学会的过程,有效保障学习目标的一步步达成。

(三)在具体知识点学习过程设计和实施上体现进阶

牛顿第三定律的一个重要应用就是"转换法"的思想。当一个力不容易计算时,如果反作用力的受力物体的动力学状况更加清晰易得,这时候就可以通过计算其反作用力来求出这个力。而这种同种物理量的转换更可以扩展至不同物理量间的转换。将难以直接测量的物理量,根据一定理论推导,用容易测量的物理量来反映,这种思想方法在实验探究和理论计算中经常用到。为了使学生能体会转换法的应用,我又设计了如图15-1所示的实验。

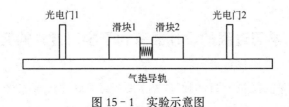

图15-1 实验示意图

然而,这个实验中的转换推理步骤比较多,如果老师一上来就拿出这个装置让学生想怎么利用它发现相互作用力的规律,大部分学生独立完成会有很大困难。所以,我设计了如下学习阶梯,通过引导性的对话帮助学生达成完成推理转换、理解实验原理的目标。

师:力是很难实时测量的,我们可以试试测量其作用效果,那么,力的作用效果是什么?

生:使物体发生形变和改变物体的运动状态。

师:形变也很难定量测量,我们学过运动状态的改变的快慢吧?

生:是加速度。可是加速度也不好测。

师:加速度持续了一段时间后的末速度呢?

生:速度好测。

师:速度怎样测量?

生:打点计时器,光电门,速度传感器。

师:大家看看这个装置,我想用它来判断两个滑块间相互作用的弹力大小是否相等,你能体会出它的实验设计原理吗?

在讨论的基础上,通过推导,我们把需要比较力 F 的大小转化成了比较滑块质量 m 与通过光电门所用时间 t 的比值。遇到测量困难,就转换测量目标,再遇到困难,再合理转换下去,直到实现可以准确测量(很多传感器的设计过程也是如此)。这样,从什么是转换法、为什么要转换,到怎样转换,让学生完整地经历转换推理的全过程,实现了有一定思维深度的学习。

学习进阶的类型可以是上述纵向的递进型的,也可以是横向的拓展型的,也可以是两者融合型的。根据学习目标、学习内容以及学生的不同,灵活设计不同类型的进阶学习过程是学历案的基本要求,是达成学习目标的有效途径。

四、学习过程的设计要有利于学习方式的变革

以提高核心素养为目标的课堂教学要求必须转变传统的学习方式。亲身的经历和体验才是真正意义上的学习,基于学生立场的体验学习过程更

能激发出学生的创新动机和能力,从而使学习变得更真实、更高效。这种转变正在发生之中,所以,学历案的学习过程设计一定要有利于学习方式的变革。例如:

探究1:设计实验,通过观察、数据分析,总结出作用力反作用力之间的关系。（指向目标3、4）

探究1是本节课学习的核心环节,为了实现学生的自主构建,我为学生提供了自主设计的机会。课前我做了比较充分的预案,把学生可能要用到的器材都带来了,在探究环节一开始,将这些仪器一一展示给学生。学生通过小组讨论,依照设想,选择器材,合作实验,最后向全班展示实验、汇报结果。相比由老师提出实验设计,然后师生共同操作、观察、记录、得出结论,这样设计虽然需要花费更多的时间,但是学生获得了全程的自主探究的机会,每个人都获得了切身的体验,也出现了一些老师都没有想到的精巧设计,学生经历了较有深度的思维加工过程,实现了真实的学习。

学历案,顾名思义,要能够让学生经历真学习,因此,学习过程设计要给学生自主思考、自主构建的时间和空间。达到一定数量、一定深度的主动学习才是真学习。因此,学习过程编写时不宜将详细的知识点内涵、研究的思路方案、例题的详解过程在学历案中直接写出,可以采用留白的形式,给学生自我发挥、总结的空间。在教学中选择了具体方案后,教师要指导学生利用好这些留白,记录下相应的设计方案、探究过程。记录下的其实就是学生的学习历程。

让学生自我设计展现,有失败的风险,也不如教师会渲染气氛、控制节奏。转换法的体验过程,因为思维含量很大,常常需要学生长时间的思考与推理,气氛难以热烈。那么,好课的标准是什么?"课堂流畅"、"气氛热烈",这样的课堂好不好?不一定。高中生属于专业学科的初学者,从认知规律来说,初学者的认知过程不应该也不可能是流畅的。如果非常流畅,那就说明被教师引导上了一堂思维负担过轻的课。若总是这样,对学生的学习效率和学习能力的提升是有负面影响的。所以,我们的学习过程设计更应该关注学生的实践、思维参与的广度和思维加工的深度,真正实现课堂学习方式的变革。

（王 越）

16 如何设计学历案中的作业与检测？

学历案作为教师设计的微课程方案，其基本要素包括学习主题、学习目标、评价任务、学习过程、作业与检测、学后反思等。作业作为学历案的要素之一，是课后检测的一种方式，其意义在于学习经历的评价与拓展。学历案的作业针对使用学历案的学生，通过校本化的设计，关注学生学习的经历。学历案的作业按功能来划分，可分为三类，即检测性作业、巩固性作业和提高性作业。

一、检测性作业

检测性作业用来检测学习目标是否达成。其设计原则是教—学—评的一致性原则。检测性作业是学习评价的重要环节，要做到评价与目标的一致性。检测性作业的每一项任务分别指向学习目标的某部分或某一条。以高中物理"牛顿第一定律"的主题学习为例，学习目标中有一条是：理解什么是"理想实验"，知道伽利略的理想实验的主要过程，及其主要推理过程和推论。为了检测目标是否达成，在课中设计了如下练习：

请完成下列关于伽利略的理想实验的填空：①（实验事实）两个斜面，小球从一个斜面的某一高度滚下，将到达另一个斜面的某一高度；

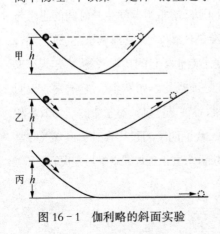

图 16-1 伽利略的斜面实验

②(科学推想)若另一个斜面光滑,则小球一定会滚到另一斜面的____高度;③(科学推想)若降低另一个斜面的坡度,则小球高度____,不过,在另一个斜面上将滚得更远;④(科学推想)若把另一个斜面改成光滑的水平面,则物体将____。

但是,这样仅仅是在知识层面检测了目标。学习目标不仅是知道,还要理解。如何检测"理解"这样一个学习经历的达成效果呢?教师要设置能够显现这个效果的问题,例如:

你能利用伽利略的观点反驳亚里士多德举的例子吗?

检测性作业不仅要检测学习结果,还要检测学习过程。例如理科的学生实验中,如何检测学生经历了一定的实验操作过程呢?问题的设计来源于学习的经历。例如,高中化学"原电池"的学习中,基于"小组合作完成实验,总结形成化学电池的条件,认识化学能转变为电能的根本原因"这样的学习目标,为了考查学生实验的学习经历,设计了如下练习:

观察实验现象,思考实验得出的结论并针对实验现象提出自己的问题。

实验注意事项:

实验时,先不接电流表,将两极插入溶液中,连接导线,观察现象,然后再将导线与电流表相连(注意电极连接的位置)。

现象	正负极	反应类型(氧化或还原)	提出的问题
Zn片			
Cu片			

这样的课中作业体现了学历案对学习经历的关注,表格中既要记录实验现象,也要记录自己的问题,促进学生带着问题学习,经历动手又动脑的实验过程,促进了学习能力的提升。

二、巩固性作业

巩固性作业的意义在于形成某学科的概念或形成某学科的技能,例如体育运动中的某项动作要领的掌握,语言中的某些词汇的熟练应用,科学中守恒的概念等。巩固性作业需要学生运用所学成果进行知识的精加工,不是简单机械的重复或重现。例如高中历史"物质生活与习俗的变迁"的主题学习中,设计如下练习引导学生对课上的学习成果进行归纳重组,以实现知识的结构化与系统化。

> 结合所学内容,从政治、经济、思想文化三个方面归纳影响中国近现代物质生活和社会习俗变迁的主要因素。

巩固性作业的设计要注意引导学生不仅学会,而且要反思如何学会,即提高学生的元认知过程。例如高中信息技术"打开编程之门"的主题学习中,教师设计了如下内容的课后思考题:

> 请自主梳理本主题知识体系,并思考以下问题:你是通过什么方法和策略学会主题内容的?你觉得还有什么内容比较薄弱?需要老师提供何种帮助?你还有什么好的经验可以跟大家分享?请写在下方区域。

巩固性作业往往还需要创设一定的问题情境,有可操作性,且数量适度。从国际学业测评的发展趋势看,考查学生在特定的情境中运用知识技能解决问题的能力,是以纸笔测验为主的量化评价改革的一个突破口。[1] 以高中物理"电动势"的学习主题为例:理解电动势概念的物理意义是课堂学习的成果,巩固性作业的设计可基于如下的实验情境:[2]

---

[1] 王湖滨.PISA测试的"情境"及其带来的启示——大型国际教育评价项目对"情境"的述评[J].外国中小学教育,2014(1): 8—14.
[2] 白晶.电动势概念教学中的思维加工培养策略[J].物理教学探讨,2015(6): 14—18.

按图16-2所示连接电路,将一节标有1.5 V的干电池与电压表接入电路。闭合开关,观察电压表的读数。再接上一个小灯泡,如图16-3所示连接电路。闭合开关,观察到电压表读数变小。为了避免偶然性,还可以再并联几个小灯泡,并联的灯泡越多,电压表的读数越小。

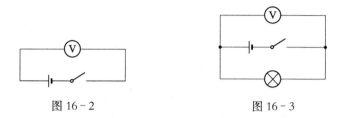

图16-2　　　　　　　图16-3

学生在实验探究之后认识到电源两端的电压与电源电动势是有区别的,但是这并一定不表明学生真正理解了电动势和电压这两个概念的本质区别。因此,需要设置以下问题,以巩固学生对"电动势"概念本质的理解。

问题1:不能把电源两端的"电压"理解为电源的"电动势",仅仅是因为两者在数值上可能不相等吗?问题2:"电压"与"电动势"虽然都可用"伏特"作为单位,但本质上有什么区别吗?

巩固性作业的形式不一定局限于是学生独立完成的书面作业,也可以是讨论、演讲、展示、答辩等多种形式。例如在高中思想政治"当代国际社会"的主题学习中,"评析并认同我国维护国家利益的做法,并能针对具体情境提出可行的解决策略"是学习目标之一,教师设计了辩论活动式的作业以检测该目标的达成。

2015年巴黎气候大会上,近200个缔约方签署《巴黎协定》,中国作出了到2030年单位GDP二氧化碳排放比2005年下降60%—65%的承诺,若以2010年不变价格计算,实现上述目标需投入41万亿元人民币。而美国借助清洁能源计划提升其在巴黎气候大会上的主动权,并向中国和印度这样以煤炭为主要能源的新兴经济体施压。发展中国家目前面临两难境地,既要发展经济,又要应对、减缓气候变化。在现有技术条件下,如果减少碳排放,就意味着它们要承担经济放缓甚至停滞的巨大成本。你认为在应对气候变化问题上中国是应顶住压力发展本国经济还是在减排指标上作出退让?在组内分享并整合课前准备的成果,并选择一方观点,推荐代表发言,参与课堂辩论。

三、拓展性作业

学历案的作业遵循多元化的原则,以适合不同学习需要的学生。作业体现基础性和拓展性。检测性作业和巩固性作业都属于基础性作业,除此之外,还可以设计适量的拓展性作业,以满足学有余力的学生的需要。拓展性作业不是随意增加知识的深度与广度,而是促进学生提高分析问题和解决问题的能力,激发学生进一步学习的兴趣。拓展性作业体现了学历案理念下能力立意的学习评价,承载着激励的功能。

以高中物理"电动势"的学习主题为例,上文中提到的问题1和问题2,属于基础性作业,旨在引发对于"电动势"与"电压"本质区别的思考,深化概念的理解。在此基础上,可设置拓展性的问题如下:[1]

> 问题3:图16-2中电压表的读数真的和电源电动势在数值上相等吗?换句话说,图16-2所示实验真的可以测量电源的电动势吗?
> 问题4:有办法准确测量电源电动势吗?("准确"意指排除电表内阻的影响。)

问题3和问题4通过反思实验过程,激发学生进一步钻研的兴趣,体现了拓展性作业的激励功能,批判性思维品质的教育价值得到充分挖掘。以高中历史"物质生活与习俗的变迁"的主题学习为例,教师设置了这样的拓展性作业:

> 讨论:变与不变。时至今日,生活和习俗中发生了很大变迁,但很

---

[1] 白晶.电动势概念教学中的思维加工培养策略[J].物理教学探讨,2015(6):14—18.

多习俗仍没有变,想一想哪些没有变?为什么?

上述物理和历史学科的拓展性作业的设计体现了学科教学中渗透批判性思维能力的培养。批判性思维是指为决定相信什么或做什么所进行的合理的、反省的思考。① 学科教学中渗透批判性思维能力的培养,促进学生对概念的深入理解,对核心素养的培养和元认知能力的发展都有积极的影响。另外,需要指出的是,作为微课程方案的学历案,其拓展性作业是基于课程标准的,基于学生已有经验和能力的,旨在充分挖掘学生学习的潜能。例如,学生如何理解"只有民族的才是世界的",是高中音乐鉴赏课程的目标之一。高中音乐"唱奥运歌,品民族味"的主题学习中,教师设计了这样的拓展性课堂活动:

> 尝试以《我和你》旋律为基础,模仿《茉莉花》的两个版本进行中国五声调式化的旋律编创实验,体验中国传统五声调式带来的音响色彩。再次思考并讨论《我和你》是如何达成创作者相关意图的。尝试说出你感受到的音乐与民族之间的联系。

音乐教学中须紧紧抓住音乐艺术情感性非语义性的特征,基于学生立场,运用联觉,用律动显化内心,用歌声承载情感。

以上从作业的角度阐述了如何设计学历案的课后检测,但实际上课后检测的设计是没有固定的标准和模式的。不过,无论选择何种方式,都要把握住一点,就是要站在课程的视角去从整体上设计。课后检测的有效性应当体现学生立场,促进深度学习,指向核心素养,这些最终都是为了提升学生的学习力。

(白 晶)

---

① [美]Gerald M. Nosich.学会批判性思维——跨学科批判性思维教学指南(第2版)[M].柳铭心,译.北京:中国轻工业出版社,2005:75—76.

17 如何指导学生进行学后反思？

《论语·为政》提到"学而不思则罔，思而不学则殆"。学习与思考是相辅相成的，缺一不可，只有把学习和思考结合起来，才能学到切实有用的真知，认识到学习的意义所在。学历案的核心是让学生学会真学习，但是学习效果如何，每一个学生情况是不一样的。学后反思是学生基于学历案学习过程中的重要组成部分，学生通过梳理已学知识反思自己"学"与"习"的行为活动和心理活动，认知自己的学习策略与学习效果，自我诊断学习存在的问题并能反馈自己学习存在的问题，从而进一步调节自己的学习活动。很多学生为了提高成绩，压缩睡觉的时间、压缩吃饭的时间、压缩休闲娱乐的时间，但是他们却很少花时间进行学后反思，当然很多学生也没有反思的习惯，因此教师需要对学生学后反思进行一定的指导。

一、指导学生反思学习结果的策略

学会反思作为学历案学习的一个重要环节，要求学生反思学习结果，但这并不是简单的回忆，而是以学生自己的方式处理和加工所学习的知识与技能，内化为学生自己的知识，便于在新的条件下、新的情境下提取已学的知识与技能来解决新的问题。反思学习结果实际上要学生知道通过学历案学习有没有到达当初设立的目标和完成给定的任务，教师可以从三个方面指导学生对学习结果的反思。

（一）依据学习目标，反思到达情况

学习目标是根据国家课程标准、从学生角度而确定的，是引导学生学习前进的方向，是学生学习最终要到达的地方。学习目标主要分为三个维度：认知目标、情感目标和动作技能目标。

认知目标与学生对学习课程内容的处理加工有关，是学生经过学历案学习后的内化为自己的知识。教师可以指导学生运用认知领域的动词，反思学习结果，也就是反思"学会了什么"。

表 17-1 认知领域的动词范例[①]

记忆	认可、回忆、重复、列表
理解	说明、例证、分类、比较、概括、匹配、推断、解释、对照、阐明
应用	执行、贯彻、使用、解决、实施、提取
分析	区分、组织、归因、描述、调查、辨别、区别、集中、选择、检验
评价	检查、存取、批评、判断、评价、探测、监控、防护
创造	形成、计划、创作、阐明、设计、构造

学生运用认知领域的动词反思知识目标到达情况。例如对某学科中的概念的学习，能否将概念的名称、属性、定义和例证组成表达清楚；或者将概念与概念之间的内在联系表达出来。

学生对所学习学科知识在学习之前持有一定的情感、态度，学习之后情感、态度有没有发生变化，学生对此也应该进行反思。教师同样可以借助情感领域的动词指导学生进行反思。这些动词有：接受、拒绝、遵从、反对、鉴赏、提倡、参与、喜欢、讨厌等。教师指导学生学会认识到情感目标在学习过程发生的变化，以确保学习的效果。动作技能目标没有像认知目标和情感目标受到学生的重视，同样需要教师来指导学生反思该目标到达情况。运用书写、发声、观察、注意、绘画、绘图、模仿、演示、表演等动作技能领域的动词反思学习目标的达成情况。

学生通过高中地理"荒漠化的防治——以我国西北地区为例"学历案两课时的学习，学习到了什么，反思达成情况。策略之一是回头阅读学历案中的学习目标的关键词，学生再次明确自己"要到哪里去"，现在"到达了没

[①] [美]玛丽·艾丽斯·冈特，托马斯·H.艾斯蒂斯，简·斯瓦布.教学模式(第四版)[M].尹艳秋,等,译.南京：江苏教育出版社,2006：21.

有"。以下文字就是"荒漠化的防治——以我国西北地区为例"的学习目标：

1. 阅读课本第一段文字,用思维导图绘制出土地荒漠化的形成过程和表现类型,认识土地荒漠化是区域中的生态破坏类型之一。

2. 多途径搜集土地沙漠化的文字、图像和影像等新闻报道材料,描述土地沙漠化的危害,树立生态环境的忧患意识。

3. 运用图例在西北区域图中表示出沙漠和沙地的分布,运用知识结构图说明我国西北地区的地理位置以及地理环境特征是西北地区土地荒漠化的自然背景,提高自己区域认知水平。

4. 通过系列模拟实验,运用综合思维分析、推导、验证和解释西北地区土地荒漠化形成的自然原因和人为原因,提高自己地理实践能力。

5. 根据西北地区土地荒漠化形成的原因,从人地协调的角度初步提出4—5条荒漠化治理的对策措施,说出人类活动必须尊重的自然规律和科学的人地观。

教师可以指导学生从反思的角度再次阅读,说出"学前"与"学后"在知识、技能、情感、态度与价值观上的变化。

（二）依据评价任务,反思"是否学会"

教师指导学生通过评价任务评判学习结果,反思学习"是否学会",也就是让学生清楚在前进的道路上"现在到了哪里"。评价任务相对于学习目标而言有了明确的行为程度标准,该标准的说明可以定量或者定性的,也可以二者都有。行为标准通常有三种方式：第一,用完成行为的时间来衡量行为的表现,如"三分钟内完成"；第二,用完成行为的准确率来衡量行为的表现,如"完全无误"；第三,用完成行为的成功特征来衡量行为的表现。[①]

评价任务有传统的客观纸笔测验和表现性评价。传统的客观纸笔测验有相应的题型,如选择题、填空题、判断题、简答题、计算题、论述题等。学生完成这些相应的题目,对照答案就可以直接明了地知道学习情况,如答错在某种程度上意味着"没有学会"。学生就要反思"错在哪里"、"为什么错"和

---

① 黄正夫,吴天武,等.教育心理学[M].北京：北京师范大学出版社,2011：277.

"哪里没有学会"等问题。表现性评价是在尽量合乎真实的情境中,运用评分规则对学生完成复杂任务的过程表现或与结果作出判断。[①] 学生通过表现性评价的评分规则进行自我反馈,将自己的表现与优秀的样本作比较,找出差距,了解自己的进程,评判自己的成果,监控任务表现的质量,改善自己的表现。

(三) 依据新情境与新任务,反思迁移能力

学生学习从信息传递与加工的角度看"学"是接收信息、"学会"是对信息的加工。学生有没有"学会"关键还是看学生面对新情境与新任务的表现,新情境下的问题帮助学生检测"学会了什么",如学会知识、学会方法与技巧、学会思维等方面。学生在新情境与新任务中解决问题能力、迁移能力的高低才是衡量学生"何以学会"的最佳策略之一。

二、指导学生反思学习过程的策略

学习结果在很大程度上与学生的学习过程有着密切的关系。指导学生反思学习过程就是让学生知道自己是"如何学会"的,用了什么方法与技巧学会了知识与技能,改变了情感、态度与价值观。

(一) 依据学法建议,反思"如何学会"

在学历案每一模块中都有学法建议,学生遵从或者接受"建议"去准备、去认真地落实。教师必须对学生指出学法建议不是可有可无的内容,学法建议可让学生在前进的道路上少走"弯路"和"冤枉路"。每一门学科都有相应的学习方法和学习思路,同一门学科在不同模块学习的方法和思路也不尽相同,这就需要学生反思、总结"如何学会"。

一些学生在初中阶段物理学习很好,而到了高中感觉最难的科目就是物理。初中大部分物理知识都是要求感觉、了解、知道;而高中物理知识大部分都是要求理解、分析、运用。初中阶段物理大多数实验都是教材(或教

[①] 周文叶.中小学表现性评价的理论与技术[M].上海:华东师范大学出版社,2014:53.

师)拟好的实验方案,学生只要按照方案动手做一做,再观察物理现象,或记录数据,得出结论;而高中阶段物理大多数实验都是空白的,需要学生导出实验原理,再根据实验原理自己拟定方案,然后动手,观察与记录数据,由现象与实验数据,进行分析,得出结论,还要分析实验误差的原因。初中阶段主要运用物理公式求解;而高中阶段要求不仅会运用物理公式,同时还要会运用数学知识解决物理问题。

"如何学好"物理、"如何学会"物理,这就需要学生根据学法建议,反思高中阶段物理学习过程与初中阶段有什么不同。例如物理高中阶段学习就有这些建议:

1. 将自己的日常生活与物理紧密结合在一起,加强物理与现实生活的联系。2. 将抽象化的知识先转变为形象化、具体化的知识,然后再进行理解和分析。例如,学习弹力、摩擦力等抽象性极强的力学知识时,学生可以利用计算机或实验等各种方式,将这些力形象化,具体化。3. 题目不论难易都要尽量画图,有的画草图就可以了,有的要画精确图,要动用圆规、三角板、量角器等,以显示几何关系。画图能够变抽象思维为形象思维,更精确地掌握物理过程。

(二) 依据"课前、中、后"的学习,反思"学习策略"运用

学历案给出了课前准备、课中学习、课后检测与练习等,但并不意味着学生就按部就班地学习,事实上,每个学生的学习策略因人而异。学习策略是指学生在完成特定学习任务时选择、使用和调控学习程序、规则、方法、技巧、资源等的思维模式,这种模式是影响学习进程的各种因素间相对稳定的联系。学习策略是伴随着学生学习过程而发生的一种心理活动,这种心理活动是一种对学习过程的安排,这种安排不是僵死的、固定的程序。学生在高中阶段要学习很多学科,这些学科性质不一样,学习必须运用不同策略进行感知、记忆、思考、研究和解决问题。例如面对数学题目,学生常被传授的经典策略是,从最简单的题目入手。这个策略是基于这样一种观念:当学生做完了相对简单的题目,就会有信心面对更难的题目。如果改变策略,一开始做题就先做看起来最难的题目,"由难入简"的策略会把最难的题目装

进大脑,然后转移注意力,跳到简单的题目上去。当完成简单题目时,回头去看那些较难的题目,学生会发现,难题的下一步解法或者一些解题步骤变得更加明晰了。①

成功的学生运用认知策略、元认知策略、资源管理策略帮助他们适应环境及调节环境以适应自己的需要。认知策略由复述(如重复、抄写、作记录、画线等)、精细加工(如想象、口述、总结、做笔记、类比、答疑等)、组织(如组块、选择要点、列提纲、画地图等)三部分组成。元认知策略由计划(如设置目标、浏览、设疑等)、监控(如自我检查、集中注意、监控领会等)、调节(如调整阅读速度、重新阅读、复查、使用应试等)三部分组成。资源管理策略由时间管理(如建立时间表、设置目标等)、学习环境管理(如寻找固定地方、安静地方、有组织的地方等)、努力管理(如归因与努力、调整心境、自我谈话、坚持不懈、自我强化等)、其他人支持(如寻求教师帮助、伙伴帮助、使用伙伴/小组学习、获得个别指导等)等部分组成。② 运用学历案进行学习,用对了适合自己的学习策略,将事半功倍!

(三)依据学习方式,反思"如何学好"

学习过程中绝大部活动都需要大脑认知系统的参与。马扎诺(Marzano)认为认知系统分为四个部分:储存与提取、信息加工、输入与输出、知识运用。③ 依据获得及加工信息的方式不同,有些学生可能是视觉学习者,有些学生可能是听觉学生者,有些学生可能是动觉学习者。教师指导学生反思学习过程中自己属于哪一种方式的学习者,哪一种方式让自己"学得好"、"学得优"。

1946 年,美国学者埃德加·戴尔(Edgar Dale)首先发现并提出的"学习金字塔"理论。(如图 17-1 所示)在塔尖,第一种学习方式——"听讲",也就是老师在上面说,学生在下面听,这种我们最熟悉最常用的方式,学习效果却是最低的,两周以后学习的内容只能留下 5%。第二种,通过"阅读"方

---

① [美]芭芭拉·奥克利.学习之道[M].教育无边界字幕组,译.北京:机械工业出版社,2016:215.
② 陈琦,刘儒德.当代教育心理学[M].北京:北京师范大学出版社,2007:365.
③ [美]唐娜·沃克·泰勒斯通.学习是怎么发生的[M].朱湘茹,译.北京:教育科学出版社,2013:12—16.

式学到的内容,可以保留10%。第三种,用"声音、图片"的方式学习,可以达到20%。第四种,是"示范",采用这种学习方式,可以记住30%。第五种,"小组讨论",可以记住50%的内容。第六种,"做中学"或"实际演练",可以达到75%。最后一种在金字塔基座位置的学习方式,是"教别人"或者"马上应用",可以记住90%的学习内容。埃德加·戴尔提出,学习效果在30%以下的几种传统方式,都是个人学习或被动学习;而学习效果在50%以上的,都是团队学习、主动学习和参与式学习。

图17-1 学习金字塔

教师可以指导学生运用英国学者东尼·博赞(Tony Buzan)发明的"思维导图"反思学习过程,思维导图可以为学生构建一个清晰的知识网络,并能轻松地回忆起来。在学习过程中引进思维导图,学生会不断有新的发现,这有利于提高学生探究新事物的动手能力和学习能力,变被动学习为主动学习,进而把学习变成一种乐趣。用思维导图梳理已学知识,不是简单地梳理知识,停留在记忆的层面上,而是一种经过学生思考的加工,是学生的一种"创造",学生可以"学得更好"!

三、指导学生反思学习意义的策略

(一)依据学习的行为主体,帮助学生认识学习意义

教师指导学生认识学习行为主体应是学生,是不是"真学习"直接依据是学生有没有具体的进步,而不是教师有没有完成任务。学生要为自己的

学习负责,在反思中了解自己的进步、评判自己的成绩、监控自己的发展,清楚自己要到哪里、现在在哪里、接下来怎么走,明晰自己的弱点和长处,充分利用所学的知识来改善自己的表现,使学生真正成为学习的主人!

(二) 依据"立德树人"目标,引导学生正确认识成为"什么样的人"

党的十八大报告指出:"把立德树人作为教育的根本任务,培养德智体美全面发展的社会主义建设者和接班人。""立德树人"首次确立为教育的根本任务,是对十七大"坚持育人为本、德育为先"教育理念的深化,指明了教育改革的方向。不同的学科有不同的育人功能和育人价值,学生通过不同学科的学习不断提高综合运用知识解决实际问题的能力。学生学习过程中紧密联系自己的生活经验,探索人类自然和社会发展的规律,树立远大理想和崇高追求,形成正确的世界观、人生观、价值观。立德树人,即教育不仅要传授知识、培养能力,还要把社会主义核心价值体系融入国民教育体系之中,引导学生认识通过学习今后要成为"什么人"、怎样成为"那样的人"。

进行学后反思是学生基于学历案学习知识与技能来追思成功喜悦和失败痛苦的内心活动。进行学后反思的过程不仅是内省的过程,更是内"醒"的过程,进行学后反思就是自我唤醒自我学习。学生进行学后反思应是源于自身心灵的力量,让学习外界的知识转化为认识自己的内心,是学生成长的原动力。在进行学后反思的过程中,学生的学习获得新生,获得一个新天地,进而在今后的人生学习中获得更大的进步!

(臧 锋)

18 如何指导学生使用学历案？

学历案所体现的教—学—评一致性，学生、教师和学历案之间的有效互动，课堂与课外在时间和空间上有效延伸和衔接，使其成为提升学生核心素养、促进学生深度学习有力载体。但是在平时的学历案的使用中经常出现了教师重设计轻使用、学生上课才看学历案、下课把学历案丢在一边的"一次性消费"现象，使学历案的功能得不到有效的发挥。教师对学生使用和管理学历案的指导关乎着学历案的先进理念能否扎实地落到学生身上。下面，就从课前、课中和课后三部分探讨教师如何指导学生管理使用学历案。

一、课前：整体感知、明确困惑

课前，教师将编制好的学历案分发给学生，给学生自主学习提供依据。学生拿到学历案之后，首先应该形成对学历案的整体感知，明确学什么、学到哪、怎么学的问题。但在平时的学历案教学中我们发现，教师洋洋洒洒写了一大页学习目标和学法建议，学生不看或者不得要领地看一遍的现象大量存在。这时学生的真学习没有真正发生，学习变得很盲目；基于学历案的教—学—评一致性的功能很难得以体现。那么，在课前，教师应该怎样指导学生对学历案进行阅读以达到整体感知呢？

（一）指导学习整体感知学历案

以思想政治学科为例，对必修一《经济生活》中的"市场配置资源"这一专题学历案中的学习目标和学法指导进行设计：

【学习目标】

1. 通过课前自主学习，说出合理配置资源的必要性、配置资源的两种基本手段的优点和局限性，提升自学能力和研究能力，体悟合理配置资源的经济学意义。

2. 分析市场在资源配置中起决定性作用的优点以及归纳市场失灵的表现；通过对现实问题的探究，提升知识应用和公共参与的能力；通过学习和讨论，初步树立对社会主义市场经济的政治认同。

3. 通过课堂探究环节，运用规范市场秩序的知识为规范"网约车"市场秩序提出合理化建议，通过课堂辩论环节，提升理性思考能力，初步建立思辨意识，培养理性精神；通过对每个经济活动参与者提建议环节，树立规则意识、公平意识、法治意识和道德意识。

【学法指导】

1. 完成"自主学习篇"相关填空和问题，自主整理知识体系。
2. 在学历案"反思或疑问"中记录预习过程中存在的问题。
3. 课堂积极参与探究，通过具体情境的分析，加深对知识的理解和运用。
4. 完成"巩固学习篇"，完善知识体系，提升专业素养。

第一，学什么——有的放矢。观察这一专题有哪几个知识目标，如：合理配置资源的必要性、配置资源的两种手段和方式、市场在资源配置中起决定性作用以及市场失灵、规范市场秩序的措施等，这样自主学习时就可以有的放矢，而不是模糊不定。

第二，学到哪——分清主次。观察行为动词的使用不同，了解知识达成的程度不同，如：知道、说出、分析、运用等，不同的行为动词对自主学习的要求是不同的，这样自主学习时就知道分清主次，而不是眉毛胡子一把抓。

第三，怎么学——路径选择。观察目标达成的路径选择，如，"通过课前调查"，"通过课前查阅资料"等，这样学生自主学习时就有路径选择，而不是盲目蛮干。

经过这样的指导，学生对这一专题有了"第一印象"，知道了学什么、学到哪、怎么学，对学历案有了整体感知，达到了看山是山、看水是水的效果。

"课前准备"是教师布置的有目的的、有明确要求的、可检测的学习任务。可以是课中学习所需要的前一专题知识，可以是通过自主学习就可以掌握的基础知识，也可以是课堂合作探究时需要的情境背景。

以思想政治学科为例，在必修二《政治生活》中的"国际关系的决定性因素"这一专题学历案的预习目标的设计：

1. 自主学习"国际关系的含义、主要内容、基本形式"。
2. 自主学习"国际关系的决定性因素"的相关知识，以小组为单位合作完成"从_____事件中看中美关系"的主题探究活动，归纳中美关系呈现的特点，分析影响中美关系的因素有哪些。并将活动的结果形成PPT，课堂呈现。

教师在指导学生学习"课前准备"时，应注意以下几点：

第一，闭合式问题——从书本找结果。"国际关系的含义、主要内容、主要形式"这些问题都是书本能直接呈现的答案。学生在自主学习的过程中，还需指导学生进一步思考内在的知识逻辑，如："国际关系＝政治、经济、文化、军事……×竞争、合作、冲突"、"为什么竞争、合作、冲突是基本形式"等。

第二，开放式问题——向实践要效益。如"以小组为单位合作完成'从_____事件中看中美关系'的主题探究活动，归纳中美关系呈现的特点，分析影响中美关系的因素有哪些。并将活动的结果形成PPT，课堂呈现。"首先教师要指导学生通过哪些途径搜集资料，方法有哪些；其次，教师要指导学生整理、归纳资料的方法（比如：去伪存真、去粗取精、由此及彼、由表及里等）。

（二）指导学生明确困惑

课前学习学历案是为了"学生自主发展"而学，为了"不需要教"服务的。学生在"预习"的基础上，自觉主动地阅读课外书、查阅资料、持续探究某些问题等，并且形成习惯。教师必须相信所有的学生都能自主学习，但是也必须明白，每个学生的学习方法和学习能力会存在差异。在自主学习中，学生对这一专题的知识内容、资料的整理和搜集等有初步了解，但是对知识的内在逻辑、学科逻辑与生活逻辑的关系有时还存在模糊的认知。教师应该鼓励学生在课前使用学历案时,应及时记录自己的质疑,并在课堂学习中主动展示给同伴和教师。

二、课中:指导学生参与构建和用好学习支架

基于学历案的课堂,是以学生为主体的课堂,整个课堂教学以学历案为统领,注重教—学—评的一致性,最大限度地把学习的主动权还给学生。要求学生要主动学习、思考、提出问题,能够合作学习、互动思考、集体解决问题,积极用评价任务评价自己学习的效果,促使真学习的发生。

(一)指导学生积极参与课堂构建

对学生来说,当学生开始整体一致地思考"为什么学"、"学什么"、"怎样学"、"学到什么程度"的问题,学生的真学习就发生了。课前学生自主学习,老师要了解学生预习、学习情况,积极搜索学生学习知识的盲区。教师在学历案中依据教学内容、学情、教师专长等多方面因素,设计出具备教—学—评一致性特征的具体课型,在课中实施教学时,应为学生创设生活的情景、设计开放的问题、鼓励个性的见解、引发学生的质疑、激起思维的碰撞、张扬生命的活力,指导学生积极参与课堂的构建。

如,在"市场配置资源"这一专题学历案的问题设计:

> 问题1:对比传统出租车,为什么"网约车"能有效地解决打车难的问题?市场是如何促进"网约车"合理配置的?请你写出分析过程。

学历案教学的问题设计,包括三个部分:特殊性的案例背景、普遍性的书本原理和及时的教学评价。教师需要从以上三部分的设计来对学生学生进行指导。

首先,指导学生针对特殊性的案例背景问题展开独立思考,如:网约车有数量多、供需对接、价格浮动、服务好等优点,所以能有效地解决打车难的问题。这个答案是来自于生活、来自于实际,学生要从生活化的情境中多角

度分析具体问题。

其次,指导学生结合已有的自主学习成果和知识经验,将生活化的问题与普遍性的书本原理相结合,归纳、总结书本知识和原理。如:市场是如何促进"网约车"合理配置的?第一,学生结合生活实践经历,提出网约车有效地解决了车辆供给和用户需求之间的矛盾,其实是市场在配置资源;第二,学生用经济学术语解释清楚市场是如何配置资源的,归纳总结原理。

再次,指导学生积极展开自我评价和相互评价。在学历案课堂中,教师可以通过观察、提问、表演、辨析、练习、测试、作品等评价形式了解学生已经学到了何种程度,离预设的目标还有多远。所以,学生要学会和学历案对话,学会和问题、题目、测试等对话。比如,每次上课前教师会预先说明希望学生学会什么;在学生回答后,教师会继续追问学生为什么;教师会根据学生的作业结果、课堂表现和考试成绩等多个方面的情况来综合地评价学生的学习。把学历案作为师生间进行面对面讨论的载体,让学生以提问、展示汇报等形式参与课堂构建,最终以师生合作的方式进行有效的互动和对话。

(二)指导学生用好学习支架

在运用学历案的课堂中,学生手边有学历案、教科书和教师上课用的PPT。如果对这几者之间的关系处理不当的话,学生就会出现手忙脚乱的现象。这就需要教师指导学生在课堂中将学历案作为学习支架来促进学习。

第一,将学历案作为主要抓手。学习的目标、学习的优化路径、学习结果的评价在学历案中都已清晰地呈现,教师应该充分利用学历案促进学生学习。此外,教科书和PPT同样是课堂学习过程中的材料,需要教师在教学的过程中,及时补充到学历案之中,以帮助学生全面而又完整地学习知识。

第二,充分发挥学历案的增值——过程性。文科教育内容具有体验性和生成性,要求学生将理论生活化,实现思想理论与现实生活的对接。精彩生成离不开学生心智上的"愤"、"悱"状态,一个人静悄悄地自主学习化解的是点的知识,很难使整体的课的内容在心智上形成"愤"、"悱"的情绪状态。

学历案的文本只是对学生学习历程的预设,在课堂中它只是作为学习支架用来辅助学生的学习,不是对学生学习内容和方式的禁锢。思维品质、思想品德的形成,离不开教师的高位引领,离不开学生的倾听,因此,课堂需要基于学历案来增值课堂的学习效能。

三、课后:建立档案、反思学习

课堂教学和评价环节结束后,学历案该何去何从?在平时的学习中,我们发现有以下几种情形:学生下课后把学历案丢在一边,各门学科的学历案混杂在一起;回顾或复习时以课本为依据,不以学历案为抓手等"一次性消费"。针对上述现象,可以采取建立档案和引导学生反思学习。

(一)指导学生建立档案

学历案是一种学校课程计划、学习的认知地图、可重复使用的学习档案,是学业质量监测的依据。学历案记录着每一个学生学习过程的学业表现,由于单元或主题是最小的学习单位,可称之为"微课程"。在课堂学习中,学生对学习的产生、过程、进行检查、诊断、纠正等学习活动过程进行了记录,是对采集资料加以归纳、整理、综合分析。课后就应该书写学科学习档案。那么,如何指导学生建立学习档案?

首先,每门学科的学历案必须按照单元为单位,依序编号。在每个主题呈现前都有一页用以注明主题的编号与名称、学生自主建构的知识以及在学习过程中的收获等。

其次,在学历案最后撰写反思,在规范或引导学习和通向学习目标达成中存在的问题,自我评价、自我反省需要增进的能力等。解决课堂教学中普遍存在的"虚假学习"、"游离学习"的问题,实现"再学习"和"真学习"。

(二)指导学生引领反思

建立的学历案档案放在那里,还不能完全发挥学历案的"多次消费"的功能,如果经常拿出来整理、反思,对于学生来说进行了累积学习,有助于深度学习的达成。

首先,形成"系统知识库"。学生的学历案学习是以某一单元或者某一主题为单位进行学习的过程,单元与单元之间、主题与主题之间有什么内在联系,有哪些隐藏的规律性?这就需要学生把学历案归档整理,积累到一定程度后流程化、系统化,然后持续优化,针对某个方面主题进行上位、下位思考,形成自己的知识地图,为以后的学习形成良好的知识经验,预知并规避相关学习问题的发生。

其次,提供"新授学习范本"。在新授课的学习中,遇到与前期学习内容或学习方法类似的内容,应该引导学生回顾学历案中的相关内容与方法。如:在高中思想政治学科的学习中,当学生学习必修二《政治生活》中的"多极化趋势深入发展"时,可以回顾必修一《经济生活》中的"经济全球化"学历案中的知识或方法记录:(1)什么是经济全球化?它有哪些表现?(2)什么是跨国公司?它在经济全球化中的地位和作用分别是什么?(3)如何看待经济全球化的影响?(4)中国应该如何应对经济全球化?

学生在自主学习"多极化趋势深入发展"时可以从以下角度思考:(1)什么是多极化?如何深入发展的?(2)如何看待多极化带来的影响?(3)中国应该如何应对多极化趋势?

借助系统的学历案,从已有的知识、经验出发,学生对新的知识内容进行自主学习,既是对前面学习的复习巩固,又为新内容学习提供指导;既能调动学生学习的主动性、积极性,又能培育学生的知识迁移能力,使"真学习"真正发生。

最后,建立"反思错题集",将学历案中的代表性评价习题汇集成册,便于学生根据错题反思相应的知识缺陷,从而有针对性的进行进一步的学习。

学历案的特征是教学评的一致性,"评价任务"的设计是实现教学评一致性的关键技术,是指为检测学生的学习目标达成情况而设计的检测项目,包括传统的纸笔测验和表现性评价两种形式。在学习过程中,学历案还是学生的"题库",学历案评价任务的设计既直指目标,又可测量;既有信度,又有效度。与其他的错题集比,学历案上的题目指向目标更明确,学生对自己存在的问题更清晰。学生在平时评价中能够清晰明确考点是什么、难易程度有多大、考查的方式是什么、解答的方法有哪些、易错的地方有哪些、关键掌握点有哪些等等。学生在系统复习时,可以根据整理好的学历案进行有重点、有选择地复习,明确自己要复习什么:集中时间复习重要考点,抓主要矛盾;重点复习自己平时易混易错点,提高复习针对性;明确考点的考查方式,提升答题规范性。

　　学历案是教师在教改大潮中服务学生的有益探索,我们一定要积极探寻其多种功能,切忌出现"一次性消费"的现象。通过指导学生使用和管理学历案,学生能学、想学、学好,在教师看似不经意但又艺术化的设计中,夯实基础,提升能力,升华情感。

(郝良群)

19 如何在学历案中体现教—学—评一致性？

学历案是教师依据课程标准设计的、供学生学习使用的、体现教—学—评一致性的专业方案。教—学—评一致性作为学历案的核心特征，是设计好方案的重要抓手。那么教—学—评一致性的内涵是什么？如何设计教—学—评一致性的学历案？这些均是本研究需要回答的问题。

一、教—学—评一致性的内涵

学历案是教师收集学生学习信息的依据，是实施教学的手段；也是学生学习经历的档案，评价反馈的依据。而学历案的目的之一就是实现有效教学。所谓"有效"是指通过教师在实施教学后，学生所获得的具体进步或发展。衡量有效性的唯一标准就是学生是否"学会了"。即教学是否促进了学生基础知识与技能的习得；是否促进了学生创新思维以及解决实际问题能力的提升；是否促进了学生情感、态度和价值观的发展。在学习过程中判断学生是否学会了一般应该涉及这几个核心要素：学习目标、教师的教学、学生的学习以及对学生学习的评价；并且只有这几个要素能够很好地实现了一致，才能够实现学历案设计的目标。

那么，到底什么是一致性呢？美国教育评价专家韦伯指出一致性是指"两种或更多事物之间的吻合程度，即事物各个部分或要素融合成一个和谐的整体,并指向对同一概念的理解"。① 根据韦伯对一致性的理解,那么教—学—评一致性就是指在课堂教学体系中学生学习目标、教师的教或者学生的学和对学生学习的评价之间的一致性。

二、教—学—评一致性的学历案设计

一般而言学历案的核心构成要素包括:学习主题/课时、学习目标、评价任务、学习过程、检测与作业、学后反思等。这六个要素中学习主题/课时相对比较固定,学后反思则主要是对学习过程和学习结果的反思,这两个要素主要是课前和课后实现的。而学习目标、评价任务、学习过程是在课堂的主体部分,这也就是学历案反映学生学习经历的最为关键的要素。并且学生的学习过程和教师的教学过程是同步进行的,直接可以通过学习过程来实现。结合上述教—学—评一致性的理解可以推断,基于教—学—评一致性的学历案设计主要表现为学习目标、评价任务和学习过程的协调统一,其中目标指引学习的方向,学习过程主要指向学生怎么达到目标,而评价任务则诊断学习目标的达成度。这种一致性不是数量上的一一对应关系,即一条学习目标对应且仅对应一个探究任务和一项课堂评价练习,而是各要素之间具有良好的匹配性和吻合度。在设计时可以从如下三个方面入手:

(一)学习目标与学习过程的一致性

教案关注"教",学案关注"学",而学历案关注"学会",即"真学习"。学生的学习本就包含两个阶段:第一阶段是教师讲授和学生被动接收,第二阶段是学生主动进行信息的加工。学历案要实现真学习,就要帮助学生实现信息的自我转换。这种转换往往通过学习过程中的探究任务来实现,而学习目标则指明了转换的方法和程度。因此,首先是要求教师的学习目标设计应该简洁、针对性强。学习目标的叙写应该依据课程标准,当然学习目标的叙写也是有要求的,首先应该根据课程标准确定陈述方式、表述结构和

---

① 崔允漷,雷浩.教—学—评一致性三因素理论模型的建构[J].华东师范大学学报(教育科学版),2015(4):15—22.

关键词,其次分析行为表现、目标结果等,再次是确定行为条件,最后是确定表现程度,即采用行为主体+行为动词+行为条件+行为程度的学习目标叙写方式。这种目标的叙写可以为相应的学习过程设计提供操作性的指导。要实现学习目标与学习过程的一致性,主要可以通过学习活动与学习目标之间的一致性来实现,这种一致性的实现形式可以表现为:一个学习目标对应多个学习活动,也可以是一个学习活动实现多个学习目标,同时也可能是一个学习活动对应一个学习目标。需要注意的是,在设计学习活动的时候应该在学习活动后面明确地标识出学习活动所对应的学习目标。这样能够让学生明白自己所进行的学习活动位于所要实现学习目标的具体阶段和程度。当然,需要注意的是学习目标的内容、难度和知识的形式应该与学习过程的内容、难度和知识的形式应该是一致的。为了更加明确地呈现学习目标与学习过程的一致性,这里再用下篇中的"地理·大规模的海水运动"为例进行说明。

【案例1】

学习目标3:能根据气压带风带示意图,绘出相应纬度风海流的流向;并在世界海陆分布图中,小组合作推导绘制出各大洋洋流分布情况,并总结出洋流模式图,增强读图、绘图以及归纳、分析的能力。

学习活动:

探究1:只考虑地转偏向力的影响,用箭头画出在图示(如图19-1)风向下的海水流动方向。

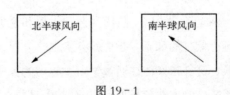

图 19-1

探究2:假设地球表面全部为海洋,考虑地转偏向力的影响,联系气压带风带分布图(图19-2),在图19-3中用箭头画出盛行风影响下的洋流分布。理解风海流的形成与分布。

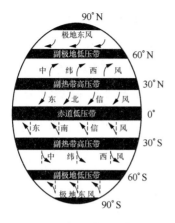
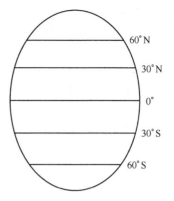

图 19-2 气压带、风带分布图　　图 19-3 大洋表层洋流分布图

上述案例展示了学习目标与学习活动的一致性。其主要表现为：其一，在知识内容上学习目标与探究活动均指向"能根据气压带风带示意图，绘出相应纬度风海流的流向，海洋洋流的分布情况"；其二，在难度上，均处于中等难度；其三，在形式上均是指向理解性的内容。通过上述三种一致性形式的设计，实现了学习目标和学习任务的一致性。

（二）学习目标与评价任务的一致性

学习目标是学历案设计的核心要素，它既是方案设计的起点，也是检测方案达成度的终点，而评价任务则是对学生的学习状况进行检测，从而为进一步的学习提供参考。这两者一致性的设计可以从内容、方法和程度等方面综合考虑。评价任务的设计应该依据学习目标而定，评价任务的内容应该包含学习目标的所有内容；与学习目标对应的评价任务的形式可以是多样的，既可以是具体的题目，也可以是活动，这个由具体的学科性质来决定；评价任务的难度应该与学习目标的实现程度相一致。学习目标与评价任务的一致性具体实现方式，以下篇中的"数学·三角函数的诱导公式"为例来说明。

【案例2】

学习目标1：利用科学计算器计算几个与特殊角有关的角的三角函数

值,感知并得出公式一,学会把任意角的三角函数值用$[0,2\pi)$或$[-\pi,\pi)$上的角的三角函数值来表示,体会从特殊到一般的研究方法。

探究1:学前准备2中所涉及的角都不在$[0°,360°)$的范围内,但是它们的正弦值都与同一个锐角的正弦值相等。其中是否有一般规律?如果有,请说明理由;如果没有,请举一个反例。

小结:公式一 _____
_____
_____

评价任务:

思考1:上述规律能帮助我们解决什么类型的问题?(检测目标1)

例1　求值:$\sin 369°\sin 9°+\cos(-711°)\cos 1089°=$ _____

练习1　求值:$\tan\left(-\dfrac{35}{6}\pi\right)=$ _____(检测目标1)

由上述案例可知,从学习目标的内容上来看,其前半部分的目标是"利用科学计算器计算几个与特殊角有关的角的三角函数值,感知并得出公式一,学会把任意角的三角函数值用$[0,2\pi)$或$[-\pi,\pi)$上的角的三角函数值来表示",对于这一目标主要是通过"思考1"的评价任务实现。后半部分的目标是"体会从特殊到一般的研究方法",这主要是通过练习1这一评价任务来实现的。这样学习目标的内容、知识形式和难度刚好与评价任务相一致,最后实现了学习目标与评价任务的一致性。

(三)学习过程与评价任务的一致性(内容、难度、评价方式与学习过程一致)

对真学习的落实是基于学习任务的逐步引导,而对真学习的检测则依赖精心设计的评价任务。真学习并非单纯体现于学生对知识的回忆,而更多的是关注学生能力的获得和素养的提升。因此很多时候会对学生采用形成性评价,这种评价本身就是学习过程的一部分。学历案设计就是指向学生的真学习,因此,学历案设计中非常重视形成性评价的运用。所谓形成性评价,说通俗一点其实现形式就是边学边评价。从学习过程与评价任务的关系来看,在教学、学习和评价三位一体的关系中,评价被看成是镶嵌于教—学之中的一个成分。① 这说明学习过程与评价任务是相互影响的,评价任务的功能就是为本次学习活动提供反馈,同时也为后续的学习过程的完善提供证据。简单地说,评价任务设定就是教师何以知道学生到那里了,学习过程设计就是教师怎样安排学生使学生能够更快更安全地到达那里。② 在设计学习过程的时候应该配套设置相应的评价任务,学习过程与评价任务的一致性主要是通过学习活动与评价任务的一致性来实现的。学习活动与评价任务的一致性的实现形式主要有:其一,学习活动与评价任务是相互融合的,即学习活动和评价任务二合一;其二,评价任务对应着学习活动。为了进一步清楚描述学习过程与评价任务之间的一致性(二合一的形式),这里继续用下篇中的"语文·小说阅读专题"为例对其进行说明。

【案例3】

【评价任务】

1. 完成"课堂活动一"的思考题1、2、4、5、7。(检测目标1)
2. 完成"课堂活动一"的思考题3、6。(检测目标2)
3. 完成"课堂活动一"的思考题2、8。(检测目标3)

【学习过程】

课前准备:略

课中学习

课堂活动一:自读三篇小说,独立思考,完成思考题。

1. 概括祥林嫂的主要经历,完成祥林嫂的事迹年表。

年龄	经历
二十七岁	
二十八岁	
二十九岁	
三十一岁	
三十二岁	

---

① 崔允漷,周文胜,周文叶.基于标准的课程纲要和教案[M].上海:华东师范大学出版社,2014:2.
② 卢明,崔允漷.教案的革命[M].上海:华东师范大学出版社2016:11.

(续表)

年龄	经历
三十三岁	
三十四岁	
三十五岁	
四十岁	

2. 有人认为,祥林嫂是一个"没有春天的女人",你同意这种看法吗?请简述理由。

3. 《祝福》中的叙事视角发生哪两次变化?

4. 整理《林黛玉进贾府》中提及的人物,理清他们之间的关系。

5. 根据《林黛玉进贾府》的描述,画出荣国府建筑布局,绘制林黛玉进贾府路线图。

6. 有人说,林黛玉进贾府,黛玉在看贾府和贾府中的人,贾府中的人也在看黛玉。你觉得这句话有道理吗?

7. 概括《边城》节选部分的主要情节。

8. 阅读《边城》节选部分,分别用一个词概括翠翠、傩送和祖父的形象特点,并说出你的理由。

上述案例是学习活动与评价任务相互融合的典型案例。在该案例中,学习活动是由8个阶段组成,而这8个阶段又是评价任务,这样就实现了学习活动与评价任务的整合。这种融合就更好地实现了学习活动任务的内容、难度和知识形式的融合。

如果上述学习目标与评价任务之间的一致性、学习目标与学习过程的一致性以及学习过程与评价任务之间的一致性设计都做好了,尤其是做好了学习目标、学习活动和评价任务两两之间在内容、难度和知识形式上的一致性,那么这也就实现了教—学—评之间的一致性的学历案设计。

(张　钰)

20 如何评估学历案?

学历案是在班级教学情景下,基于学生立场,围绕某一具体的学习单位(主题或单元),从期望学生"学会什么"出发,设计并展示"学生何以学会"的过程,以便学生自主建构或社会建构经验的专业方案。一份完整的学历案包括:学习主题/课时、学习目标、评价任务、学习过程、检测与作业、学后反思等6个要素。学历案不仅仅能够体现学生中心的教育理念,还能够实现学生的深度学习。因此,学历案研究已经成为课堂转型的一种重要支点,即为实现"教师中心"的课堂向"学生中心"的课堂转变提供了路径支持。目前,研究者们已经就学历案的内涵、构成要素以及撰写策略等进行了比较详细的探究。但是关于学历案评估的研究还涉及较少,但是学历案评估对于学生学习、教师教学和学校教研均具有重要的功能,其具体表现为:

其一,学历案评估研究有利于明确方案的价值。学历案是教师在课前依据课程标准的基本要求和学生的学习状况预设的教学过程和期待的学习结果。课程标准的把握、学生学习状况的了解、学习过程的调控和学习结果的实现等四个方面是学历案整个教学体系的核心环节,而对这四个方面进行评价均能够凸显学历案的价值所在。学历案是基于对课程标准的理解来叙写学习目标的,对学历案的评估就是评估育人价值的实现程度;学历案的实施需要基于对学生学习需求和个体特征的了解,对这一内容进行评估就是评估尊重学生个体差异的价值;学历案主要指向对学生学习经历的透明化,对这种过程进行评估就是评估主体的参与价值;学历案还重视学生的学习结果,对这一内容进行评估就是评估学历案的结果价值。处理好这四个环节,并进行有效衔接必然能够实现学历案的价值。

其二,学历案评估研究有利于凸显学生的立场。以"学生为本"的立场就是把学生作为学校教育和管理的根本。以学生发展为本就是在教学过程中注重培养学生的学习方法、学习技能,注重学生学习的过程而不仅仅只是关注学生的学习结果,让学生学会学习,掌握科学的学习方法,着眼长远,培养学生的核心素养。学历案就是围绕某一具体的学习单位(主题或单元),从期望学生"学会什么"出发,设计并展示"学生何以学会"的过程,以便学生自主建构或社会建构经验的专业方案。学历案指向为学生的自主学习提供支架,而对学历案进行评估就是评估学生自主学习的程度。

其三,学历案评估有利于提炼教师的体验。学历案近几年已在多所学校进行实践,各学科采用学历案教学的教师均有许多体验和思考,这些体验和思考需要系统地反馈到学历案本身的教学方案理论和方法,使学历案在实践基础上,进一步总结提高教师体验的理论和思想层次。这也就是说对学历案进行评估有利于教师在已有经验的基础上进一步发展和提升其体验的层次和水平。

其四,学历案评估有利于强化教学的管理。学历案作为一种实现学生自主学习的专业方案,其实施效果不仅与学习主体性密切相关,还与教学管理的科学性紧密相联。学历案评估主要通过以下几种方式来强化教学管理:学历案评估有利于了解教师在编写学历案时的教学管理理念,促进教师管理理念的改善;学历案评估还有利于改善学生的学习行为和教师的教学表现,这能够为教师改进自己的教学管理行为提供证据支持;学历案评估还能够了解教师教学管理的效果,为教师进行教学管理改进提供动力支持。

其五,学历案评估有利于促进校本教研。校本教研,就是为了改进学校的教育教学,提高学校的教育教学质量,从学校的实际出发,依托学校自身的资源优势和特色进行的教育教学研究。在某种程度上,学历案和校本教研是相互促进的统一体,学历案研究本身就是校本教研的一个组成部分,对学历案评估就必然也是对校本教研进行评估的一种方式,这种评估有利于了解学校当前的校本教研水平,为学校校本教研水平的改善提供重要的依据。

综上所述,学历案评估研究对于教师、学生和学校均具有重要的影响,那么学历案评估到底该如何来实施以及结果如何在实践中运用呢?这些都是学历案评估研究中需要澄清的问题。

一、学历案评估的设计与实施

（一）对象

1. 评估指标体系建构的对象

指标体系是在崔允漷教授所定义的学历案内涵基础上，从学习理论开始，遵循教学原则，推演得到体现提出者意图、符合学习理论和教学理论、关注改革目标并初步建构学历案评估指标体系；本部分内容，在此基础上对 9 篇学历案和 9 篇传统教案进行对比分析，以便确定评估指标体系的鉴别力。然后，在初步构建的指标体系的基础上，再邀请 8 位专家(2 名教授、2 名中学正高级教师、1 名副教授、3 名中学高级教师)咨询，对意见进行分析，将意见修改体现进评估指标体系，最后完成初建工作。

2. 调查的对象

根据建构的评估指标体系。本次试测选取了南京一中的 9 篇学历案以及 9 篇传统教案分别进行评估(评估结果如图 20-1，试测时为 15 项指标，后增设 1 项最终为 16 项指标)。

（二）研究的设计步骤

1. 学历案评估指标体系建构的步骤

（1）通过理论推演和问卷调查初建评估指标体系

评估指标体系的制定工作由学校成立评估组，副校长任组长，评估组包括来自南京市教学研究室、华东师范大学课程与教学研究所、华东师范大学教师教育学院等教育研究机构的专家以及其他特邀的咨询专家，组长统筹开展指标构建和标准制定工作。对学历案这一新的专业方案进行评估，首先需要理解它的特定内涵和核心构成要素，在此基础上构建体现其内涵、目标及其理论基础的评估指标体系，因此指标体系需要通过理论推演而构建。理论推演是以初始理论或规律为基础，通过推广、推导和推论的方法得出衍生理论、概念和规律的过程，其中特殊至一般的推演为推广，一般至特殊的推演为推论，同层次的推演为推导。同时为了保证理论推演的指标体系针对学历案的合理性，需要将其运用于学历案和传统学案的调查评估上，以便确保该指标体系的适应性。

(2) 通过专家咨询修改评估指标体系

由理论推演和专家咨询构建的初始评估指标体系要能接地气、服水土，必须走进作为评估对象的教师群体，通过专家咨询修改和完善评估指标体系，从而使评估指标体系能够得到评估对象群体的认同，进而有利于发挥评估的引领作用。专家咨询是采用背对背的通信方式征询专家组成员的相关意见，经过几轮征询，使专家小组的意见趋于集中，最后得到符合实际的结论。学历案评估指标的初步筛选、体系的最终构建、标准的制定等都要经过专家咨询环节。评估指标体系可以自主构建，也可以委托专门的研究机构根据学校的具体情况而构建。

(3) 通过群体参与和学术研讨完善和确认评估指标体系

群体参与和学术研讨还可以弥补理论推演和专家咨询存在的不足，使评估指标体系更能体现教学一线的实践和教学评估的需要，反映教师的要求。学历案评估指标体系实际上在不同的学校可以有不同的版本，甚至还可以通过不同的权重来适应或引导不同的评估对象达到不同的目标。这个环节可与专家咨询结合或穿插进行。在理论推演和专家咨询环节完成学历案评估指标体系的初建后，在南京一中部分参与学历案改革研究的教师群体中进行了意见征询工作，大家畅所欲言，从学术研讨的角度对指标体系提出修订完善的意见和建议，在修改后的试评估和正式评估之前，都向提供学历案的教师进行了宣讲解释，并根据现场讨论中的有价值的意见，临场调整了部分指标的评估标准，充分发挥了群体参与和学术研讨在指标体系构建中的作用。

(4) 开发评估标准引领学历案编写并对照标准开展评估

要使评估指标具体明确并能落到实处须开发指标的评估标准。评估标准规定了指标最高等级的属性和相应的表现所属的层次，它将引领学历案的编写。依据标准对相应的表现进行评估，使得学历案的水平和层次更加明显和精确。

2. 学历案评估策略

学历案评估作为教案改革的一项引导性手段，具有过程评估的性质，其目的是引导教师提高学历案编写水平，因此评估过程需要多方参与，并进行使用的实效检验。

(1) 自我评估

自我评估是学历案编写者利用评估指标和评估标准,对自己的学历案进行评估的过程,旨在在评估过程中深化对学历案的认识、领会评估标准对应的要求和认识自己编写的学历案中存在的问题。

南京一中的学历案评估均实行了自我评估的步骤。首先在学历案编写之前教师需熟悉评估指标和评估标准,并按指标和标准的要求编写学历案,完成后,对自己编写的学历案进行自我评估,用以了解学历案编写的水平并进行修改完善,尽可能使之达到标准规定的最高要求。

(2) 研讨组评估

研讨组评估多用于教研组活动或教改项目组活动,目的在于通过集体研讨的智慧来提高评估对象以及组内所有成员的学历案编写水平,以利于在使用过程中发挥学历案的作用,实现学历案的功能。

南京一中的学历案评估工作形成了系列化和制度化的研讨组评估制度,在相关项目启动后,固定时间周期开展教研组和项目组研讨,研讨过程发挥了提高教师学历案编写水平的作用,实现了教案的由教师立场向学生立场的转型,加强了促进学生深度学习的功能,实现了教—学—评的融合,也在研讨过程中提高了项目组成员的认识,为提高学历案的教育专业性和学科专业性提供了保证。

(3) 专家评估

学历案是教育部人文社科重点研究基地华东师范大学课程与教学研究所崔允漷教授在对教学专业的重新认识和教学方案的重新认识基础上提出的,是对学案和导学案提升的教案改革形式。以崔允漷教授为核心的专家团队对学历案的目标和功能理解深刻,对学历案促进深度学习的原理把握准确。借助专家的力量对教师的学历案编写水平进行评估,可以使评估更加专业和深刻。

(三) 研究方法

通过访谈法来建构学历案评估的指标体系。

调查结果的研究方法是对每一个二级维度按照 100 分计算,即每一个二级维度下面各有五个题项,每一个题项的得分为 20 分。首先对每一位教师的得分情况进行单个统计,然后对所有教师的得分进行平均分和标准差进行统计,具体的运算是运用 Excel 进行的。

二、研究结果与发现

(一) 学历案评估的指标体系

1. 学历案指标体系的初步建构

要使评估指标具体明确并能落到实处须开发指标的评估标准。评估标准规定了指标最高等级的属性和相应的表现所属的层次,它将引领学历案的编写。在学历案概念内涵和构成要素的基础上,通过专家咨询,本研究最终得出学历案评估的关键指标涉及编写理念、构建的完整和合理性以及专业水准等三个关键维度,总共 15 个二级维度。然后使用上述标准,选取南京一中的 9 篇学历案以及 9 篇传统教案分别进行评估,以检验评估标准的适应性和区分度,结果显示学历案评估指标区分传统教案水平高低的能力较低,区分学历案编写水平的能力较强(具体如图 20-1 所示)。因此,这在一定程度上说明了初步建构的学历案评估指标体系是适合的。

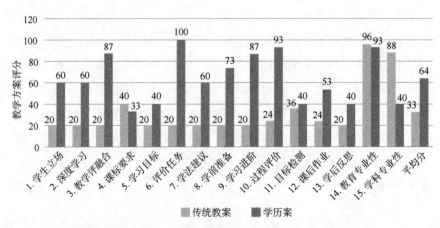

图 20-1 学历案评估指标体系试用过程中的评估数据

2. 学历案评估指标体系的形成

为了进一步完善该指标体系,在试测过程中仍不乏对评估标准的修改,反复修改后,评估标准才进入正式使用环节。通过对初步框架进行运用发现,在学历案设计时,教师在设计学历案过程中的问题引领是反映教师学历案编写水平的重要指标。鉴于此,这里进一步引入了问题引领指标。最后,本课题组得出学历案评估的关键指标涉及编写理念、构建的完整和合理性以及专业水准等三个关键维度,其中编写理念主要是指学历案的编写是否反映了学生立场、是否促进了学生深度学习、是否落实了教—学—评一致性的理念以及是否以问题为引导的等4个二级指标;学历案构建的完整性和合理性则是通过学历案呈现的要素中是否体现了课程标准要求、学习目标叙写方式是否合理、评价任务设计是否科学等10个二级指标来进行反映的;专业水准则通过评估学历案文本是否凸显了教育专业性和是否反映了学业的特色等2个二级指标来体现。然后通过群体参与和学术研讨完善和确认评估指标体系进一步确认了指标体系。最后编写的学历案的具体评估指标体系如表20-1所示。

表20-1 学历案评估指标体系

一级指标	二级指标	评 估 标 准
编写理念	1. 学生立场	1. 从教师角度和内容角度编写 2. 从学生学习角度编写(但不符合3分以上要求) 3. 在2分的基础上,关注全体学生(尤其是后进生) 4. 在3分的基础上,注重学科核心素养的培养 5. 在4分的基础上,学习流程尊重学生认知规律(包括注重引导学生自主学习、进行意义建构、培养兴趣等)
	2. 深度学习	1. 以教师教学为流程 2. 作为学生的学习资料(但不符合3分以上要求) 3. 在2分的基础上,包含课前、课中、课后的学习和反思内容,且反思的指向是完善知识结构 4. 在3分的基础上,含有学习方法指导内容且以学习方法掌握为重要目标 5. 在4分的基础上,学习方法指导将学习引向深度学习(瞄准核心素养发展的有深度的学科专业知识与原理学习)
	3. 教学评融合	1. 仅有教学流程,没有学习内容 2. 有学习内容(但不符合3分以上要求) 3. 在2分的基础上,将教和学结合,即有学习指导 4. 在3分的基础上,将学和评结合,即有学习评价 5. 在4分的基础上,有全方位评价,即有过程评价提示、目标检测任务、课后作业布置

(续表)

一级指标	二级指标	评估标准
学评内容	4. 问题引领	1. 开始没有用问题引领课堂 2. 开始设计有引领课堂的问题(是一个带问号的疑问)(但不符合3分以上要求) 3. 在2分的基础上,问题仅用于导入新课,导入之时问题已回答结束 4. 在3分的基础上,问题能够贯穿课堂,直至课堂结束才能用所学知识解答 5. 在4分的基础上,问题具有很强的学科核心性或吸引力或趣味性或时效性
	5. 课标要求	1. 没有陈述课标内容和要求 2. 有课标内容(但不符合3分以上要求) 3. 在2分的基础上,有课标内容的解读 4. 在3分的基础上,有课标内容的学习提示 5. 在4分的基础上,课标内容的学习提示准确到位
	6. 学习目标	1. 以"教学目标"方式呈现课堂目标 2. 以"学习目标"方式呈现课堂目标(但不符合3分以上要求) 3. 在2分的基础上,学习目标表述准确(主谓宾语等符合目标表述规范,包括宾语及其条件、程度界定明确) 4. 在3分的基础上,学习目标符合教学内容和学情(包括提供面向不同学生层次的目标体系) 5. 在4分的基础上,学习目标直述学生核心素养
	7. 评价任务	1. 仅有教学内容,没有评价内容 2. 有学习内容(即有评价指向)(但不符合3分以上要求) 3. 在2分的基础上,有明确的评价内容 4. 在3分的基础上,有(至少有一个)与学生经验相吻合的评价情境 5. 在4分的基础上,评价任务与目标匹配
	8. 学法建议	1. 没有学习方法建议 2. 有学习方法建议(但不符合3分以上要求) 3. 在2分的基础上,一般从知识基础或提出问题开始指导学习方法 4. 在3分的基础上,学习方法指导符合学生认知特点或学科内容属性(须有相关的表述支持) 5. 在4分的基础上,学习方法指导符合学生认知特点和学科内容属性(须有相关的表述支持)
	9. 学习过程1 (学前准备)	1. 无学前准备(预习)环节 2. 有学前准备(预习)环节(但不符合3分以上要求) 3. 在2分的基础上,学前准备(预习)包括前备知识和学习任务 4. 在3分的基础上,学前准备(预习)提供情境化的学习资源且从中提出问题 5. 在4分的基础上,学前准备(预习)的设计为学习过程做了良好的铺垫

(续表)

一级指标	二级指标	评 估 标 准
	10. 学习过程2 （学习进阶）	1. 无明显的学习进阶体现（学习进阶是体现学习目标组成或目标层次的学习流程） 2. 有明显的学习进阶体现（但不符合3分以上要求） 3. 在2分的基础上，有与分解目标相对应的学习进程且简练不冗余（不堆砌） 4. 在3分的基础上，有基于学习情境的知识联系与建构，或有知识的结构化表达 5. 在4分的基础上，有知识的迁移和应用，或有知识的理解与批判
	11. 学习过程3 （过程评价）	1. 学习过程中无明显的过程性评价 2. 学习过程中有明显的过程性评价（但不符合3分以上要求） 3. 在2分的基础上，过程评价与目标对应（试图去促进目标实现） 4. 在3分的基础上，过程性评价除了学生说答、写答之一外，还具有一种新形式，如基于讨论探究、基于表演演示、基于作品展示的评价等 5. 在4分的基础上，过程性评价得体并且能起到促进学习目标实现的作用
	12. 目标检测	1. 没有学习目标检测设计 2. 有学习目标检测设计（但不符合3分以上要求） 3. 在2分的基础上，学习目标检测设计与学习目标有对应意识（实际未能对应） 4. 在3分的基础上，学习目标检测设计与学习目标（分解后的具体目标成分）对应较好（一对一、一对多、多对一均可，但要有联系的文字叙述） 5. 在4分的基础上，学习目标检测设计可能具有较高的信度和效度
	13. 课后作业	1. 没有课后作业设计 2. 有课后作业设计（但不符合3分以上要求） 3. 在2分的基础上，课后作业有面向学习目标内的巩固内容（预期难点） 4. 在3分的基础上，课后作业设计还有面向学习目标外的提高或拓宽内容（后续学习内容的铺垫） 5. 在4分的基础上，作业设计质量较高（或有新意，或情境化，或经典等）
	14. 学后反思	1. 没有基于学生角度的有引导和提示的学后反思设计 2. 有基于学生角度的有引导和提示的学后反思设计（但不符合3分以上要求） 3. 在2分的基础上，学后反思中提示其进行知识体系的梳理 4. 在3分的基础上，学后反思中提示其自我诊断的要求针对可能存在的问题 5. 在4分的基础上，学后反思中的提示顾及了后续学习内容的铺垫或对学案历编写进行评价以利其修改

(续表)

一级指标	二级指标	评估标准
专业水准	15. 教育专业性	1. 没有明显的教育专业特征 2. 有一定的教育专业特征(但不符合3分以上要求) 3. 在2分的基础上,整体设计可以间接发现有教育心理学的理论支持 4. 在3分的基础上,设计中明显有先行组织者、建构主义等学习理论的痕迹 5. 在4分的基础上,设计中有真实的探究(具有开放性特征,无现成答案)等新的学习方法或新的教育理念
	16. 学科专业性	1. 没有明显的学科特色和专业水准 2. 有一定的学科特色和专业知识水准(但不符合3分以上要求) 3. 在2分的基础上,有明确的核心素养方面的学习目标 4. 在3分的基础上,学科专业知识的学习过程设计有专业水准 5. 在4分的基础上,学科核心素养的获得过程设计有专业水准

(二) 学历案评估结果

基于评估指标体系对南京一中学历案改革项目组教师编写的学历案进行了一次全面的、大规模的编写水平评估,由教师根据评估标准对自己编写的一份最高质量的学历案进行自评,研究者根据其提交的学历案对自评分进行复核,最终确定学历案各指标的评分。学历案评估16项指标的得分情况具体如表20-2和图20-2所示。

表20-2 南京市第一中学项目组教师学历案评估的结果

	平均分	标准差
1. 学生立场	79.47	17.08
2. 深度学习	80.53	15.06
3. 教学评融合	88.42	14.43
4. 问题引领	82.63	14.83
5. 课标要求	75.79	20.35
6. 学习目标	75.79	16.21
7. 评价任务	82.11	17.27
8. 学法建议	81.05	16.73
9. 学前准备	84.21	17.50
10. 学习进阶	80.53	16.43

(续表)

	平均分	标准差
11. 过程评价	78.95	14.67
12. 目标检测	77.89	14.55
13. 课后作业	75.79	16.87
14. 学后反思	66.84	21.45
15. 教育专业性	78.95	18.57
16. 学科专业性	82.63	16.22
综合分	79.47	8.11

由表20-2可知,教师学历案评估的总体均分为"79.47",这说明整体上教师编写的学历案还是比较符合规范的。但是在学历案评估16个指标中得分存在高低差异,即均分分布在66.84—88.42之间。这说明16个指标的表现上是存在优劣之分。并且教师在"教学评融合"上的表现最好(得分为:88.42),并且其标准差相比较最小(为14.43),这说明教师在这个指标上的整体表现波动较小,即教师编写学历案都很重视这一指标,并且做得最好。而教师在"学后反思"上的表现最差(得分为:66.84),并且其标准差相对较高(为21.45),这说明整体上教师在这一指标上表现最差,并且教师之间的表现也是有好有坏,并且这种差异比较明显。

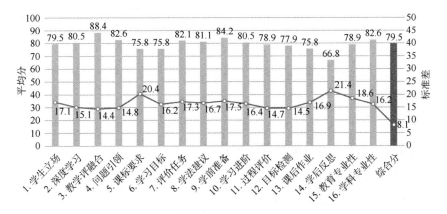

图20-2 南京一中项目组教师学历案编写水平指标均值和标准差统计图

由图20-2可以直观地发现,整体上教师编写学历案的水平比较高(79.47),并且差异较小(标准差为8.1);但是在各具体指标上的表现确实存在优劣之分,教师编写学历案水平表现最好的指标为"教学评融合",最差为"学后反思"。当然,"课标要求"和"学习目标"两个指标上的表现也不好,并且"课标要求"上教师的得分波动较大(标准差为 20.4)。

三、启示与建议

(一)学历案评估指标体系建构的启示

对学历案进行评估促进教师提升学历案的编写水平,通过提高学历案的水平来实现学生学习的提升和改进。当然,在这一过程中,建构合理的学历案评估指标体系是尤其重要的。本研究中学历案评估指标体系的建构给我们后续研究提供的启示主要表现这几个方面:其一,科学程序是保证指标体系科学性的重要条件。本研究在学历案评估指标体系的建构过程中严格按照科学程序:学理分析—专家访谈—指标体系的初步建构—指标体系的初步运用—指标体系的修正—指标体系的形成。这一科学程序为提高评估指标体系的适应性提供了重要的程序保障。其二,学历案的评估指标体系应该是一个三维结构,既应该包括上位的教师理念的反映,还需要反映学历案的核心构成要素,也需要反映教师的专业性。这三个因素中,教师的编写理念决定了在学历案构成要素的编写倾向;学历案的构成要素则落实了教师的教育理念和反映教师的专业水准;专业水准反映了教师的专业素养和学科特色;编写理念能够在一程度上反映教师的专业水准,而专业水准也能够在一定程度上落实编写理念。因此,这三个维度共同构成学历案评估的指标体系。

(二)学历案编写水平改善的建议

通过对南京一中 9 份学历案的初步评估,我们可以得出如下结论,并针对存在的问题,提出改善的建议。

其一,教师编写学历案的整体水平良好,但是仍有提升的空间,需要巩固高分指标的成绩,改进低分指标方面的编写方式。本研究中,从最高得分的指标"教学评融合"来看,88.4 的得分显示了所编写的学历案已做到了将学生学习内容、教师教学方法以及评价融合在一份学历案中,并且在全方位评价方面(即过程评价提示、目标检测任务、课后作业布置等方面)有一定的体现,但仍有一些提升空间,即在过程评价提示、目标检测任务、课后作业布置等方面可以进一步向全体满分迈进。再从最低得分的"学后反思"来看,对照标准,平均得分 66.8 分表明平均水平达到了"学后反思提示学生进行系统知识梳理"的层面,而在提示其"自我诊断要针对存在的问题"方面仅有稍许体现,在"顾及和铺垫后续学习内容",以及"对学历案编写问题的思考"方面提示明显不足,需要在"教学反思"环节进行相应的编写改进。当然,从上述其他 14 个指标中的得分也可以一一发现一些优势和需要改进的方面,这里就不一一展开了。

其二,在写学历案之前需要让教师了解和领会各指标的具体内涵。本研究中发现个体教师在指标体系上的分布存在比较大的波动。通过对有些教师的后面的进一步交流发现,教师个体之间得分波动较大,大多是由于对指标内涵和标准不熟悉所致,然而,这种现象确实可以通过教师的积极投入和学习来解决,即只要教师能够理解并依据标准所述的要求去编写,编写水平可显著提高,因此,这提示我们学历案编写之前领悟和理解评估指标体系的具体内涵是非常必要的。

其三,提高教师对课程标准的重视和理解是提高教师学历案编写水平的重要策略。本研究发现,学历案评估中的"课标要求"得分较低,并且波动较大,这说明理解"课标要求"其实是比较好理解的,但是有些教师却不愿花时间去理解此要求,由此导致了在学历案编写过程中,教师表现两极分化明显,最终拉低了教师的整体表现,这提示我们强化教师对课程标准的重视和理解非常重要。

最后,多用叙写策略和多交流叙写感受来提升教师的"学习目标"续写水平。本研究发现,教师编写学历案中"学习目标"的得分比较低,通过对学历案中"学习目标"的理解,我们可以发现其主要涉及学习目标的叙写策略。提升叙写策略的路径主要有理解和运用以及讨论和分享,即可以通过多用和多分享的方式来改进教师的目标叙写水平。

(陆 静 卢晓旭)

下篇 学科示例

21 语文·小说专题阅读

【学习主题】

小说专题阅读。苏教版高中语文必修二第四专题"永远新的旧故事"(8课时)。

【设计者】

包旭东

【课标要求】

精读古今中外优秀的文学作品,感受作品中的艺术形象,理解欣赏作品的语言表达,把握作品的内涵,理解作者的意图。结合自己的生活经验和阅读写作的经历,加深对作品的理解。尝试在阅读中发挥自己的想象,建构自己阅读的艺术世界。

"入乎其中,出乎其外",根据诗歌、散文、小说、剧本不同的艺术表现方式,发现作者独特的艺术创造,从语言、构思、形象、意蕴、情感等多个角度欣赏作品,获得审美体验,认识作品的美学价值。

养成写读书提要、笔记的习惯。根据需要,可选用杂感、随笔、评论、研究论文等方式,写下自己的阅读感受和见解,与他人分享,积累、丰富、提升文学鉴赏经验。

了解文学批评理论和方法的新进展,尝试运用到文学阅读中去。

【专题目标】

1. 整体感知文本,梳理故事情节,感知作品的叙述视角,并概括主要人物的形象特点。

2. 通过文本研习,从构思、意蕴、情感等角度欣赏作品,充分感受作品独特的艺术魅力。

3. 养成写读书提要、笔记的习惯,写下自己的阅读感受和见解,与他人分享,积累、丰富、提升文学鉴赏经验。

4. 了解文学批评理论和方法的新进展,尝试运用到文学阅读中去。

【学法建议】

1. 小说是一种叙事性文学体裁,它通过叙述完整的故事情节,描写典型环境,塑造具有典型性格的人物,来反映社会生活。阅读小说,我们自然需要梳理故事情节,关注典型环境,把握人物形象,还需要接受新的欣赏角度,比如叙述视角、叙事节奏等,还需要回归古代传统的文学表现艺术,如"多方皴染""背面敷粉"等。

2. 阅读这三篇小说,可以通过自主探究、评点批注、小组交流等方式,培养自己的写作、表达、交流以及独立欣赏解读小说的能力。

3. 《林黛玉进贾府》《边城》等文本是长篇节选,尽管文本独立成篇,依然需要在长篇的背景下阅读片段,既重视精读,也要有整本书阅读的思维。

4. 三篇小说放在一起读,需要建立"文本互织"的思维,在比较阅读中欣赏小说的艺术。运用专题阅读、比较阅读等方式,激发阅读兴趣,从而引导阅读、鉴赏、探究与写作。三篇小说放在一起学习,既需要把握每篇小说最具价值的学习内容,又需要建立"文本互织"的思维,在比较阅读中欣赏小说的艺术。

第一、二课时 整体阅读

【课时目标】

1. 整体感知文本,梳理故事情节。
2. 初步感知作品的叙述视角。

3. 概括主要人物的形象特点。

【评价任务】

1. 完成"课堂活动一"的思考题 1、2、4、5、7。(检测目标 1)
2. 完成"课堂活动一"的思考题 3、6。(检测目标 2)
3. 完成"课堂活动一"的思考题 2、8。(检测目标 3)
4. 完成"课堂活动二"的交流。(检测目标 1、2、3)

【学习过程】

一、课前准备

通读三篇小说,圈点勾画,记录阅读疑难和感悟。

二、课中学习

课堂活动一:自读三篇小说,独立思考,完成思考题。

1. 概括祥林嫂的主要经历,完成祥林嫂的事迹年表。

年龄	经历
二十七岁	
二十八岁	
二十九岁	
三十一岁	
三十二岁	
三十三岁	
三十四岁	
三十五岁	
四十岁	

2. 有人认为,祥林嫂是一个"没有春天的女人",你同意这种看法吗?请简述理由。
3. 《祝福》中的叙事视角发生哪两次变化?
4. 整理《林黛玉进贾府》中提及的人物,理清他们之间的关系。
5. 根据《林黛玉进贾府》的描述,画出荣国府建筑布局,绘制林黛玉进贾府路线图。
6. 有人说,林黛玉进贾府,黛玉在看贾府和贾府中的人,贾府中的人也在看黛玉。你觉得这句话有道理吗？

7. 概括《边城》节选部分的主要情节。

8. 阅读《边城》节选部分，分别用一个词概括翠翠、傩送和祖父的形象特点，并说出你的理由。

课堂活动二：分小组交流思考题和阅读心得。

三、课后学习

再读小说，自主研究阅读疑难问题。

设计说明：用两个甚至更多课时让学生熟悉三篇小说，整体感知三篇小说的人物、情节、叙述视角，非常有必要，只有熟悉了小说，才有可能进入欣赏的境界。几个思考题都有一定的挑战性，能帮助学生"进入文本"。

第三课时 《林黛玉进贾府》

【课时目标】

1. 从叙述视角入手，感受作者叙述的独特匠心。

2. 能明确说出"多方皴染"手法的概念内涵、运用段落，能用较精确的语言指出该手法的妙处。

3. 着眼整本书阅读，运用猜读法分析未出场人物的形象，揣摩作者运用"背面敷粉"手法的意图。

【评价任务】

1. 完成课堂活动一，能从"叙述视角"的角度思考问题。(检测目标1)

2. 完成课堂活动二，结合知识介绍欣赏小说的艺术特色。(检测目标2)

3. 完成课堂活动三，通过生活环境探析人物形象。(检测目标3)

【学习过程】

一、课前准备

阅读《红楼梦》前五回，梳理每一回目的主要内容，说说前五回在全文结构上的作用。

二、课中学习

课堂活动一：感受和质疑

1. 教材编者在编选的时候把标题改为"林黛玉进贾府"，可能是出于何种考虑？
2. 《红楼梦》"蒙府本"侧评写到"写宁（荣）府第，总借黛玉一双俊眼传来"，此评语是否恰切？

课堂活动二：认识和思考

1. 介绍小说"多方皴染"笔法的程序性知识。
2. 结合《红楼梦》，说说曹雪芹"多方皴染"的妙处何在？

课堂活动三：辨析和探究

1. 林黛玉在贾府看到了什么？
2. 贾政、贾赦府第的位置、建筑风格、屋内陈设、丫鬟姬妾有什么不同？
3. 探究贾政、贾赦的志趣爱好、胸怀抱负。
4. 作者运用"背面敷粉"手法的意图。

三、课后学习

1. 阅读《红楼梦》相关章节，思考刘姥姥进贾府看到了什么？
2. 作者为什么选择林黛玉来看贾府？
3. 阅读《群英会蒋干中计》，说说作者是怎样"背面敷粉"塑造人物的？

设计说明：《林黛玉进贾府》可以作为教学内容的"教学点"很多，着眼于小说欣赏，本课选择从中国古代传统的小说艺术手法入手，欣赏小说的独特的艺术特色。并在长篇小说片段教学中，培养学生整本书的阅读思维。

第四课时　《祝福》

【课时目标】

1. 对祥林嫂的人物形象作深度解读。
2. 理解祥林嫂悲剧命运的社会根源。
3. 探究小说的深刻主题。

【评价任务】

1. 完成课堂活动一,能准确地把握人物形象。(检测目标1)
2. 完成课堂活动二,通过情节梳理思考人物的命运逻辑。(检测目标2)
3. 完成课堂活动三,探寻祥林嫂的悲剧原因,探究小说的深刻主题。(检测目标2)

【学习过程】

一、课前准备

1. 围绕祥林嫂的生平经历,分别以"祥林嫂""我"的角度讲故事。
2. 概括祥林嫂的形象。

二、课中学习

课堂活动一:交流祥林嫂的形象特征

课堂活动二:走进人物的内心深处

1. 祥林嫂有没有幸福的时光?
2. 面对不幸的命运,祥林嫂有没有抗争过?她抗争的结果是什么?
3. 为什么祥林嫂的反抗加速了她的死亡?

课堂活动三:探讨祥林嫂悲剧原因

1. 从祥林嫂一生几次重大变化,分析悲剧原因。
2. 丁玲说:"祥林嫂是非死不行的,同情她的人和冷酷的人,自私的人,是一样把她往死路上赶,是一样使她精神上增加痛苦。"你同意这种说法吗?

三、课后学习

1. 许寿裳先生说:"人世的惨事,不惨在狼吃阿毛,而惨在礼教吃祥林嫂。"你同意他的观点吗?
2. 鲁迅一生以博大深沉的爱,"为一切被侮辱,被损害者抗议,悲哀,愤怒,斗争;所取的题材大抵是困苦,饥饿,流离,疾病,死亡,然而也有呼号,挣扎,联合和奋起"。请思考鲁迅先生的爱与恨。

设计说明:本节课带有强烈的探究性质,从人物形象分析,到人物命运梳理,为探究悲剧原因层层铺垫。通过几个开放式的问题探问,试图打开学生的思路,从而抵达社会的本质。

第五课时 《边城》

【课时目标】

1. 细读翠翠、傩送"端午初遇"的情节,品味翠翠、傩送和祖父等小说人物体现出来的美好品质。
2. 品悟小说独特的"乡土抒情诗"的艺术风格。
3. 体会优美、健康、自然的人性美。

【评价任务】

1. 完成课堂活动一,初步感受"人性美"。(检测目标1、2)
2. 完成课堂活动二,通过朗读把握人物的性格特征。(检测目标1)
3. 完成课堂活动三,探究"人情美"。(检测目标2)
4. 完成课堂活动四,在"美"中发现"悲"。(检测目标2)

【学习过程】

一、课前准备

阅读《边城》全本,品味小说"三美",即环境美、风俗美、人性美。

二、课中学习

课堂活动一:初步感知"人性美"

沈从文先生说,"我要表现的本是一种'人生的形式',一种'优美、健康、自然'而又不悖乎人性的人生形式"。请结合《边城》,谈谈你的理解。

课堂活动二:分析人物性格

1. 找出翠翠和傩送"端午初遇"时的对话描写,分角色朗读。
2. 细读文本,思考人物语言、动作、神态所表现出的性格特征。

课堂活动三:探究人际关系的美

小说中,人与人之间是一种怎样的关系?

课堂活动四:理解《边城》中的"美与悲"

沈从文曾说,"你们能欣赏我故事的清新,照例那作品背后蕴藏的热情却忽略了;你们能欣赏我文字的朴实,照例那作品背后隐伏的悲痛也忽略了。"结合小说全本,理解沈从文的牧歌小说的"哀愁"。

三、课后学习

阅读《边城》,思考问题:

1. 作者为何要把边城湘西普通人的生活写得如此美好?

2. 请结合《边城》中的次要人物如船总顺顺、杨总兵等,简析其"人情美"。

设计说明:对美的欣赏是本节课的重要目标,在整体感知的基础上,引导学生进行文本细读,在对文字的咀摸中细味"美"。以作者的自述引导学生更深入的品读作品,体悟"美与哀愁"浑然交融的艺术境界。

第六、七、八课时 整合与提升

【课时目标】

1. 在比较阅读中欣赏作品,充分感受作品独特的艺术魅力。

2. 整理自己的阅读感受和见解,撰写相对完整的小论文。

3. 在与同学老师的分享交流中,积累、丰富、提升文学鉴赏经验。

【评价任务】

1. 完成课堂活动一,能选择一个话题完成600字左右的小论文。(检测目标1、2)

2. 完成课堂活动二,简明扼要地陈述自己的思路观点,能准确地梳理同学的观点。(检测目标2)

3. 完成课堂活动三,能整合小组的观点,能提出自己的见解,能就他人的质疑做出合理的解释。(检测目标2)

【学习过程】

一、课前准备

思考:三篇小说组成一个微小单元,请确立一个小话题,以供探究学习。

二、课中学习

课堂活动一:任选一个研究性阅读话题,完成一篇小论文研究性阅读话题：

1. "美"与"恶"的时代——比较《祝福》与《边城》中的世界
2. 从祥林嫂、翠翠的形象看中国女性的传统美德
3. 以《林黛玉进贾府》和《祝福》为例，谈小说作者叙述视角的选择
4. 谈三篇小说人物刻画艺术的异和同
5. 自选话题

课堂活动二：小组交流与综述

1. 根据选题分组交流小论文
2. 选派一位同学整理小论文综述

课堂活动三：班级交流与答辩

1. 小组代表介绍成员研究情况，表达主要观点
2. 小组全体成员接受老师、同学的质疑或评议

三、课后学习

1. 整理修改自己的小论文，与同学的文章结集成册。
2. 研读小论文集，写下自己的阅读心得。

设计说明：这是一个系列语文活动简要方案，包括小论文写作、小论文交流述评、小论文答辩等。小论文写作话题带有明显的比较阅读的倾向，试图以这种方式打通三篇小说的整体阅读。

【学后反思】

　　学完这一单元，你对小说欣赏有哪些学习心得？你是否能够准确地概括故事情节、掌握分析人物形象的路径？你是否能够把握作品的叙述视角？你是否在撰写读书提要、读书笔记等方面有所进步？你在与同学的分享交流中获得了哪些有益的方法和独到的观点？你能否独立将一些文学批评理论和方法运用到小说阅读中去？请思考以上问题，选择一个或几个反思话题撰写一份简短的学习报告。

22 数学·三角函数的诱导公式

【学习主题】

三角函数的诱导公式。苏教版高中数学必修四第一章 1.2.3(3 课时)。

【设计者】

吕建林、尤小平

【课标要求】

理解正弦、余弦、正切的诱导公式 $(2k\pi+\alpha(k\in \mathbf{Z}), -\alpha, \pi\pm\alpha, \frac{\pi}{2}\pm\alpha)$，能运用这些诱导公式将任意角的三角函数化为 $\left[0, \frac{\pi}{2}\right]$ 内的角的三角函数，会运用它们进行简单的三角函数式的化简、求值及恒等式证明。

【学习目标】

1. 利用科学计算器计算几个与特殊角有关的角的三角函数值，感知并得出公式一，会把任意角的三角函数值用 $[0, 2\pi)$ 或 $[-\pi, \pi)$ 上的角的三角函数值来表示，体会从特殊到一般的研究方法。

2. 借助单位圆的对称性，感知终边关于 x 轴对称的两角的三角函数值之间的关系，发现并论证公式二；会运用公式进行简单的三角函数求值、化简，会解决简单的与三角函数有关的函数奇偶性判断问题，体会对称的思想。

3. 通过类比探究,寻求终边关于 y 轴对称和终边关于原点对称的两角的三角函数值之间的关系,得出公式三、四并证明,会将任意角的三角函数值转化为 $\left[0, \dfrac{\pi}{2}\right]$ 内的角的三角函数值;会运用公式进行简单的化简及恒等式证明,体会数形结合、化归转化的思想方法,提高分析和解决问题的能力。

4. 通过自主探究,找到终边关于直线 $y=x$ 对称的两角的三角函数值之间的关系,推证公式五,会把任意一个锐角的三角函数值用它的余角的三角函数值来表示;通过代数运算推出公式六,并尝试用几何直观的方法予以解释。

5. 通过尝试对诱导公式进行推广,合作探索,研究诱导公式之间的内在联系和记忆方法,提升数学抽象、数学运算、逻辑推理素养,体会同伴互助的价值。

【评价任务】

1. 回答思考1,完成练习1。(检测目标1)

2. 完成探究2,回答思考4,完成练习2、练习3。(检测目标2)

3. 回答思考6,完成探究3、练习4、探究4,回答思考10,完成练习5,回答思考11。(检测目标3)

4. 完成探究5、练习6、例7,完成探究6、练习7。(检测目标4)

5. 完成探究7、练习8,回答思考12。(检测目标5)

【学法建议】

1. 本主题内容是苏教版《高中数学必修4》第1章三角函数第2节任意角的三角函数第3小节三角函数的诱导公式。

2. 本主题是在学习了任意角的三角函数定义和同角三角函数关系之后,对三角函数的进一步研究和认知,也是今后理解三角函数性质和使用三角函数解决问题的重要工具。学习过程中要充分借助单位圆的对称性,利用三角函数的定义,通过角的终边的对称关系来探究诱导公式,以形助数,数形结合。

3. 本主题的重点是六组诱导公式以及公式的综合运用;难点是公式运

用时的合理选择以及公式记忆方法的提炼总结。

4. 本主题的课中学习按以下流程进行：公式一→公式二→公式三→公式四→公式五→公式六→诱导公式的综合运用。学习过程中可以独立进行探究，也可以参考学历案中给出的建议进行探究学习，在合作探究的环节请主动与其他同学或老师进行交流协作。

5. 本主题课后检测中的 A 组练习(作业)为合格标准，B 组练习(作业)为较高要求，可根据需要选择完成。

【学习过程】

一、课前准备

1. 回顾三角函数的定义，并请在下面的单位圆中分别作出 $30°$、$150°$ 角的正弦线、余弦线、正切线。

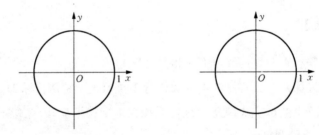

2. 用科学计算器计算下列三角函数值：

(1) $\sin 390° = $ _____ (2) $\sin 750° = $ _____ (3) $\sin(-330°) = $ _____

二、课中学习

第一课时

1. 公式一

探究1：学前准备2中所涉及的角都不在$[0°, 360°)$的范围内，但是它们的正弦值都与同一个锐角的正弦值相等。其中是否有一般规律？如果有，请说明理由；如果没有，请举一个反例。

小结：公式一 _____

_____

思考1：上述规律能帮助我们解决什么类型的问题？（检测目标1）

例1　求值：$\sin 369°\sin 9° + \cos(-711°)\cos 1089° = $ _____

练习1　求值：$\tan\left(-\dfrac{35}{6}\pi\right) = $ _____（检测目标1）

2. 公式二

思考2：在下图中分别作出几组终边关于 x 轴对称的角（如 30° 与 -30°、120° 与 -120° 等），观察图象，思考每一组角对应的正弦函数值有何关系，这些关系能否推广到任意角？

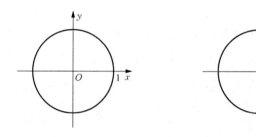

探究2：对于余弦函数、正切函数是否有类似结论？试用单位圆中的三角函数线论证你的结论。（检测目标2）

思考3：还有其他的证明方法吗？（检测目标2）

小结：公式二 _____

_____

_____

思考4：上述公式能帮助我们解决什么类型的问题？

例2　求值：$\sin\dfrac{23}{4}\pi - \tan\left(-\dfrac{\pi}{3}\right) = $ _____

练习2　求值：$\cos(-150°) = $ _____（检测目标2）

思考5：能否把任意角的三角函数值用 $[0,\pi]$ 上的角的三角函数值来表示？试画出变换流程的示意图并与同学交流有无其他转化的方法。（检测目标3）

思考6：由公式二你可以得到三角函数的什么性质？

例3　判断下列函数奇偶性。

(1) $f(x) = 1 - \cos x$　　(2) $g(x) = x - \sin x$

练习3　判断函数 $f(x)=x^3 \cdot \tan x$ 的奇偶性。（检测目标2）

3. 公式三

探究3：若角 β 的终边与角 α 的终边关于 y 轴对称,能否将 β 用 α 表示？β 与 α 的三角函数值之间是否有确定的关系？如果有,请给予证明,如果没有,请举出一个反例。（检测目标3）

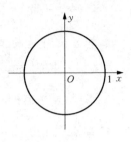

小结：公式三 _____

_____

思考7：上述关系能帮助我们解决什么问题？

例4　化简：$\sin(\pi-\alpha)\cos(-\alpha)+\sin(6\pi+\alpha)\cos(\pi-\alpha)$

练习4：已知 $\triangle ABC$ 中,$\tan A=2$,则 $\tan(B+C)=$ _____（检测目标3）

第二课时

4. 公式四

探究4：将角 α 的终边关于坐标原点对称之后得到的射线对应的角 β 与角 α 是什么关系？两角的三角函数值有何关系？如果有,请给予证明,如果没有,请举出一个反例。（检测目标3）

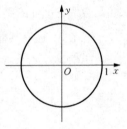

小结：公式四 _____

_____

_____

思考8：将角 α 的终边关于原点中心对称得到的角的终边,也可以看作是经过两次轴对称变换之后得到的。那么,能否结合公式二、公式三得出公式四？

思考9：请用两种方式将一个 $[\pi,2\pi)$ 上的角的三角函数值用 $[0,\pi]$ 上的角的三角函数值来表示,画出变换流程的示意图。（检测目标3）

例5　求证：$\dfrac{\sin(k\pi-\alpha)\cos(k\pi+\alpha)}{\sin[(k+1)\pi+\alpha]\cos[(k+1)\pi+\alpha]}=-1(k\in \mathbf{Z})$

练习 5　求值：(1) $\sin\dfrac{7}{6}\pi$；　(2) $\tan 1\,680°$。(检测目标 3)

思考 10：能否将任意角的三角函数转化为 $\left[0,\dfrac{\pi}{2}\right]$ 内的三角函数？试画出变换流程的示意图。(检测目标 3)

5. 公式五

探究 5：通过前面的学习，我们发现，公式二、公式三呈现了终边关于坐标轴对称的两角三角函数值之间的紧密关系。我们可以进一步探究其他终边关于某特殊位置直线对称的两角三角函数关系。如：终边关于一、三象限平分线对称的两角三角函数有何关系？请予以探究。(检测目标 4)

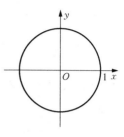

小结：公式五 _____

_____

例 6　已知 $\cos(75°+\alpha)=\dfrac{1}{3}$，且 $-180°<\alpha<-90°$，求 $\cos(15°-\alpha)$ 的值。

练习 6　已知 $\sin 75°=\dfrac{\sqrt{6}-\sqrt{2}}{4}$，求 $\cos 15°$，$\cos 165°$。(检测目标 4)

6. 公式六

例 7　利用公式二和公式五化简：

(1) $\sin\left(\dfrac{\pi}{2}+\alpha\right)=$ _____

(2) $\cos\left(\dfrac{\pi}{2}+\alpha\right)=$ _____(检测目标 4)

探究 6：试结合单位圆中的三角函数线对例 7 的结论予以解释。(检测目标 4)

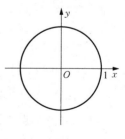

小结：公式六 _____

_____

公式一、二、三、四、五、六都叫做三角函数的诱导公式。

练习 7　已知 $\sin\left(\alpha-\dfrac{\pi}{4}\right)=\dfrac{1}{3}$，则 $\cos\left(\dfrac{\pi}{4}+\alpha\right)$ 的值等于 _____(检

测目标4)

第三课时

7. 诱导公式的综合运用

探究7：(1) 当 k 为奇数时，$\sin\left(\dfrac{k\pi}{2}-\alpha\right)=$ _____

当 k 为偶数时，$\sin\left(\dfrac{k\pi}{2}-\alpha\right)=$ _____

(2) 已知 $k\in \mathbf{Z}$，$\sin\left(\dfrac{k\pi}{2}+\alpha\right)=$ _____ （检测目标5）

探究建议：建议同学与他人合作，分别选择"k 为奇数"和"k 为偶数"的情况进行探究，再相互交流；如果求解有困难，可以采取特殊到一般的方法，先取一些特殊值进行研究、归纳，再进行分析论证。

例8：已知 $\sin\left(\dfrac{\pi}{4}-\alpha\right)=a$，$0<\alpha<\dfrac{\pi}{2}$，求 $\sin\left(\dfrac{5\pi}{4}+\alpha\right)$。

练习8 化简：$\cos\left(\dfrac{3\pi}{2}-\alpha\right)=$ _____ （检测目标5）

思考11：能否结合探究7的有关问题将六组诱导公式推广到更一般的情形？请与同学和老师交换意见，展示并解释你的结论。（检测目标5）

小结：三角函数的诱导公式记忆方法：_____

三、课后检测

A组（巩固学习）

1. 已知 $\sin\alpha=\dfrac{2}{3}$，$\alpha\in[0,\pi]$，求下列三角函数值：

(1) $\sin(-\alpha)$；

(2) $\cos(4\pi-\alpha)$。（检测目标1、2）

2. （必修4教科书20页）练习1、2、3、4。（检测目标1、2、3）

3. （必修4教科书22页）练习1、3、4、5、6。（检测目标4、5）

B组（拓展学习）

1. 已知 $\sin\alpha=\dfrac{1}{5}$，$\cos(\alpha+\beta)=-1$，则 $\sin(2\alpha+\beta)=$ _____ 。（检测

目标3)

2. 在 $\triangle ABC$ 中,若 $\sin(A+B-C)=\sin(A-B+C)$,判断 $\triangle ABC$ 的形状。(检测目标3)

3. 已知 $\cos\left(\dfrac{\pi}{6}-\alpha\right)=\dfrac{\sqrt{3}}{3}$,求 $\sin\left(\dfrac{4\pi}{3}+\alpha\right)+\cos^2\left(\dfrac{2\pi}{3}-\alpha\right)$ 的值。(检测目标5)

【学后反思】

请自主梳理本主题知识体系。你是通过什么方法和策略学会主题内容的,你觉得还有什么内容比较薄弱,需要老师提供何种帮助,你还有什么好的经验可以跟大家分享,写在下方区域。

设计说明：本单元是对终边具有一定特殊关系的角的三角函数之间关系的探索,六组诱导公式联系紧密,在内容和方法上承上启下,因此作为一个单元进行设计。结合课程标准的要求,本单元以角的终边的不同对称关系为线索分为五个主要的学习目标和任务。本单元教学建议三个课时,第一课时学习公式一、二、三,第二课时探究公式四、五、六,第三课时进行推广和综合应用。

本单元课中学习围绕学习目标设计了七个任务环节,分别指向六个公式和公式的综合应用,每个任务分别设置了探究、例题、思考、练习等活动。学生在发现规律后先思考它能帮我们解决什么问题,再适当运用,能对公式有自身的解读和体悟。

23 英语 · A Random Act of Roadside Assistance

【学习主题】

破除刻板印象,形成平等互助的价值观与世界观。文章选自 Reader's Digest (November 2016)(1 课时)。

【设计者】

孙绪阳

【课标要求】

1. 能阅读一般的英文报刊或杂志,从中获取主要信息。
2. 能利用上下文和句子结构猜测词义。
3. 能根据上下文线索预测故事情节的发展。
4. 能有条理地描述个人体验和表达个人的见解和想象。
5. 初步了解英语国家文化在日常生活和人们价值观中的体现。

【学习目标】

1. 通过递进式阅读了解墨西哥一家人助人为乐的感人事迹,能回答与叙述相关故事情节。
2. 根据上下文与生活常识较为准确地猜测 log, tire iron, jack 等词的含义。
3. 根据上下文合情合理地预测故事情节的发展,并用于讨论与交流。

4. 感受并反思涉及种族的某些刻板印象以及它们与文中墨西哥一家热心助人行为的巨大反差,能以关键词的方式总结出来相关感受。

5. 通过思考、讨论与批判性读写活动,较为有效地破除上面提及的一些刻板印象,并初步形成人与人之间平等互助的价值观。

【评价任务】

1. 通过文章叙述视角的感知完成对故事情节的概括。(检测目标1)
2. 准确猜测出文中生词含义。(检测目标2)
3. 在分段阅读中预测下文情节。(检测目标3)
4. 通过感知自我心理的变化、体会故事中情感主线以及分享墨西哥美国人的报告来增强对种族刻板印象问题的意识并对此展开一定的反思。(检测目标4)

【学法建议】

读者跟随作者,对墨西哥人的印象经历了从偏见、怀疑、肯定、感谢到信任的心理过程,逐渐消除了人们对一个种族的不公平、不正确的固有看法。消除偏见与刻板印象和帮助他人的本质得到高度统一。他们都是平等互助精神的体现。

本文的学习应该同时以读者与作者的视角,在种族刻板印象与文中墨西哥人言行的反差对比中反思自己对待他人的偏见与歧视,从而形成平等互助的价值观与世界观。

英语的学习不应仅停留在语言形式与阅读技巧上,而应在批判性阅读中开阔自己跨文化交际的眼界,在与文本的对话中提升自己对人类文化多样性的认识和尊重,从而形成正确的价值观与世界观。

【学习过程】

一、课前准备

Preparatory Step: A Social Science Report

Instruction: Do some research on the Internet and form a social science report on the status quo of Mexicans living/working in the States.

设计说明:以互联网为信息平台,自主探究并撰写报告的学习模式引发了学生对于墨西哥人在美国生活工作这一问题的兴趣。同时学生在教师指导下通过大量的英文原版阅读与写作初步了解了话题,为其中文化元素的深入理解打下了基础。

二、课中学习

Step 1 Starter

Survey

Question：Who do you trust most/least?（指向目标4）

设计说明：教师展示了四张不同种族(肤色)男士的照片,请学生选择最(不)愿意相信的人。(为了尽量排除其他干扰因素,照片的选用保证了性别与面部表情的统一。)旨在发掘学生内心深处涉及种族的歧视与刻板印象,同时将其展示在自己面前,为后面的文化学习埋下了伏笔。

Step 2 Reading

1. Paragraph 1

Question before reading：What happens to the narrator? Why is he so angry?

设计说明：通过了解故事发生的背景,学生能更好地体会本文作者所处的窘境,从而感受到作者因为无人伸出援手而产生的失望、焦急乃至于生气等负面情绪。对比之下,处于底层的墨西哥人还能出手相助,实在难能可贵。

2. Paragraph 2

Question before reading：In America, what type of person do you expect will come to his aid?（指向目标3）

Question：What's the difference between your expectation and the reality?

Social science report：Mexicans Americans' language and general impression by the general public in the States.（指向目标4）

Question：How do you feel towards the Mexicans?

设计说明：教学设计要求学生除了体会作者作为当事人的感受外,也加入了挖掘自己内心感受的环节。这能让学生以当事人的身份,通过换位思考的方式,进一步逼出自己在原始状态下心中对于种族的刻板印象。

然而在对比了故事情节和自己猜测的差异后,学生不免会感到一些意外。也许作为社会主流的中产阶级白人并不是所想的那样友善,处于社会底层的墨西哥人却在此时伸出了援助之手。此时,学生通过重新评估对墨西哥人的感受,带着意外,在心中为破除刻板印象打下了基础。

3. Paragraph 3

Question before reading: Will they really help? Underline the new words and guess them.

Question: What happened to the tire iron? Who did that?

Predict: Act it out: respond as if you were the Mexican guy.

4. Paragraph 4

Question before reading: What's the verdict?

Question: What's the difference between your imagination and the reality?

Question: How do you feel towards the Mexicans now?

Question: How much time does the wife spend buying the new iron?

设计说明:三、四自然段的阅读又将故事情节向前推进了一步。尽管有诸多不便,墨西哥一家还是停下来帮助了作者。然而在此过程中,作者却不小心弄断了他们的工具。

本环节还是请学生将自己置身于当时的情境中:你若是那位墨西哥人,请表演出你当时的反应。情理之中的情绪应该是负面的,因为作为热心路人来帮助你,你却弄坏了我的东西。

可是他们所不知道的是接下来的情节却和自己所想大相径庭。墨西哥人一句话不说直接请妻子花了长达15分钟时间开车重新购买了工具。

接着教师请学生重新评价墨西哥人的环节将学生心中刻板印象进一步破除。

5. Paragraph 5 and 6

Question before reading: Why do they pick fruits? What does the time mean to them? (pending)

Social science report: Mexicans Americans' financial situations and working conditions

Question: What does the time mean to the migrant workers family? What makes the family special?

Question: How do you feel towards the Mexicans now?

6. Paragraph 1-6

Questions before reading: What are the good things done by the Mexicans?

Question: How do you feel towards the Mexicans now? Do you think they will accept the money in the end?

设计说明：通过参考墨西哥人在受压迫与歧视状态下进行劳作的油画，以及结合之前自主课题研究的成果，学生体会到了墨西哥人在美国生存的不易。然而，这反过来也衬托了墨西哥人在饱受歧视的环境下，以德报怨的大度与淳朴善良的本性。学生在通过回顾交流上文中墨西哥人的种种善举，进一步感受到了这家墨西哥人平凡中的伟大，在心中进一步推动了针对他们的刻板印象的破除，进一步树立起人们对他们一家的认同感。

7. Paragraph 7

Questions before reading: What's the verdict? What might he have said in the end?

Discussion: Explain the big idea behind "Today you, tomorrow me" and impersonate the Mexican guy

设计说明：在学生之前的回答中，大部分的情节预测都是失败的。失败的原因是：由于地理和文化隔离，涉及其他种族的信息有限，在我们原先的潜意识中对部分外族人存在歧视和刻板印象。

而这次的预测结果却和之前不同：大部分学生都正确地预测到这家墨西哥人不会接受作者用来表达感谢的钱。这说明了学生内心已经对墨西哥一家的认识发生了颠覆性的变化，经历了由原来对他们的歧视与不信任，到意外、认可、感谢、最后到信任的这一心理过程。

在这样的情感与文化目标的基础上，教师和学生一起将所读、所想、所写用墨西哥人的一句看似蹩脚却非常经典的话来总结出其中的本质：人人为我，我为人人。这诠释了平等互助的美德。而这样的美德是不分国界的，不分种族。它是人性光辉所在，更是全人类共同的精神财富。

Step 3 Problem-based Learning

Who would "the Mexicans" be in China? What group of people in China are comparable to the Mexicans in the States?

Team 1: What stereotypes do we have in mind toward them? What do they have to go through because of them?

Team 2: What is your attitude? Why do you think so? What can people do to change the status quo (government, ordinary people, media, themselves)?

设计说明：在破除刻板印象之时，对于学生来说，最大的收获莫过于将自己所学的价值观影响和改变身边的人们，在社会上广泛的传递正能量，彰显自己的领导力。

在中国饱受歧视的农民工兄弟就是在美国的墨西哥人，他们也一样善良、淳朴、热心，但他们却饱受各种歧视和刻板印象等极为不公平的待遇。作为社会中变革的声音，我们学生也应该通过这样机会发出我们自己的声音：向社会倡导平等，互相尊重，互相帮助的价值观，同时也应该为农民工兄弟做出我们行动上的支持。

【学后反思】

Homework: Critical Writing Assignment

Write a letter showing your attitude and try to convince people of your point of view toward migrant workers in China. Please also write about what you can do to help them. We will submit it to the school website.

24 物理·牛顿第三定律

【学习主题】

牛顿第三定律。人教版高中物理必修一第四章第四节(1课时)。

【设计者】

王越、白晶

【课标要求】

理解牛顿运动定律,运用牛顿运动定律解释生活中的有关问题。

【学习目标】

1. 通过复习回顾、生活观察,去感受相互作用力,能够根据自己的理解利用身边工具向大家展示并说明相互作用力。

2. 在各种感性体验的基础上,阅读课本,能说出作用力与反作用力的关系特点。

3. 通过实验探究,发现作用力与反作用力之间的关系,能总结实验结论,并说出结论与课本上牛顿第三定律内容的区别。

4. 通过教师的演示实验,能从物理思维方法的角度评价实验的设计方案。

5. 通过实例分析,巩固对牛顿第三定律内涵的理解,会运用牛顿第三定律独立解释生活中的相关现象。

【评价任务】

1. 借助工具设计实验和大家一起去体验感受作用力与反作用力。(检测目标 1、2)

2. 相互合作制定研究方案,设计实验,通过数据分析,总结出相互作用力的规律。(检测目标 3、4)

3. 能够解释老师或同学提出的实例,或自行提出实例并加以分析解释。(检测目标 5)

【学法建议】

1. 牛顿第三定律是牛顿运动定律的重要组成部分,对于分析多物体系统的动力学问题尤其重要。

2. 重点关注通过怎样的途径分析出相互作用力的规律的,理解了过程,就能很好地掌握规律。

3. 通过实验探究和理性思考总结出并掌握规律,然后在实际应用中巩固提高。

4. 学历案中的 A 组作业练习为合格标准,B 组为较高要求。

【学习过程】

一、课前准备

思考以下问题:如何理解力的概念?力的作用效果是什么?力的三要素是什么?

二、课中学习

(一) 感受相互作用力

1. 你能根据你的观察和思考,借助身边的普通物品(包括你自己及同学)、教室内的实验器材向我们大家展示相互作用力吗?(检测目标 1)

2. 结合上面的实验现象与生活体验,并通过阅读课本 P81 相关内容,举例说明这些现象如何说明"作用力与反作用力"的关系特点。

练习 1:一本书静止在倾斜桌面上。请分析书受到哪几个力的作用,画出受力示意图。它们的反作用力是什么力?这些作用力和反作用力的施力

物体和受力物体各是什么？（检测目标 2）

（二）探究作用力与反作用力之间的关系

1. 根据提供的器材，设计实验，通过观察、数据分析，从力的三要素的角度来寻找作用力与反作用力之间的关系，将实验方案与记录写在下面。（检测目标 3）

2. 观察演示实验"探究作用力与反作用力之间的关系"（见附录），能在老师的帮助下分析实验原理，从物理思维方法的角度评价实验的设计方案。（检测目标 4）

3. 总结作用力反作用力之间的关系，并说出结论与课本上牛顿第三定律内容的区别。（检测目标 3、4）

（三）运用牛顿第三定律解释相关现象

观察演示小实验，通过讨论交流，说出实验现象如何验证牛顿第三定律。（检测目标 5）

练习 2：物理情境分析（检测目标 5）

用水平向右的力 F 推木块，木块在水平桌面上保持静止。思考并回答下面的问题：

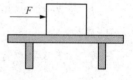

1. 上述情境中，涉及木块的有几对作用力和反作用力？

2. 上题中，每一对作用力和反作用力的性质都相同吗？举例说明。

3. 上述情境中，若突然撤去 F，撤去 F 的瞬间，该情境中还有几对作用力与反作用力？

4. 一对相互作用力能求合力吗？为什么？

（四）定律内容的深入理解

问题 1：怎样理解定律中"总是"的物理内涵？

问题 2：力的传感器研究作用力与反作用力的关系时，得到以相互作用力随时间变化的图像，该图像有怎样的特点？该图像如何说明牛顿第三定律的合理性？

问题 3：牛顿第三定律的研究对象不是单个物体，而是_____。从这个角度分析，你认为牛顿第三定律的重要意义是什么？

三、课后检测

A 组（巩固学习）

课本84页"问题与练习"1—7题。

B组(拓展学习)

利用简单工具设计制作一个应用牛顿第三定律的科学作品,并在班级答辩会上展示交流。

【学后反思】

1. 请回顾你从实验设计、实验操作、现象观察记录到思考总结的探究过程,你能不能掌握这种科学探究解决问题的程序和方法,并在以后的探究活动中主动运用这种程序和方法?写下你的体会。

2. 关于本节课的学习或是其他与物理相关的知识的学习,你有什么疑问需要找老师交流的吗?如果有,也请写下来。

附录:

演示实验——探究作用力与反作用力之间的关系

【实验目的】验证两滑块之间的相互作用力大小相等。

【实验方案】为了减小摩擦阻力的影响,将滑块1和滑块2放在气垫导轨上进行实验,如图24-1所示。两滑块相对的面各安装有弹簧。将两滑块有弹簧的一端相对压紧,用细线连接,使滑块静止在导轨上。烧断细线,两滑块向相反方向运动。测量滑块1和滑块2的质量 m_1 与 m_2,测量滑块1和滑块2分别通过光电门1与光电门2的时间 t_1 与 t_2。

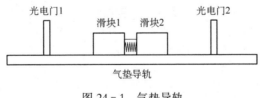

图24-1 气垫导轨

【实验原理】设滑块1受到滑块2的作用为 F,滑块2受到滑块1的作用为 F'。力的作用改变了物体的运动状态,产生加速度,即 $a_1 = \dfrac{F}{m_1}$,$a_2 = \dfrac{F'}{m_2}$。

欲验证 $F' = F$，只需验证 $\dfrac{a_1}{a_2} = \dfrac{m_2}{m_1}$。而加速度不易测量，可转换成测量速度。对于每个滑块，相互作用力施加的时间是相等的，因此只要比较滑块在分离时的初速度大小即可. 欲验证 $F' = F$，只需验证 $\dfrac{v_1}{v_2} = \dfrac{m_2}{m_1}$。而滑块的速度大小与通过光电门的时间成反比，欲验证 $F' = F$，只需验证 $\dfrac{t_1}{t_2} = \dfrac{m_1}{m_2}$。

25 化学·钠的氧化物

【学习主题】

钠的氧化物。人教版高中化学必修一第三章第二节(1课时)。

【设计者】

魏友华

【课标要求】

1. 体验科学探究的过程,学习运用以实验为基础的实证研究方法。

2. 能够独立或与同学合作完成实验,记录实验现象和数据,完成实验报告,并能主动进行交流。

3. 初步认识实验方案设计、实验条件控制、数据处理等方法在化学学习和科学研究中的应用。

4. 根据生产、生活中的应用实例或通过实验探究,了解钠的重要化合物的主要性质。

【学习目标】

1. 通过回忆、观察、比较,能描述 Na_2O、Na_2O_2 的颜色、状态。

2. 通过实验比较 Na_2O_2 与 H_2O 的反应和 Na_2O 与 H_2O 的差异,设计实验探究获得滴加酚酞后褪色的主要原因,能熟练书写 Na_2O_2 与 H_2O 反应的化学方程式、离子方程式,说出其中蕴含的定量关系。

3. 借助传感器实验,根据 CO_2 浓度、O_2 的含量变化及图像分析认识 Na_2O_2 与 CO_2 的反应,能熟练书写 Na_2O_2 与 CO_2 反应的化学方程式,说出其中蕴含的定量关系。

4. 以钠的氧化物为载体,与同学合作完成 Na_2O_2 与 H_2O、CO_2 反应的实验探究,科学记录现象、观察数据变化,主动交流,感受成功的愉悦,学会合作与分享,体会化学对生产和生活的贡献。

【评价任务】

1. 回忆金属钠的性质实验,填表 25 - 2。(检测目标 1)
2. 分组实验、分析现象,完成练习 1。(检测目标 2)
3. 讨论、分析、设计"探究实验 2"的实验方案并完成实验。(检测目标 2、4)
4. 分析传感器实验现象,完成练习 2。(检测目标 3、4)
5. 再认识 Na_2O_2 的化学性质后,完成练习 3、4、5、6。(综合检测)

【学法建议】

1. 钠的重要化合物是本章内容的重点之一,既可以巩固前面所学的金属钠的知识,又为认识碱金属奠定基础,有承上启下的作用,而且通过钠的重要化合物的学习,可以体会学习元素化合物知识的科学历程。

2. 本主题的重点为 Na_2O、Na_2O_2 的性质,难点为 Na_2O_2 的化学性质,难在对 Na_2O_2 与 H_2O、CO_2 的反应现象的本质理解,以及褪色机理的探究。

3. 学习本主题时,先了解有序研究金属元素的一般过程,回忆 Na 与 O_2 反应的实验现象,比较 Na_2O 和 Na_2O_2 的颜色、状态差异,由 CaO 类推 Na_2O 的化学性质,通过[探究实验 1]初步认识 Na_2O_2 与 H_2O 反应的产物,对意料之外的实验现象加以讨论、分析、设计[探究实验 2]并实践,进一步认识 Na_2O_2 与 H_2O 反应的机理,且作发散性拓展,再借助传感器实验认识 Na_2O_2 与 CO_2 反应,了解 Na_2O_2 的重要用途,对比研究 Na_2O 和 Na_2O_2 的化学性质,最后对 Na_2O_2 的化学性质从离子反应、氧化还原反应、定量的角度进行深层次的再认识。

4. 学历案中的 A 组练习为合格标准,B 组练习为较高要求,可根据需要选择完成。

【学习过程】

一、课前准备

（一）回忆金属钠的还原性，绘出以金属 Na 为中心的性质转化图。

（二）查阅初中教材，阅读材料一，类比 CaO，尝试写出表示 Na_2O 的化学性质的化学方程式。（完成表 25-1）

表 25-1

	CaO	Na_2O
与 H_2O 的反应	$CaO + H_2O == Ca(OH)_2$	
与 CO_2 的反应	$CaO + CO_2 == CaCO_3$	
与盐酸的反应	$CaO + 2HCl == CaCl_2 + H_2O$	

材料一：清华大学博士生李振山等 2006 年 12 月发表在《燃烧科学与技术》第 12 卷第 6 期的论文《CaO 与 CO_2 循环反应动力学特性》的结论部分：

(1) 在 CO_2 含量一定时，CaO 与 CO_2 反应转化率随温度的增加先增加而后降低，存在最佳反应温度区间。

(2) CaO 与 CO_2 的化学反应速率常数在 590—743℃ 为一定值，不随反应温度的变化而改变。

(3) 烧结使得 CaO 颗粒比表面积随循环次数的增加而减小，导致 CaO 与 CO_2 的化学反应速率常数和产物层扩散系数随反应次数的增加而降低，致使 CaO 吸收 CO_2 的能力随着 CaO 碳酸盐化/煅烧循环次数的增加而显著降低。

(4) CaO 活性随循环次数的增加而降低主要发生在化学反应控制阶段；在产物层扩散控制阶段，循环次数对 CaO 转化率的影响较小。

（三）阅读人教版必修 1P55-56，思考 Na_2O 和 Na_2O_2 的相似性和差异性。

设计说明：思维的有序性是学习化学以及认识客观世界的重要的手段，是建立解决复杂化学问题的思维框架的基础，也是化学核心素养的基石。从系统学习元素化合物伊始就努力让学生建立这个认识，不断锤炼，可以让学生受益终身。

类比 CaO，学生可以快速了解 Na_2O，提供李振山博士的研究成果，一方面让学生对酸性氧化物与碱性氧化物的反应有更深的认识,另一方面也希望培养学生能有查阅文献解决疑难的素养,同时体现教师的学习帮助者的角色。

课前阅读教材,自主学习,减少课堂的低效、重复劳动,带着问题进课堂,为深入学习做准备。

二、课中学习

观看投影,交流学前准备1。

(一) Na_2O 和 Na_2O_2 的色、态

回忆前面所做的有关金属钠的实验,填表25-2:(检测目标1)

表25-2

	Na_2O	Na_2O_2
颜色		
状态		

(二) Na_2O 和 Na_2O_2 的化学性质

1. Na_2O 的化学性质

观看投影,讨论交流学前准备2,订正错误。

设计说明:教学、学习和评价是三位一体的关系,对基础内容的学习以"评"促"教",既可以获取学前准备的信息,又为 Na_2O 和 Na_2O_2 的对比做准备。

2. Na_2O_2 的化学性质

探究实验1: Na_2O_2 与 H_2O 反应

表25-3

实验步骤	实验现象	结论
(1) 向试管中加入1药匙 Na_2O_2 (约1.3 g),再加入5 mL水		
(2) 用手触摸试管外壁		
(3) 将带火星的木条伸入试管		
(4) 再向试管中滴加1~2滴酚酞试剂。		

练习1:写出 Na_2O_2 与 H_2O 反应的化学方程式。(检测目标2)

设计说明:通过观察、辨识一定条件下物质的形态及变化的宏观现象,

借助已有的经验分析,获取正确的结论,能运用化学符号作正确的表达,为微观探析做准备,有利于培育"宏观辨识与微观探析"素养。

实验过程中的某些出乎意料的现象往往会成为考查科学素养的载体。"Na_2O_2 与水反应后的溶液中滴加酚酞试液,溶液呈现红色,但红色很快褪去。"曾多次成为命题的背景。如:

某研究性学习小组的甲、乙、丙三位同学对 Na_2O_2 与水反应实验中的褪色原因分别做了如下推测:

甲:因为反应后试管很热,所以可能是溶液温度较高使红色褪去。

乙:因为所加水的量较少,红色褪去可能是生成的 NaOH 溶液浓度较大的缘故。

丙:Na_2O_2 可能与 H_2O 发生复分解反应,生成物中的 H_2O_2(可能产物)具有强氧化性,可能是它氧化了酚酞而漂白了红色物质。

……

思考:如果让我们设计实验来验证他们的推断,可以怎么做?

讨论1:如何设计实验来验证甲、乙、丙三位同学的推断呢?

探究实验2:验证甲、乙、丙三位同学的推断

表 25-4

组别	实验设计	实验现象	结论
甲	将反应后的溶液冷却		
乙	将褪色的溶液加水稀释		
丙	(1) 向[探究实验1]所得的试管内,加入半药匙二氧化锰,立即把带火星木条伸入试管 (2) 取 1 mL 1 mol/L 氢氧化钠溶液,滴入 1 滴酚酞,再逐滴滴入 30% 过氧化氢溶液,观察现象。(学生分组演示)		
…			

提示:温度高了,可以降低温度;浓度大了,可以加以稀释;逆向思维是分析、解决问题的一种基本方法。

实验结论:＿＿＿＿＿＿＿＿＿＿＿

阅读:材料二

材料二：武汉外国语学校孟凡盛老师提出了不同意见，并且进行了科学探究。请查阅：《Na_2O_2 的水溶液遇酚酞先变红后褪色的科学探究》(http://www.docin.com/p-59514859.html)。Na_2O_2 与 H_2O 反应的过程是：$Na_2O_2+2H_2O =\!=\!= 2NaOH+H_2O_2$、$2H_2O_2=\!=\!=2H_2O+O_2\uparrow$，中学阶段为了避繁就简，一般直接写总反应式：$2Na_2O_2+2H_2O=\!=\!=4NaOH+O_2\uparrow$。

设计说明：引导学生关注实验中的出乎意料的现象，发现和提出有探究价值的化学问题，能依据探究目的设计并优化实验方案，完成实验操作，对观察记录的实验现象进行加工并获得结论；能和同学交流实验探究的成果，提出建设性意见，培育"实验探究与创新意识"。

实验：在棉花中包 1 g Na_2O_2，放在石棉网上，用玻璃管向棉花中吹气。

思考：棉花着火了！这个现象告诉我们什么？得到的结论严谨吗？

讨论2：能否设计严谨的实验来验证 Na_2O_2 与 CO_2 的反应？（可画简图）

探究实验3：传感器探究 Na_2O_2 与 CO_2 的反应。

【实验步骤】盛有无水硫酸钙的四颈烧瓶的三个口分别装有二氧化碳传感器、氧气传感器、盛有 Na_2O_2 固体的小气球(小气球的口先用止水夹加紧，这样设计的目的是保证气密性，中途无需打开塞子添加试剂)，还有一个口用塞子塞住。(1)先测定烧瓶中二氧化碳的起始浓度和氧气的起始含量。(2)再通过装有变色硅胶的干燥管向烧瓶内吹气，立即塞上塞子，再次测得烧瓶内二氧化碳的浓度和氧气的含量。(3)最后打开小气球上的夹子，将 Na_2O_2 固体转移到烧瓶中。

图 25-1 实验装置

【实验现象】(2) _____。
          (3) _____。
(以氧气数值为横坐标,二氧化碳数值为纵坐标作图)

【实验结论】_____。

练习2：写出 Na_2O_2 与 CO_2 反应的化学方程式。(检测目标2)

设计说明：一个现象明显的经典实验,曾经长期被用来说明 Na_2O_2 与 CO_2 的反应,但人呼出的气体中含有的水蒸气使论证无力。借助传感器实验,借鉴优化(四颈烧瓶中盛有适量无水硫酸钙)别人的实验设计,用数据说明,设计严谨、论证有力。有助于培养学生的终身学习的意识和严谨求实的科学态度。

填表：

	Na_2O	Na_2O_2
与 H_2O 的反应		
与 CO_2 的反应		
与盐酸的反应		
类别		

3. Na_2O_2 的用途

(三) 对 Na_2O_2 的化学性质的再认识(检测目标 2、3)

1. 从离子反应的角度

练习3：写出 Na_2O_2 与 H_2O 反应的离子方程式。(综合检测)

2. 从氧化还原反应的角度

练习4：用单线桥标出 Na_2O_2 与 H_2O、CO_2 反应过程中电子转移的情况。(综合检测)

3. *从定量的角度(针对崇文班)

练习5：100℃时,3.88 g 无色无臭气体 A 与足量的 Na_2O_2 完全反应,放出氧气,且固体的质量增加了 2.28 g。试判断 A 的成分是_____。(综合检测)

练习6：

1.4 g CO 和 H_2 的混合气体充分燃烧后与足量 Na_2O_2 反应,Na_2O_2 固体质量增加_____g。

2. 4 g 甲醛与 2 gO_2 混合后导入盛有足量 Na_2O_2 的密闭容器中,在电火花不断引燃下充分反应后,Na_2O_2 固体质量增加_____g,余下气体是_____(写化学式),质量为_____g。

3. 4 gCH_4 与足量 O_2 混合后导入盛足量 Na_2O_2 的密闭容器中,电火花引燃下充分反应,Na_2O_2 固体质量增加_____g。(综合检测)

三、课后检测

A组(巩固学习)

1. 下列对于过氧化钠的叙述中,正确的是(检测目标2、3)

    A. 过氧化钠能与酸反应生成盐和水,所以过氧化钠是碱性氧化物

    B. 过氧化钠能与水反应,所以过氧化钠可以作气体的干燥剂

    C. 过氧化钠与水反应时,过氧化钠既是氧化剂又是还原剂

    D. 过氧化钠与二氧化碳反应时,过氧化钠既是氧化剂又是还原剂

2. 往甲、乙、丙、丁四个烧杯内分别放入 0.1 mol 的钠、氧化钠、过氧化钠和氢氧化钠,然后各加入 100 mL 水,搅拌,使固体完全溶解,则甲、乙、丙、丁溶液中溶质的质量分数大小顺序是(检测目标1、2、3)

    A. 甲<乙<丙<丁   B. 丁<甲<乙=丙

    C. 甲=丁<乙=丙   D. 丁<甲<乙<丙

3. 2.1 g 平均相对分子质量为 7.2 的 CO 与 H_2 组成的混合气体与足量的 O_2 充分燃烧后,立即通入足量的 Na_2O_2 固体中,固体的质量增加(检测目标2、3)

    A. 2.1 g   B. 3.6 g   C. 7.2 g   D. 无法确定

4. 请将下图25-2中各实验装置按一定的顺序连接起来,组成一个测定过氧化钠试样(所含杂质不与二氧化碳发生反应)纯度的实验装置。

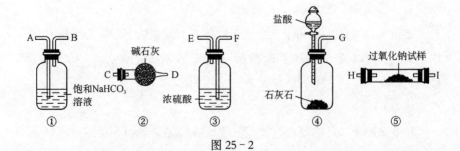

图 25-2

请填写以下空白:
(1) 各实验装置的连接顺序是(填各接口的字母,连接胶管省略):
G接( )( )接( )( )接( )( )接( )。
(2) 装置①②的作用分别为_____,_____。
(3) 已知过氧化钠试样的质量为 w g,反应前⑤装置(含试样)的质量为 m_1 g,充分反应后再次称量时质量为 m_2 g,试样纯度的计算式是_____。
(4) ③装置的作用是_____,若取消③装置,测定的样品纯度值将_____(填不变,偏高或偏低)。(检测目标4)

B组(拓展学习)

5. 1 mol $C_xH_yO_z$ 的有机物充分燃烧后,将产生的气体产物(120℃)通入盛有足量 Na_2O_2 的密闭容器中,充分反应后 Na_2O_2 固体增加_____g。(综合检测)

6. 某课题研究小组的同学在查阅资料时得知,Na_2O_2 与干燥的 CO_2 不能发生反应,当有少量水存在时,Na_2O_2 可与 CO_2 发生反应生成 Na_2CO_3 和 O_2。为了探究"二氧化碳是否在有水存在时才能与过氧化钠反应"。某课题研究小组的同学们设计了如图25-3所示的实验装置,分别进行甲、乙两次实验:(检测目标2、3、4)

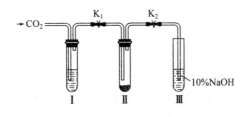

图 25-3

实验甲:干燥的二氧化碳和过氧化钠的反应,在干燥的试管Ⅱ中装入 Na_2O_2,在通入 CO_2 之前,关闭 K_1 和 K_2。在试管Ⅰ内装入试剂X后,打开 K_1 和 K_2,通入 CO_2,几分钟后,将带火星的木条插入试管Ⅲ的液面上,观察到木条不复燃,且Ⅱ中的淡黄色没有变化。

实验乙:潮湿的二氧化碳和过氧化钠的反应,在试管Ⅰ内装入试剂Y,其他操作同实验甲,观察到木条复燃,且Ⅱ中的淡黄色变为白色。

请回答下列问题：

(1) 在装入 Na_2O_2 后,通入 CO_2 前,关闭 K_1 和 K_2 的目的是_____。

(2) 在实验甲中,试剂 X 是_____,其作用是_____;在实验乙中,试剂 Y 是_____。

(3) 根据上述两个实验现象,得到的结论是_____。

(4) 试管Ⅲ中的 NaOH 溶液的作用是_____。

(5) 为了确保实验现象的准确性,制备 CO_2 所用的反应物最好选用_____(填字母)。

　　a. 大理石　b. 小苏打　c. 烧碱　d. 盐酸　e. 稀硫酸　f. 稀硝酸

【学后反思】

本节内容你所获得的核心知识有哪些？能够自己构建出相关的转化框架吗？你觉得还有什么内容比较薄弱？需要老师提供何种帮助？你还有什么好的经验可以跟大家分享？

设计说明：古希腊生物学家普罗塔戈说过这样一句话:"头脑不是一个要被填满的容器,而是一把需被点燃的火把。"国家前卫生部长、知名学者陈竺特别关注好奇心和创新思维的重要性。他说:"没有好奇心,你就会丧失发现问题的敏感,也不可能有钻研的热情和执著。做学问,讲究学、问和做。"围绕化学核心素养的培养精心设计学历案,教学中,教师充当点火者、护火者的角色,以化学实验等为载体,激发学生的好奇心和科学探究的欲望,学生主动学习、创造性学习,教学相融,科学预设、精彩生成,教师在这样的教学中会有很好的享受。

26 生物·性别决定和伴性遗传

【学习主题】

性别决定和伴性遗传。苏教版高中生物必修二第三章第二节(1课时)。

【设计者】

唐凤

【课标要求】

举例说明基因与性状的关系,概述伴性遗传。

【学习目标】

1. 通过资料分析的方法,理解性染色体和性别决定的关系,学习小组收集资料并展示性别决定的多种方式,总结性别这一性状的形成与基因的关系。

2. 观察分析色盲发病率调查的数据资料,总结人类红绿色盲发病率的特点,通过对人类色盲不同婚配方式的分析,阐明色盲发病特点的实质,总结X染色体上的隐性致病基因传递的规律及发病特点;运用分析性染色体传递规律的方法对X染色体上的显性致病基因遗传的特点进行分析,总结X染色体上的显性致病基因传递的规律及发病特点、Y染色体上致病基因传递的规律及发病特点。

3. 通过了解X、Y染色体上的致病基因与人类遗传病的关系,认识遗传病的危害,树立正确的生育观。

【评价任务】

1. 以学习小组为单位查阅自然界中生物性别决定的资料,选派代表向同学们介绍多样的性别决定方式。(检测目标1)

2. 完成合作探究1分析并解释人类性别比接近1∶1的原因,以XY型为例理解性别决定的方式。(检测目标1)

3. 分析人类社会中红绿色盲的基因型、遗传特点,总结X染色体上隐性基因的遗传特点。(检测目标2)

4. 完成合作探究2,总结X染色体上的显性基因的遗传特点,Y染色体上的基因的遗传的特点。(检测目标2)

【学法建议】

1. 本节课的教学内容是在学习了遗传的基本规律的基础上进行的。学好本节内容既能巩固遗传学的基本定律,又能为学习生物的变异及人类遗传病与优生做好铺垫。因此,本节内容在整本教材中起着承上启下的重要作用,是高中生物遗传部分的重点。在性别决定方面,以人为例讲述了XY类型的性别决定方式。在伴性遗传方面,以人的色盲为例,讲述了伴性遗传的现象和伴性遗传规律。这部分教学内容,实质上是关于分离规律在性染色体遗传上的作用。

2. 本主题的重点为理解XY型性别决定方式,举例说明位于性染色体上某些致病基因的伴性遗传规律及特点,难点是能够运用伴性遗传知识分析遗传图谱。

3. 本主题的学习可以在基因的分离定律的基础上,理解XY型的性别决定方式,再通过对红绿色盲的遗传方式的分析,理解伴性遗传的实质及特点。

4. 学历案中的A组学习内容或作业练习为合格标准,B组为较高要求,可根据需要选择完成。

【学习过程】

一、课前准备

(一)以学习小组为单位,对自然界中生物性别决定的方式进行资料收集。

(二)请你了解有关化学家道尔顿与色盲的故事。

二、课中学习

(一)性别决定:雌雄异体的生物决定性别的方式。

请观察人类染色体组成的图片(如图 26-1),阅读课本 40 页的内容,完成以下内容:

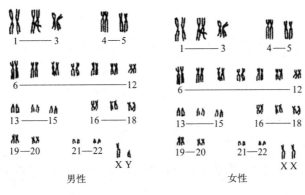

图 26-1

男性体细胞染色体的组成可以表示为:_____;女性体细胞染色体的组成可以表示为:_____。其中的 44 条形状相同的称为_____,XY、XX 称为_____。

合作探究 1(检测目标 1)

1. X、Y 是同源染色体吗?为什么?

2. 为什么男女性别比例为 1∶1?生男生女主要由谁来决定?

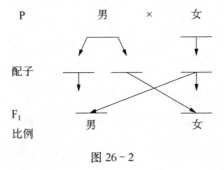

图 26-2

3. 观察图 26-3 中果蝇染色体的组成,并尝试写出果蝇的染色体组成:

雌果蝇_____;雄果蝇_____。

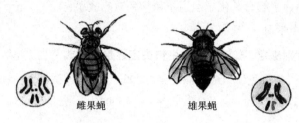

图 26-3

4. XY 型和 ZW 型生物性别决定的不同点是什么？
5. 其他的性别决定方式有哪些？请小组选派代表进行展示汇报。
6. 请尝试总结性别决定与染色体上的基因的关系。

（二）伴性遗传

1. X 染色体上隐性致病基因的遗传特点

结合人类社会色盲发病率的调查表(表 26-1)，并阅读课本 43 页，回答以下问题：

表 26-1

调查对象	人数	患病人数	患者父母情况
男性	1 500	100	100 例中, 96 例父母均正常, 3 例只父亲色盲, 1 例只母亲色盲。
女性	1 500	7	7 例中, 父母均患色盲。其中只有 1 例母亲色盲。

（1）色盲的发病有什么特点？

（2）你知道化学家道尔顿与色盲的故事吗？请在学习小组中分享道尔顿与色盲的故事。

（3）什么是伴性遗传、伴性遗传与常染色体上的基因控制的性状有什么不同？

事实：已知红绿色盲由位于 X 染色体上的隐性基因(b)控制，用 X^b 表示，正常基因用 X^B 表示，Y 染色体上没有这种基因，红绿色盲基因是随着 X 染色体向后代传递的。请根据事实，完成下面表格（表 26-2）：（指向目标 2）

（1）色觉与基因型的关系

正常基因 B 和红绿色盲基因 b 位于_____染色体上。

表 26-2

	女性			男性	
基因型			X^bX^b	X^BY	
表现型	正常	正常(携带者)			色盲

(2) 色觉这一性状的婚配方式及分析

请写出人类红绿色盲的婚配方式,并用遗传图解的方式分析每种婚配方式中后代的表现型及比例;总结 Xb 的传递特点。

合作探究 2

在图 26-4 中用红色标出 X^b 的传递路径,尝试总结人类红绿色盲的发病特点:(检测目标 2)

X 染色体上隐性致病基因的遗传特点是:

① _____ 患者多于 _____ 患者。

② 交叉遗传:男性的红绿色盲基因从 _____ 传来,以后只能传给他的 _____。

③ 隔代遗传:一般地说,此病由男性通过他的女儿传给他的 _____。

④ 母病 _____ 必病;女病 _____ 必病。

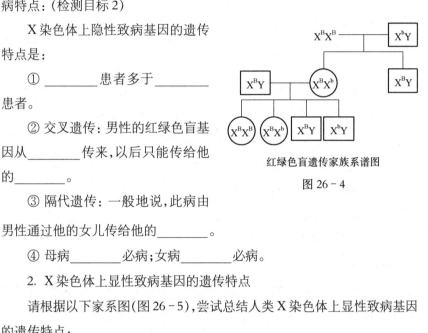

红绿色盲遗传家族系谱图

图 26-4

2. X 染色体上显性致病基因的遗传特点

请根据以下家系图(图 26-5),尝试总结人类 X 染色体上显性致病基因的遗传特点:

—抗维生素 D 佝偻病家系图

图 26-5

X染色体上显性致病基因的遗传特点是：

① _____患者多于_____患者。

② _____隔代遗传。

③ 父病_____必病；子病_____必病。

3. Y染色体上致病基因的遗传特点

图26-6是人类外耳道多毛症的家系图,该致病基因在何种染色体上？有何传递特点？

Y染色体上致病基因的遗传特点是：

_____

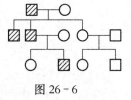

图26-6

三、课后检测

A组习题(巩固学习)

1. 果蝇的体细胞中共有8条染色体,并且性别决定方式为XY型,则果蝇卵细胞中的染色体组成是(检测目标1)

　　A．3条常染色体＋X　　　　B．3条常染色体＋Y

　　C．6条常染色体＋XY　　　D．6条常染色体＋X

2. 下列有关性染色体的叙述中正确的是(检测目标2)

　　A．多数雌雄同株的植物有性染色体

　　B．性染色体只存于性腺细胞中

　　C．哺乳动物体细胞中有性染色体

　　D．昆虫的性染色体类型都是XY型

B组习题(拓展学习)

3. 在图26-7所示的遗传病系谱图中,最可能属于伴X染色体隐性遗传的是(检测目标2)

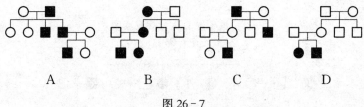

图26-7

4. 血友病的遗传属于伴性遗传。某男孩为血友病患者,但他的父母、祖父母、外祖父母都不是患者。血友病基因在该家庭中传递的顺序是(检测

目标2)

  A．外祖父→母亲→男孩 B．外祖母→母亲→男孩

  C．祖父→父亲→男孩 D．祖母→父亲→男孩

5. 基因型为 AaX^BX^b 的个体产生的配子是 （检测目标2)

  A．精子：AX^B、aX^B、AX^b、aX^b

  B．精子：AX^B、aX^b

  C．卵细胞：AX^B、ax^B、AX^b、aX^b

  D．卵细胞：AX^B、aX^b

6. 图 26-8 是红绿色盲的系谱图，请据图完成下列问题(设基因为 B、b)：(检测目标2)

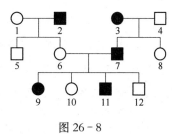

图 26-8

(1) 致病基因位于＿＿＿＿染色体上。

(2) 3 号与 6 号的基因型分别是＿＿＿＿和＿＿＿＿。

(3) 9 号与 11 号的致病基因来源于 1～4 号中的＿＿＿＿号和＿＿＿＿号。

(4) 8 号的基因型是＿＿＿＿,她与正常男子结婚,后代中病孩的出生率是＿＿＿＿。

(5) 9 号与正常男子结婚,女儿是红绿色盲的概率是＿＿＿＿。

【学后反思】

1. 请你将色盲基因 a、抗维生素 D 佝偻病基因 B、外耳道多毛症基因 C 所在的位置在图 26-9 染色体上标注出来：

2. 请自主梳理本主题知识体系,你是通过什么方法和策略学会主题内容的,你觉得还有什么内容比较薄弱,需要老师提供何种帮助,你还有什么好的经验可以跟大家分享,写在下方区域。

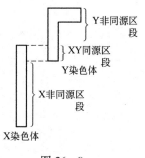

图 26-9

设计说明：本节课的教学目标明确,将《普通高中生物课程标准》对本

节的要求进行分解,形成了"查阅资料、合作学习为主的学习性别决定的特点、以红绿色盲为例合作探究的方式学习伴性遗传"的两大教学目标。在学生初中已有的性别决定的知识作为基础的前提下,用有助于思考的反映典型特征的图片为主线,用有针对性的问题串对重难点进行细化分解;按照学生认知过程设计的思维路线、必要的铺垫和引领,学生对新知识的自主构建成为可能。

　　以学习小组的形式进行课前的资料收集、课堂学习过程中的资料展示、合作探究等活动,使学习过程符合了"实践—认识—再实践—再认识"这样的认知过程,把课堂真正还给了学生,多样的学生活动中,学生有了表现自我的时间和空间,激发出了学生前所未有的学习兴趣、营造出崭新的学习氛围。本节课的教学中,教师犹如领路人,引领和指引,而对未知领域的探索都是由学生来完成的。每个学生都参与到教学活动中,得到了发展。

27 历史·物质生活与习俗的变迁

【学习主题】

物质生活与习俗的变迁。人教版高中历史必修二第五单元第二节(1课时)。

【设计者】

谭海军

【课标要求】

了解近代以来人们物质生活和社会习俗变化的史实,探讨影响其变化的因素。

【学习目标】

1. 通过阅读文史资料,概括中国近现代服饰、饮食、住宅、风俗变迁的基本史实。

2. 通过解读相关资料,探究引起变迁的因素,从政治、经济、文化等方面进行解释,培养辩证分析的能力。

3. 通过小组学习合作,完成搜集资料任务,展示相关资料或评述,培养倾听和理解他人见解、共同完成学习任务的合作能力。

4. 通过小组思考讨论,感悟历史、关注生活,勾画溯源历史、展示未来生活的方案。

【评价任务】

1. 自主学习,独立完成课前预习。(检测目标1)

2. 解读资料,分析生活习俗变化的背景及原因,归纳影响变化的要素。(检测目标2)

3. 分小组收集衣、食、住、俗四个方面变迁的资料,以小组为单位,展示相关资料或表演汇报。(检测目标3)

4. 讨论生活与习俗中变与不变,学会感悟历史,建未米。(检测目标4)

【学法建议】

1. 本课为人教版高中历史必修二第五单元"中国近现代社会生活的变迁"中的第一节"物质生活与习俗的变迁"。初中已学习相关的社会生活史,侧重基本史实的了解,高中学习将重点放在探究影响物质生活和习俗变迁的因素,学会多角度思考问题,培养一定的历史解释能力。

2. 分小组收集衣、食、住、俗四个方面变迁的资料,根据每组的主题,完成资料搜集、小组交流等活动。通过小组合作、讨论、自主学习等方法,形成规律性认识,提升合作学习、自主探究能力,培养史料实证、历史理解的素养。

3. 学历案中A组学习内容为合格要求,B组为较高要求,可根据需要选择完成。

【学习过程】

一、课前准备

(一) 分四个小组从衣、食、住、俗四个方面搜集反映近现代变迁的资料,准备汇报或评述材料。具体小组任务内容见四个主题中的小组任务。

(二) 课前预习

阅读课文相关资料,完成物质生活与习俗变迁史实的概括整理。(检测目标1)

表 27-1

	鸦片战争前	鸦片战争后	新中国成立初期	改革开放后
服饰				
饮食				
住宅				
习俗				

设计说明：对于基础史实，用表格方式，学生自主完成知识梳理。对于小组活动，课前明确学习任务，强调小组学习成果的展示方式，或 ppt 汇报，或表演。

二、课中学习

学习任务(一)：课前收集服饰演变资料，课堂上以 ppt 形式小组展示近现代服饰变迁的历程，并尝试分析影响服饰变化的因素。

探究各时期服饰变迁背景与影响因素(检测目标2)

设计说明：此任务学习分两部分，第一部分小组汇报，展示学生学习成果，侧重从史实上进行直观的梳理分析。第二部分分组探究，通过五段材料的探究，让学生较为理性的分析各时代服装的特点和形成原因，理解影响服饰变迁的因素，并形成完整的时序概念。

探究1：古代传统服饰：

材料一：明代文武官员常服主要标识等差表(表 27-2)与清代补服(图 27-1)

表 27-2 明代文武官员常服主要标识等差表

品序	文官(飞禽)	武官(走兽)	品序	文官(飞禽)	武官(走兽)
一	仙鹤	狮子	六	鹭鸶	彪
二	锦鸡	狮子	七	鸂鶒	彪
三	孔雀	虎豹	八	黄鹂	犀牛
四	云雁	虎豹	九	鹌鹑	海马
五	白鹇	熊罴			

图 27-1 清代补服

1. 阅读图表,概括中国古代服饰体现的政治特征。

探究2：近代服饰变化

材料二：近代社会男女服饰的变化

图①　长袍马褂　　图②　西装　　　图③　传统旗袍　　　图④　民国改良旗袍

图27-2　近代社会男女服饰

2. 阅读材料并结合所学,分析影响近代服饰变迁的因素。

材料三：1929年,中山装被国民政府《服装条例》定下标准,成为当时中国男子的正式礼服。

关于中山装的特殊含义有很多种观点。其中一种是：立翻领——严谨治身；前襟四个口袋——国之四维（礼义廉耻）；袋盖——以文治国；前襟五颗扣子——五权分立；袖口三颗扣子——三民主义；后面没有开衩——中国必定要统一,中国不能分裂。

图27-3　中山装

3. 阅读材料三,指出中山装的设计体现了孙中山哪些治国理念？与材料一的服饰制度相比,有何进步之处？

探究3：现代服饰变化

材料四：新中国成立初期的服装

列宁装　　　　干部服　　　　布拉吉　　　"文革绿军装"

图27-4　新中国成立初期服装

4. 阅读材料,并结合课文,说出这一时期的服饰反映了当时社会怎样的政治、经济特点?

材料五:改革开放后

图 27-5　南京一中学生校服系列

5. 讨论:南京一中校服"原来一套穿三年,现在校服季季新。"校服的背后,反映了怎样的时代变化?

设计说明:用本校学生校服的例子,让学生对历史和现实间建立更紧密的联系,在讨论中,有利于激发学生的思考的动力,同时增强学生的荣誉感。

学习任务(二):课前搜集饮食变迁的史料,ppt 展示,重点搜集并展示粮票典型实物,课堂展示交流。

设计说明:由于每一段的时序和原因探究相似,所以对后三个学习任务的重点或形式发生变化。任务二饮食组在学生展示汇报后,侧重思考国家体制变迁的因素对社会生活的影响,在四个任务模块的学习中,做到详略得当,重点突出。

材料六　观察图 27-6,回答问题。(检测目标2)

　　　粮票　　　　　　　　　布票

图 27-6

6. 思考:票证的发放和取消大概起止于何时?反映了国家经济体制发生了怎样的变化?

学习任务(三):　课前从不同角度拍摄南京一中校园典型建筑,分别归类其建筑风格,寻找历史上一中历史建筑图片,与之对比,课堂 ppt 展示。同时选择最能代表一中的取景照片,结合材料二,由小组发言人说明理由,其他同学补充。

设计说明:任务三分成两部分,第一部分,通过四合院的分析,让学生感悟传统建筑的魅力,通过解析其中的优缺点,理解其文化内涵,提高学生辩证看问题的能力。第二部分,通过学生对一中校园建筑照片归类和解读,完成选取最能代表一中的取景照片的任务,开放性任务,更能加深对学生情感价值观的培养。

材料七:阅读下图,小组讨论回答。(检测目标2)

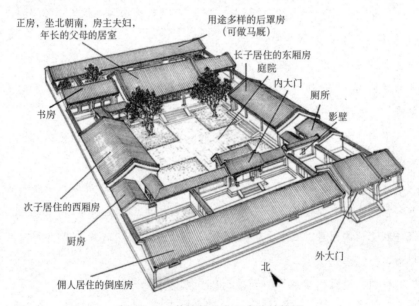

图 27-7 传统的北方四合院结构图

7. 分析图 27-7 中传统四合院的住宅设计理念?

材料八:南京一中校园建筑变迁照片

1953年建设大楼

校史博物院(原明德园)

图 27-8

8. 观察校园并结合图 27-8,你认为如何取景校园建筑最能展现一中风格特点,请说说理由?

学习任务(四):课前搜集近代以来生活中礼仪的变化,课堂上由小组成员现场演示作揖、握手、鞠躬等不同礼仪的正确方式,通过演练的自身感受,小组成员评析自己对礼仪变迁化的理解。

设计说明:任务四以小组表演的方式呈现,增加课堂情趣,加强学生交流互动,对礼仪的准确学习的过程中,加深学生对礼仪背后的文化演进的认识和理解。特别是对古代跪拜礼的处理,必将会引起角色争论,其争论和如何处理的过程,将对学生价值观的形成有着较深的影响。

分析习俗变迁(检测目标2)

材料九:蔡元培一生经历了三次婚姻,其间充满着传奇,更印证了近代婚俗的变迁。

第一次婚姻:1889年,迎娶王昭(1900年病逝);父母之命、媒妁之言。

第二次婚姻:1902年,迎娶黄仲玉(1920年病逝);他提出五个条件:不缠足、识字,男不得娶妾、姨太太,若夫先死妻可改嫁,意见不合可离婚;婚礼:开演说会代替闹洞房。

第三次婚姻:1923年,迎娶周峻;他再次提出条件:具备一定文化素质,年龄略大,熟谙英文,能成为研究助手;婚礼:蔡元培西装革履,周峻身披白色的婚纱。在婚礼的宴席上,蔡元培向大家讲述了他和周峻的恋爱经过。

9. 结合材料,概括说出近代中国婚俗的变化。

材料十:阅读表 27-3,思考回答:

表27-3 1950—2008年我国部分节假日一览表

节假日 \ 法定假日天数 \ 年份	1950	1995	2000	2008
元旦	1	1	1	1
春节	3	3	3	3
劳动节	1	1	3	1
国庆节	2	2	3	3
星期日	1	1	1	1
星期六	—	1	1	1
清明节	—	—	—	1
端午节	—	—	—	1
中秋节	—	—	—	1

10. 此表反映我国节假日变化的多种趋势,指出其中一种变化趋势并说明形成的历史原因?

归纳提升：结合以上所学,归纳影响中国近现代物质生活和社会习俗变迁的主要因素?（检测目标2）

政　　治：_____

经　　济：_____

思想文化：_____

拓展学习：小组讨论"变与不变"

时至今日,生活和习俗中发生了很大变迁,但很多习俗仍没有变,想一想哪些没有变？为什么？（检测目标3,4）

设计说明：学习历史的目的是更好地看待现实,把握未来的发展方向。最后的拓展延伸"变与不变"的探讨,是引导学生深度分析历史的同时,提升学生看问题的深度和广度,既能溯源历史,又能看到未知的趋势,引导学生开展更深层次思维活动。对学生而言,历史学习不是终点,而是起点。

三、课后检测

A组(巩固学习)

1. 1892年,维新思想家宋恕提出"欲更官制、设议院、改试令,必自易西服始"。康有为在奏议中也不止一次提及"易服"。维新派如此重视易服

的主要原因是( )(检测目标2)

A．改制中易服更易推行　　B．意在营造改制的社会氛围

C．中国需改变对外形象　　D．长袍马褂代表了守旧势力

2．张德彝在《航海述奇》里记载了1866年他从天津到上海途中吃西餐的事情:"每日三次点心,两次大餐……所食者,无非烧炙,牛羊鸡鱼,再则糖饼、苹果……饮则凉水、糖水、热牛奶、菜肉汤、甜苦洋酒。"材料说明当时( )(检测目标2)

A．西餐馆服务周到、营养卫生

B．西餐已成为中华饮食文化的主流

C．西餐馆主要分布在沿海通商口岸

D．西餐馆已由通商口岸进入内地

3．1897年,上海举办了中国国内的首次大型舞会。对此,上海各家报纸评论说:"西人光明磊落,脱略为怀,虽男女聚会跳舞,乐而不淫,与中国之烧香赛会,男女混杂,大有天壤之别。"这反映出当时的中国( )(检测目标2)

A．人们基本上接受了西方的生活方式

B．政府公开赞成西方生活方式的推广

C．西方舞会娱乐与传统习俗无法融合

D．开明人士已经能认同西方生活方式

B组(拓展学习)

1．下列生活情景不符合中国历史实际的有( )(检测目标2)

A．第二次鸦片战争时期,在广州、上海的街上可看到穿西服的男子

B．辛亥革命之后,在农村看到女子依旧缠足

C．1905年的某天非常热闹,那是人们在庆祝元旦的到来

D．20世纪八九十年代,随处可见穿T恤、夹克衫的小伙子和穿迷你裙的姑娘

2．辛亥革命前,没有辫子会被耻笑为里通外国的汉奸;辛亥革命后,留辫子会被人耻笑为封建余孽,耻笑为"猪尾巴"、"满奴"。这说明( )(检测目标2)

① 政治革命起了移风易俗的作用　　② 人们审美观的变化

③ 断发具有一定政治色彩　　　　　④ 民众盲目模仿西方

A. ①②③　　　B. ②③④　　　C. ①③④　　　D. ①②④

3. 世界级服装设计大师皮尔·卡丹曾说:"当时第一次(1978年)来到中国的时候,整个中国连男女都分不出来,都是一片灰色。我觉得我为中国也作了一些贡献,就是把颜色带到了中国。"皮尔·卡丹能"把颜色带到了中国"的原因不包括(　　)(检测目标2)

A. 中国的改革开放政策　　　B. 经济的发展

C. 思想解放,审美观点的变化　　D. 崇洋媚外思想的影响

4. 图27-9是1949年3月美国记者伯恩斯拍摄于上海的两张照片。从中可以看出(　　)(检测目标2)

疑似"偷棉花"的妇女被搜身　　　　　遛狗者和流浪儿

图27-9

A. 民族工商业受到列强与官僚的双重挤压

B. 国民政府覆灭时上海陷入了混乱与动荡

C. 下层民众遭受了没有硝烟的侮辱与伤害

D. 中国社会萌生着反差强烈的富裕与贫穷

【学后反思】

自主梳理本课知识体系,结合前期资料搜集和个人的生活实际,在110周年校庆来临之际,请以南京一中百年发展的变迁为切入点,设计一个校史的展示方案。

设计说明:历史的学习应当与自身的体验相结合,为校庆筹划校史方案将是校园活动之一,既能检验本课小组活动的所学,又能有提升应用的机会,增加学生的学习兴趣。

28　思想政治·当代国际社会

【学习主题】

当代国际社会。人教版高中思想政治必修二《政治生活》第四单元第八课(2课时)。

【设计者】

陆敏、李昱蓉

【课标要求】

知道国际社会由主权国家和国际组织构成;确认主权国家的权利和义务;说明我国在国际社会中是负责任的国家。评述国家之间合作、竞争与冲突的实例,印证国家利益是决定国际关系的主要因素,说明我国在国际关系中必须维护自己的国家利益。

【学习目标】

1. 通过展示教师提供或自主收集的素材,说出当代国际社会的主要成员,分析和理解主权对于一国的重要意义;在自主阅读思考的基础上,结合教师的指导,能正确判断主权国家行使的权利。

2. 结合教师所给素材以及自主列举的案例,归纳国际组织特别是联合国的积极作用,并运用相关事实印证中国在国际社会中是负责任的国家。

3. 通过时事播报提供的素材,能辨别国际交往的主体并说出国际交往的内容及形式。

4. 以中美关系的发展历程为主题开展小组合作探究活动,通过探究活动,归纳影响国际关系的决定因素,并会运用相关观点分析和评论当前国际关系的相关事件。

5. 结合相关事例,通过辨析认同我国处理国际关系的做法,理性评价在维护国家利益问题上公民个人的行为。

【评价任务】

1. 完成第一课时中的学习任务三:阅读材料,判断主权国家的基本权利。(检测目标1)

2. 完成学习任务四、五,归纳联合国的作用,列举实例说明中国在国际社会中起的作用。(检测目标2)

3. 完成时事播报,并能据此作出相关判断。(检测目标3)

4. 参与完成第二课时中的小组探究成果展示及课堂辩论活动。(检测目标3、4)

5. 完成课后检测题。

【学法建议】

1. 在前三个单元学习的基础上,我们需要放眼世界,在全球视野下更全面地认识中国,了解我国在国际上的地位和作用,关心国家的前途和命运,自觉维护国家利益。

2. 学习重点:国际关系的决定因素,坚定地维护我国的国家利益。学习难点:国家主权是国家的生命和灵魂,维护我国的国家利益的举措。

3. 学习流程、方式。

(1) 可以通过预习完成知识梳理,初步了解本主题的学习内容;结合相关素材,进一步思考分析主权对于一国的重要意义;以情境为背景判断主权国家的国家权利,加深对其理解;可以通过收集实例,印证我国在国际负责任的大国形象。

(2) 可以通过参与小组探究活动,从具体的事件中,归纳出有关国际关系共性的规律。理解国际关系的实质是一种利益关系;通过课堂辩论,理解维护我国的国家利益的必要性及我国在国际交往中的举措。

4. 学历案中的课后检测A组为合格标准,B组为较高要求,根据需要选择完成。

【学习过程】

一、课前准备

(一) 收集近期国际上重要的热点事件及联合国活动的资料。

(二) 收集近期发生的国际交往事件,完成时事播报。

(三) 以小组为单位合作完成"中美关系的风雨历程"的主题探究活动,并将活动的成果形成 PPT,以便课堂交流呈现。

(四) 自主预习"国际关系的决定因素"的相关知识,按以下途径进行归纳:

1. 国际关系是指_____之间、_____之间以及_____的关系。其中最主要的是_____之间的关系。

2. 国家关系的内容包括_____等关系,其基本形式是_____。

3. _____是国际关系的决定性因素。

4. 国家关系的实质是一种利益关系。_____是主权国家对外活动的出发点和落脚点。

5. 国家间的共同利益是国家合作的_____,而利益对立则是引起国家冲突的_____。

(五) 课堂辩论准备:阅读附录,选择第二课时学习任务三中〔课堂辩论〕问题的一方,思考后写出两个观点,准备进行组内分享。

观点一:

观点二:

(六) 请记录预习时的疑问。

二、课中学习(2 课时)

第 1 课时　国际社会的主要成员

根据情境思考问题。

世界互联网大会(World Internet Conference),是由中国倡导并每年在浙江省嘉兴市桐乡乌镇举办的世界性互联网盛会,旨在搭建中国与世界互联互通的国际平台和国际互联网共享共治的中国平台。从第一届大会的主题"互联互通共享共治"到第二届的"互联互通、共享共治,共建网络空间命运共同体"再到第三届"创新驱动造福人类——携手共建网络空间命运共同体"。这三届互联网大会的主题既是一脉相承的,也是与时俱进的。会议主要邀请来自全球120多个国家和地区的政要,还有包括来自联合国、世界知识产权组织、国际电信联盟等20多个重要国际组织负责人,以及600多位互联网企业领军人物、互联网名人、专家学者,涉及网络空间各个领域,体现多方参与。

当前网络监听、网络攻击、网络犯罪等问题此起彼伏,作为世界性问题,没有一个国家能够独善其身。国家主席习近平指出,首先要尊重网络主权。我们应该尊重各国自主选择网络发展道路、网络管理模式、互联网公共政策和平等参与国际网络空间治理的权利,不搞网络霸权,不干涉他国内政,不从事、纵容或支持危害他国国家安全的网络活动。

〔知识链接〕

网络主权,就是一国国家主权在网络空间中的自然延伸和表现。对内,网络主权指的是国家独立自主地发展、监督、管理本国互联网事务;对外,网络主权指的是防止本国互联网受到外部入侵和攻击。

学习任务一:透过互联网大会看国际社会成员

(一) 思考下列问题:

1. 参与国际互联网大会的有国际社会的哪些成员?

2. 对于一个主权国家而言,构成国家最重要的要素是什么?请举例印证其重要性。

〔总结〕(一)国际社会的主要成员

(一) 国际社会最基本成员——主权国家

1. 主权国家的基本要素:_____、_____、_____、_____,其中,_____作为国家统一而不可分割的最高权力,是一个国家的_____和_____。

2. 自主阅读课本P89~90,了解主权国家在国际社会中享有的基本权利和义务,记录自主学习过程中的疑问并完成判断。(指向目标1)

▲ 疑问记录:

▲ 判断这四项内容分别属于主权国家的哪项基本权利?(检测目标1)

1. 各国的网络之间可以平等地进行互联互通,不分高低贵贱。一国对本国互联网的管理不会伤及其他国家。_____权

2. 通过设置准入许可限制未被授权的网站接入到网络中,对不服从管理的网站立刻停止服务,对网络空间和网络生态加强整顿。_____权

3. 国家自主研制服务器,一旦根服务器被关停,还能实现本国内部网络联通。_____权

4. 本国的网络可以独立运行,无须受制于别国。_____权

学习任务二:直面全球性问题

小组合作讨论以下问题:

1. 列举当前世界面临全球性问题。这些问题的解决应该发挥哪些国际社会成员的作用?为什么?

2. 全球性问题的解决,为什么一定要发挥联合国的作用?

学习任务三:印证中国是负责任的大国(检测目标2)

小组交流整合收集的近期热点问题,列举实例说明中国在国际社会中发挥了哪些积极作用?

〔总结〕

(二)国际社会的重要成员——国际组织

1. 国际组织的积极作用:促进国家之间的_____;协调国际_____;调解_____,缓解_____,维护世界和平。

2. 联合国的宗旨是维护_____、促进_____。

(三)活跃在联合国舞台上的中国

1. 地位:中国是联合国的_____和_____之一。

2. 作用:中国一贯遵循联合国宪章的宗旨和原则,支持按_____所进行的各项工作,积极参加联合国及其专门机构有利于_____的活动。

第2课时 国际关系的决定性因素:国家利益

学习任务四:预习成果展示。

〔时事播报〕国际交往剪影。(检测目标3)

根据以上素材,回答以下问题:

1. 这些国际交往涉及哪些主体?有哪些内容?

2. 这些国际交往有哪些形式?

学习任务五：小组探究成果交流分享——"中美关系的风雨历程"。(检测目标4)

〔时事观察〕

请围绕以下问题进行观察分析：(指向目标4)

感受中美关系不同阶段关系状态的差异并归纳其背后的原因。

学习任务六：通过小组讨论(辩论)完成以下活动。

〔课堂辩论〕

要求：在组内分享并整合【课前准备5】的成果，并选择一方观点，推荐代表发言。(指向目标5)

  2015年巴黎气候大会上，近200个缔约方签署《巴黎协定》，中国作出了到2030年单位GDP二氧化碳排放比2005年下降60%—65%的承诺，若以2010年不变价格计算，实现上述目标需投入41万亿元人民币。而美国借助清洁能源计划提升其在巴黎气候大会上的主动权，并向中国和印度这样以煤炭为主要能源的新兴经济体施压。发展中国家目前面临两难境地，既要发展经济，又要应对、减缓气候变化。在现有技术条件下，如果减少碳排放，就意味着它们要承担经济放缓甚至停滞的巨大成本。

你认为在应对气候变化问题上中国是应顶住压力发展本国经济还是在减排指标上作出退让？

〔总结〕

在国际关系中，要坚定地维护我国的国家利益。

(1) 原因：我国是_____国家，国家利益与_____相一致。维护我国的国家利益就是维护_____，是完全正当的、正义的。

(2) 要求：

(3) 感悟：

〔行动倡议〕

美韩方面不顾中国的强烈反对，以快刀斩乱麻的方式迅速部署"萨德"反导系统，这一行为激起了我国民众的愤怒。

你如何评价图 28-1 中网民的行为?

图 28-1

〔体系构建〕

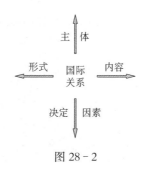

图 28-2

三、课后检测及拓展

A 组题：(巩固学习)

1. 一位政治家曾说过："我们不当任何人的小兄弟,不做任何大国的势力范围,我们要独立和主权。"主权之所以重要,这是因为　　(检测目标1)

   A. 主权对外表现为国家最高权力的至高无上性

   B. 主权是国家存在的唯一要素

   C. 主权是一个国家的生命和灵魂

   D. 主权是一个国家的根本属性

2. 近年来我国通过设立三沙市、实施海监巡航等一系列行动,宣示了我国对黄岩岛、钓鱼岛等领土领海主权。这些行动都是基于主权国家的

(检测目标1)

　　A. 平等权　　B. 独立权　　C. 管辖权　　D. 自卫权

3. 在事关和平的重大问题上,应按照《联合国宪章》的宗旨和原则以及公认的国际关系基本准则,坚持通过协商谈判的方式和平解决争端。这是由于(检测目标2)

　　A. 联合国是由全体会员国组成的审议机构

　　B. 联合国对会员国具有强制性作用

　　C. 联合国是由世界各国组成的最高权力机关

　　D.《联合国宪章》的宗旨和原则符合世界各国人民的根本利益

4. 面对跌宕起伏的国际战略形势,我国坚持与邻为善、以邻为伴,坚持睦邻、安邻、富邻,突出体现亲、诚、惠、容的理念,以更大的力度、更真的诚意,本着互惠互利的原则,积极找寻与周边国家的利益契合点,加强同周边国家合作。

请运用国际关系的有关知识,简要分析材料反映的信息。(检测目标3)

B组题:(拓展学习)

　　人类向何处去? 这一宇宙之问,经逢数百年仍是世界各国必须共同应对的深刻命题。

　　四年来,习近平主席在国际国内重要场合100多次谈及"命运共同体":在博鳌亚洲论坛2015年年会上,提出迈向命运共同体"四个坚持"的实践路径;在联合国成立70周年系列峰会上,阐述打造人类命运共同体的"五位一体"路线图;在日内瓦万国宫,深刻、全面、系统地阐述了人类命运共同体理念……2017年3月17日,构建人类命运共同体理念更是首次载入联合国安理会决议。

　　中国理念赢得了世界范围的认同,中国智慧日益成为全人类共同的财富。

请简要评析我国维护国家利益与打造人类命运共同体的关系。(检测目标4、5)

【学后反思】

请自主梳理本主题知识体系,你觉得还有什么内容比较薄弱?需要老师提供何种帮助?你还有什么好的经验可以跟大家分享?

设计说明:

1. 课前预习引导学生自主学习、主动质疑,在课中评价学生对预习的相关观点的掌握情况,展开有针对性的教学。

2. 课中学习中及时评价学生对主权国家基本权利的辨别能力,以突破难点。

3. 挖掘教材内容的深层本质性内涵,通过对"国家利益与全球利益的关系"这一问题的深度思考及课堂辩论,提高学生的思辨及合作、表达能力,能够在相对复杂的国际局势中理清思路,把握国际关系的本质,对维护国家利益的问题有更为深刻而全面的理解,以理性精神达成政治认同,让知识成为学生思考的工具而不是目的地。在课后检测中通过 B 组练习巩固这一目标。

4. 通过对具体情境的思考,将维护国家利益的行为深入到现实生活中,并渗透政治学科核心素养——理性精神的培养。

附:

联合国气候大会

【产生】

"联合国气候大会"全称"《联合国气候变化框架公约》缔约方第 ＊ 次会议"。1992 年 5 月 22 日联合国政府间谈判委员会就气候变化问题达成《联合国气候变化框架公约》,于 1992 年 6 月 4 日在巴西里约热内卢举行的联合国环发大会(地球首脑会议)上通过。

《联合国气候变化框架公约》旨在控制大气中二氧化碳、甲烷和其他造成"温室效应"的气体的排放,将温室气体的浓度稳定在使气候系统免遭破坏的水平上。公约对发达国家和发展中国家规定的义务以及履行义务的程序有所区别。公约要求发达国家作为温室气体的排放大户,采取具体措施限制温室气体的排放,并向发展中国家提供资金以支付他们履行公约义务所需的费用。

【重要会议及成果】

1997年：第3次缔约方会议,举办地东京。通过《京都议定书》。使温室气体减排成为发达国家的法律义务。它规定从2008到2012年期间,主要工业发达国家的温室气体排放量要在1990年的基础上平均减少5.2%,其中欧盟将6种温室气体的排放削减8%,美国削减7%,日本削减6%。

注：2001年3月,布什政府宣布退出《京都议定书》并提出温室气体减排的新方案,对美国经济发展的考虑应该是首要原因,正如布什所说,执行《京都议定书》将使数百万的美国人失业。

2014年：第20次缔约方会议,举办地秘鲁利马。中国代表表示,2016~2020年中国将把每年的二氧化碳排放量控制在100亿吨以下并承诺二氧化碳排放量将在2030年左右达到峰值,作为全球最大的二氧化碳排放国,中国发布数值目标对今后的气候变化国际谈判产生重要影响。

2015年：第21次缔约方会议,举办地法国巴黎。近200个缔约方签署《巴黎协定》。它将为2020年后全球应对气候变化行动作出安排,巴黎大会成为气候谈判的历史性转折点。

2016年：第22次缔约方会议,举办地摩洛哥马拉喀什。通过了《马拉喀什行动宣言》。从巴黎到马拉喀什,意味着全球应对气候变化从顶层设计加速走向行动落实。

【中国的主张及行动】

◆ 中国为应对世界气候变化作出的努力：

1. 截止到2014年,全国单位GDP排放同比下降了6.1%,比2010年累计下降了15.8%;"十二五"中国非石化能源占能源消费的比重达到11.2%,比2005年提高了4.4个百分点;森林蓄积量比2005年增加了21.88亿立方米,已超出对外宣布的15亿立方米的承诺目标。

2. 中国2030年减排目标：

(1) 单位GDP二氧化碳排放比2005年下降60%—65%,若以2010年不变价格计算,实现上述目标需投入41万亿元人民币;

(2) 2030年非石化能源比重上提升到20%左右;

(3) 森林蓄积面积比2005年增加45亿立方米;2030年二氧化碳排放达到峰值;

(4) 中国正通过南南合作的方式,自愿贡献资金,帮助其他发展中国家应对气候变化。

◆ 气候变化问题的背景及中国在气候变化问题上的部分主张:

工业革命以来,发达国家累积排放的温室气体占全球同期总排放量的70%。世界资源研究所的统计显示,从1850年到2011年,美国的累积排放占全球的比重为27%,欧盟占25%。但研究报告显示,发达国家目前承诺的减排量仅占全球总承诺量的30%,美国和欧盟的行动目标相当于其应承担"公平份额"的五分之一,而日本的行动目标只相当于其应承担份额的十分之一。

联合国气候变化谈判之所以旷日持久,难以达成一致,首要问题是如何体现"共同但有区别的责任"。各国往往考虑自身利益多于全球共同利益,也就是国家利益与全球利益的错配和矛盾。虽然中国等发展中国家现在排放量大,但温室气体排放主要是发达国家在工业化过程中累积起来的,约占80%。发展中国家目前面临两难境地,既要发展经济,又要应对、减缓气候变化。在现有技术条件下,如果减少碳排放,就意味着它们要承担经济放缓甚至停滞的巨大成本。发达与发展中国家发展差距依然较大,经济社会发展和消除贫困始终是发展中国家最紧迫的难题。在发展中国家中,中国占100多个发展中国家排放量的一半,而且人均排放量几乎大于所有发展中国家的人均排放量。因此,要想促成减排目标的达成,中国的压力是可想而知。2020年后,发达与发展中国家在国情、发展阶段和实际应对气候变化能力方面的差距不可能缩小。因此,坚持共同但有区别的责任原则不能动摇,只能加强。

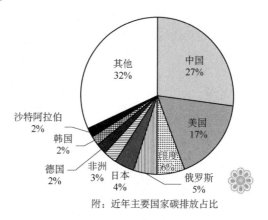

附:近年主要国家碳排放占比

欧美虽有能力和技术,但却希望中国等新兴崛起的国家去替代他们偿还他们200多年的气候债务,同时希望中国替欧美偿还气候债务并且利用自身技术优势垄断低碳行业从中渔利。如美国借助清洁能源计划提升其在巴黎气候大会上的主动权,并向中国和印度这样以煤炭为主要能源的新兴经济体施压。

另外,发达国家在2009年便已作出每年出资1 000亿美元以帮助发展中国家的承诺,但却一直没能积极落实。在巴黎气候大会上,美国等国甚至表示,应该扩大为这1 000亿美元筹资的国家范围,尤其是某些GDP高而排放严重的国家——其矛头直向中国。

中国态度:中国是积极参与气候变化大会的最大发展中国家,中国愿意承担更多的责任,但是中国反对欧美无端指责中国是气候变化的最大凶手的事实。

29 地理·大规模的海水运动

【学习主题】

大规模的海水运动。人教版高中地理必修一第三章第二节(2课时)。

【设计者】

陈华炜

【课标要求】

运用地图,归纳世界洋流分布规律,说明洋流对地理环境的影响。

【学习目标】

1. 通过"太平洋垃圾带"的案例探究和海水等温线图的分析,能够解释洋流的概念、判断洋流类型。

2. 通过分组实验观察,能够分析出洋流的成因及主要影响因素,感受动手做地理的乐趣。

3. 能根据气压带风带示意图,绘出相应纬度风海流的流向;并在世界海陆分布图中,小组合作推导绘制出各大洋洋流分布情况,并总结出洋流模式图,增强读图、绘图以及归纳、分析的能力。

4. 通过对洋流模式图的分析,归纳出洋流的分布规律,培养独立思考、合作探究的学习理念和严谨、科学的学习态度。

5. 能运用实例分析,说明洋流对全球热量输送、沿岸气候、渔场分布、海洋污染及交通等方面的影响。并结合学前案例阅读,关注地球海洋环境,学会分析研究地理问题的方法,利用洋流规律为生活服务。

【评价任务】

1. 独立完成概念自学、概念辨析和例题分析1,解释洋流的概念,分辨寒暖流的差异。(检测目标1)

2. 小组合作完成"动手做地理"实验探究和思维拓展2,归纳洋流成因及影响因素。(检测目标2)

3. 独立完成规律探究1、2,画出相应纬度风海流流向。(检测目标3)

4. 小组合作完成规律探究3、4、例题分析2和思维拓展1,绘制出各大洋洋流分布情况,总结出洋流模式图。(检测目标3)

5. 完成规律探究5、6和思维拓展3,归纳出洋流的分布规律。(检测目标4)

6. 完成案例探究,总结洋流对地理环境的影响。(检测目标5)

【学法建议】

1. 海水是地球上最主要的水体,也是大气最重要的水汽来源和热量来源。本节学习"大规模的海水运动——洋流",对于理解自然地理环境的形成和指导人类活动具有重要意义。

2. 本节内容主要包括洋流的概念和性质分类、洋流的形成、世界洋流的分布规律及洋流对地理环境的影响等知识点。学习的重点有两个:一是归纳洋流分布规律;二是理解洋流对地理环境的影响。从知识的内在联系看,"洋流对地理环境的影响"是学习目的,"世界洋流分布规律"是知识基础。但总结"洋流的分布规律"需要联系前面两章相关知识,是本课学习的一个难点。

3. 本课的学习流程为:概念辨析——动手实验——规律探究——思维拓展——案例探究,建议在学习前,先复习"地转偏向力"和"气压带风带分布"有关知识,学习时,根据学历案设计的流程,逐步分析、推理、判断,得出结论。

4. 学历案中的学后检测A组作业为合格标准,B组为较高要求,可根据个人学情选择完成。

【学习过程】

一、课前准备

(一) 在图 29-1 中标出气压带风带名称并画出风带风向。

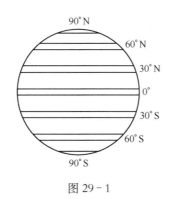

图 29-1

(二) 案例阅读：海上第八大陆与 21 岁青年的海洋清洁计划

2015 年的夏天，北太平洋的海面并不平静。这里正在进行着人类历史上规模最大的一次海洋环境考察，其观测范围覆盖 350 万平方公里。统领这场考察行动的是一名年仅 21 岁的年轻人——来自荷兰的博彦·斯拉特。他还有一个更为宏大的"10 年计划"——清除北太平洋环流带中 42% 的塑料垃圾。

在地球的海洋上，有五处塑料废弃物集中漂浮的旋转水域。这些区域的废物垃圾密度大，并且蔓延出巨大的面积。其中最臭名昭著的是"太平洋垃圾带"，其面积是英国的 6 倍，人称"第八大陆"。目前约有 5.25 万亿件塑料漂浮在海洋里，其中有三分之一都集中在太平洋垃圾带。这些垃圾都来自世界各地，通过下水道，通过河流，最终汇入大海。传统的海洋垃圾处理方式基本等同于乘船出海捕鱼。由于塑料垃圾会随着环流的推进漂流旋转，捕捞难度增加。有学者曾估计，清理此处的垃圾需要 7.9 万年，不仅会耗费大量人力物力和时间，还可能把鱼类当成垃圾一同网走。

还在读中学的斯拉特想到，与其浪费燃料驾驶清理船追着塑料垃圾跑，不如借洋流之力让塑料自己跑进收集设备。他将这一概念变成科研项目"海洋清洁"计划。其设计的"海洋清理"装置主要利用洋流产生的动力，被拦截收集的废弃塑料还能回收利用。随后的几年他带领团队一直致力于这个"海上清洁"项目的实施,2014年11月,斯拉特被联合国环境规划署授予最高环境荣誉"地球卫士奖"。

思考:
1. 来自世界各地的垃圾是如何汇聚于太平洋垃圾带的?
2. 如何利用洋流来清理垃圾?

二、课中学习

第一课时

(一) 辨析洋流的概念和类型

1. 概念自学:

阅读课本第57页,按要求填空。

洋流概念中的关键词为_____、_____、_____。

洋流按照性质可以分为_____和_____。

2. 概念辨析:

根据寒暖流概念,结合世界年平均气温分布图(图略),思考:一般情况下,海水向什么方向流动时,表现为寒流或暖流?请总结寒暖流的判读方法。

设计说明:从知识源头入手,结合世界年平均气温分布图,引发学生深入思考,加强对寒暖流概念的理解,培养学生分析、判断归纳的能力。

3. 例题分析1:读图判别洋流性质(检测目标1)

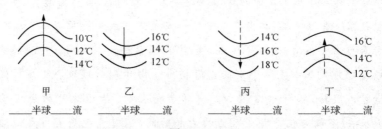

图 29 - 2

(二) 探究洋流成因及影响因素

"动手做地理"——小组合作完成实验探究:模拟风海流、补偿流

实验材料:透明塑料盒、水、芝麻、塑料吸管(粗、细)、墨水

实验过程:

1. 在塑料盒中盛满水,在容器一侧两角落里各撒一些芝麻,用细吸管一端向塑料盒另一侧中间表面平行连续轻轻吹气。观察在风吹拂下,两角落芝麻的运动方向。在图29-3中用箭头画出芝麻的运动轨迹

2. 用滴管吸一滴蓝墨水滴到容器底部,用粗吸管一端对着塑料盒墨水对应表面位置平行连续大力吹气观察底部墨水的运动方向,并在图中用箭头画出墨水运动轨迹。

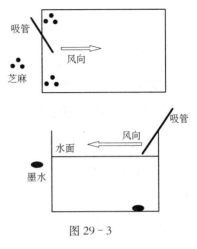

图29-3

实验结果:洋流的主要动力为_____,前进时,由于受到_____的影响,运动方向发生改变。

思考:除实验探究所得因素外,由于地球自转,洋流还会受到_____的影响而改变流动方向。

设计说明:通过模拟实验,把地理知识"做"出来,让学生自己动手、自己探究得到结论,从而对风海流和补偿流的现象及洋流的影响因素有更直观深刻的认识。培养学生自主探究能力、动手能力和团队合作意识。

(三) 探究洋流分布规律

探究1:只考虑地转偏向力的影响,用箭头画出在图示风向下的海水流动方向。

图29-4

探究2:假设地球表面全部为海洋,考虑地转偏向力的影响,联系图29-5气压带风带分布图,在图29-6中用箭头画出盛行风影响下的洋流分布。理解风海流的形成与分布。

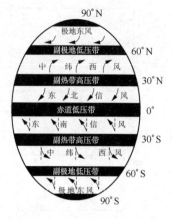 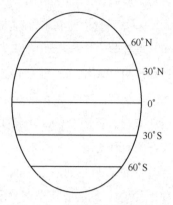

图 29-5 气压带、风带分布图　　图 29-6 大洋表层洋流分布图

探究 3：在探究 2 的基础上加入陆地分布图，小组合作推导在实际海陆分布图上各大洋的洋流流向，用箭头画出不同洋区洋流的分布，并对照实际洋流分布图，修改、完善自己推导的洋流分布图。（每小组分别完成太平洋、大西洋、南印度洋中一个洋区的洋流分布图）

设计说明：通过探究不同洋流影响因素下洋流的流向，由简单到复杂，层层引导设问、层层探究，获得规律，使学生对洋流的分布规律有更深入的理解。同时锻炼学生的地理逻辑思维能力和推理探究能力。

探究 4：寻找各大洋洋流分布的共同点，完成图 29-7 洋流模式图，标出各支洋流的流向。

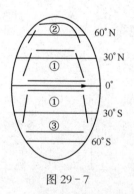

图 29-7

探究 5：尝试总结洋流分布规律。

分布规律：

① 中低纬度海区：形成以_____海区为中心的大洋环流，北半球

_____时针方向运动,南半球_____时针方向运动;东侧_____(寒\暖)流,西侧_____(寒\暖)流。

② 北半球中高纬度海区:形成以_____海区为中心的_____时针方向大洋环流;东侧_____(寒\暖)流,西侧_____(寒\暖)流。

③ 南半球中高纬度形成_____流。

例题分析2:图29-8中四幅洋流示意图,属于南半球中低纬环流的是(   )(检测目标4)

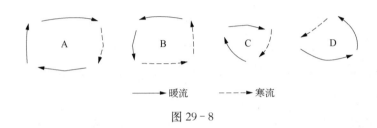

图 29-8

探究6:继续观察世界洋流分布图,发现规律中没有包含的海区,探究北印度洋的洋流分布规律,画出不同季节北印度洋的风向及洋流流向(图略)。

小结:北印度洋海区:形成_____洋流,冬季_____时针方向运动,夏季_____时针方向运动。

设计说明:验证规律,培养学生的知识迁移能力;寻找异同,由一般到特殊,引出北印度洋海区洋流流向成因的探究,引发学生的兴趣。

第二课时

思维扩展:(此拓展为较高目标,请根据自己的学习情况选择完成)

1. 请说出太平洋垃圾带四周所环绕的洋流名称(检测目标3)
2. 寻找南北半球西风漂流性质的差异,尝试探究原因。(检测目标2)
3. 墨西哥湾暖流为何是世界上规模最大的一支洋流?(检测目标4)

(四) 探究洋流对地理环境的影响

案例探究:结合世界表层洋流分布图,分析以下地理现象的成因。

思考1:阅读课文59页案例,思考南美大陆西岸的伊基克呈现荒漠景观,而大致在同一纬度的大陆东岸的里约热内卢却呈现森林景观,这是为什么?

思考2：阅读课文59页案例，思考为什么北冰洋沿岸高纬地区的摩尔曼斯克是不冻港？

思考3：对照世界洋流分布图，分析世界四大著名渔场多鱼的原因。

名称	洋流位置	形成原理
A：北海道渔场		
B：北海渔场		
C：纽芬兰渔场		
D：秘鲁渔场		

思考4：1492年，哥伦布第一次横跨大西洋到美洲西印度群岛，共花37天的时间；1493年，他第二次到美洲西印度群岛，却只花了20天时间，请结合世界表层洋流分布图分析原因？

思考5：1912年4月10日，泰坦尼克号从英国南安普顿出发，驶往美国纽约的首航时在北大西洋撞上冰山，沉没在纽芬兰附近海域，造成了迄今为止最著名的一次海难。有人说：如果这次航行的决策者懂得和运用地理知识，沉船悲剧不该发生。请分析这些冰山从何而来？洋流对海上航行安全还有什么影响？请为泰坦尼克号设计一条合理的航行路线。

思考6：北大西洋垃圾带的垃圾来自世界各地，说明洋流有什么作用？海洋清洁计划利用洋流清理垃圾，说明洋流有什么作用？

阅读课文59—60页，结合案例总结洋流对地理环境的影响。

全球大洋环流可以促进高、低纬度间热量和水分的输送和交换，对全球热量和水分平衡具有重要意义。

1. 对气候的影响：寒流—_____、暖流—_____

2. 对海洋生物的影响：在_____和_____处，饵料丰富，有大型渔场分布。如北海道渔场的成因为_____，秘鲁渔场的成因为_____。

3. 对航海影响。有利：_____,_____ 不利：_____。

4. 对污染物的影响。①_____
②_____

三、学后检测

A组：巩固学习(第一课时学完后完成1—3、6、8、9，第二课时学完后完成4、5、7)

1. 图29-9中能正确表示南半球中低纬度海区大洋环流模式的是( )(检测目标3)

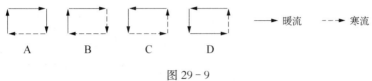

图 29-9

2. 读图29-10，下列叙述正确的是( )(检测目标1、4)

   A. a洋流为寒流
   B. b洋流为暖流
   C. c处不可能有大渔场
   D. d洋流为西风漂流

图 29-10

3. 太平洋中低纬海区的洋流( )(检测目标4)

   A. 呈顺时针方向流动　　B. 大洋西岸有暖流分布
   C. 寒流自北向南流　　　D. 暖流自南向北流

4. 日本暖流对我国台湾东部沿海的影响是( )(检测目标5)

   A. 减缓北上海轮航速　　B. 缩小海水污染范围
   C. 降低气温　　　　　　D. 增加降水量

图29-11为"某海域大洋环流模式示意图"，图中箭头表示西风带的盛行风向。读图完成第6—7题。

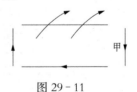

图 29-11

5. 该海域可能是( )(检测目标3)

   A. 北半球中高纬海域　　B. 南半球中高纬海域
   C. 北半球中低纬海域　　D. 南半球中低纬海域

6. 甲洋流对沿岸地区气候的影响是( )(检测目标5)

   A. 增温增湿　　　　　　B. 增温减湿
   C. 降温增湿　　　　　　D. 降温减湿

7. 读局部洋流模式图 29-12,完成下列各题。(检测目标 4)

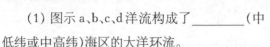

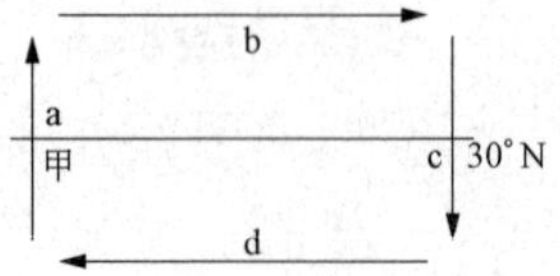

图 29-12　局部洋流模式图

(1) 图示 a、b、c、d 洋流构成了_____(中低纬或中高纬)海区的大洋环流。

(2) a、c 洋流中,属于暖流的是_____。

B组:拓展学习

1. 如果图中三条纬线分别表示 25°、30°、35°,下列叙述正确的是(　　)(检测目标 1)

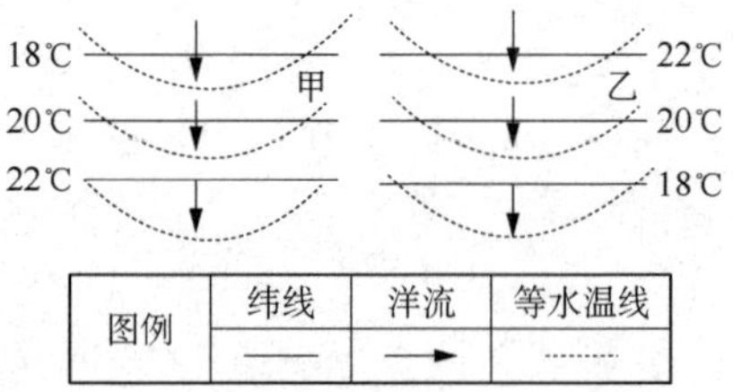

　A. 甲位于南半球

　B. 乙位于北半球

　C. 甲图洋流为寒流

　D. 乙图洋流为寒流

图 29-13

2. 如果甲、乙两图都位于太平洋,关于甲、乙两图洋流的叙述正确的是(　　)(检测目标 5)

　A. 甲洋流可能流经南美西海岸

　B. 乙洋流对沿岸气候增温增湿

　C. 甲洋流可能流经我国东南沿海

　D. 乙洋流对沿岸气候降温减湿

3. 2011 年 3 月 11 日,日本以东海域发生了 9 级地震,福岛核电站遭受破坏,其泄漏的污染物随洋流扩散的主要方向是(　　)(检测目标 5)

　A. 西南　　B. 东北　　C. 西北　　D. 东南

读图 29-14,完成 4—5 题。

4. 在两幅海水等温线图中,虚线表示洋流,下列叙述中不正确的是(　　)(检测目标 3)

　A. ①是暖流,位于北半球

　B. ②是暖流,位于南半球

　C. ①②均向北流动

　D. ①位于大陆东岸,②位于大陆西岸

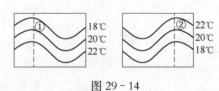

图 29-14

5. 如果②洋流在大西洋中,有可能是(　　)(检测目标4)
   A. 巴西暖流　　　　　　　B. 本格拉寒流
   C. 东澳大利亚暖流　　　　D. 加那利寒流

设计说明:在课前准备中,通过太平洋垃圾带及海洋清洁计划案例的引入,引发学生对洋流问题的思考和对海洋环境问题的关注。在课中学习中,我尝试从知识的源头入手,结合学生原有的知识储备,通过对洋流流向的分析探究寒暖流的判读方法;通过学生分组实验,探究影响洋流形成的因素;再通过这些因素的逐步叠加,从简单到复杂,逐步探究推导出洋流的分布规律。在实验操作、学生独立探究和小组合作研讨等不同形式的学习中,学生将洋流规律的学习过程内化为自主知识建构过程,在知识的条件化、情境化、结构化中发现并理解洋流的形成及其分布规律,实现对知识的深度理解,在自我指导与管理中寻找适合自己的学习方式。从而在学历案的教学中,培养学生正确的人地观念,使学生的地理思维和地理实践能力得到锻炼和提升。

【学后反思】

请自助梳理本节知识体系,你是通过什么方法和策略学会本节内容的,你觉得还有什么内容比较薄弱,需要老师提供何种帮助? 你还有什么好的经验可以和大家分享,请写在下方区域。

30 信息技术·打开编程之门

【学习主题】

打开编程之门。教科版高中信息技术必修《信息技术基础》第三章第三节(2课时)。

【设计者】

余晓珺

【课标要求】

1. 结合实例,经历分析问题、确定算法、编程求解等用计算机解决问题的基本过程,认识算法和程序设计在其中的地位和作用。

2. 经历用自然语言、流程图或伪代码等方法描述算法的过程。

3. 在使用计算机解决实际问题的过程中,通过观看演示、模仿、探究、实践等环节,了解顺序、选择、循环三种基本结构及其重要作用,掌握计算机程序的基本概念,能解释计算机程序执行的基本过程。

4. 了解程序设计语言、编辑程序、编译程序、连接程序以及程序开发环境等基本知识。

【学习目标】

1. 通过解决实例问题,能够列举数据计算的基本方式(人工计算、大众软件计算、编程计算),感受数据计算的发展过程。

2. 通过反思"鸡兔同笼"问题的计算解决过程,能够归纳出各种计算方式的特点,并能根据需求选用恰当的计算方式,初步体会计算机解决问题的思想。

3. 通过分析"猜数字游戏",能够说出算法的概念并理解算法的重要意义,掌握用自然语言和流程图描述算法的方法,认识到算法在编程解决问题中的地位和作用。

4. 通过绘制"猜数字游戏"的流程图,能够学会使用顺序、选择、循环三种基本结构解决问题,体会算法思想在编程解决问题中的地位和作用。

【评价任务】

1. 独立完成"百鸡百钱"练习,了解数据计算的基本方式,能根据实际问题选择适当的解决方法。(检测学习目标1,2)

2. 独立完成算法表述练习,学会使用自然语言或流程图进行算法的描述。(检测学习目标3,4)

【学法建议】

在人类发展的历史中,很长时间里,计算通常依靠人工方式来完成。随着计算机技术的发展,处理数据的手段越来越丰富,效率也越来越高,使用大众工具软件加工和编程加工成为最常见的数据处理的方式,也即数据计算的方式。"打开编程之门"是高中选修教材《算法与程序设计》第一节的内容,也可放在必修阶段,衔接程序设计初步模块。

本节的学习,可通过实例重温各种计算方式,体验各种计算方式的优势,并借此领会在实际问题的解决中如何作出恰当的选择。程序设计之初并不要求每位同学能够独立编写代码,而是借助实例理解体验算法的基本思想和程序的基本结构,以此打开编程之门。

【学习过程】

一、课前准备

阅读材料1 计算工具的发展(见附件),了解人类计算工具的发展历程。

二、课中学习

第一课时

(一) 探讨解决问题的计算方式

《孙子算经》记载:"今有雉(鸡)兔同笼,上有三十五头,下有九十四足,问雉兔各几何?"请思考解决该问题的计算方式。

探究1：对于"鸡兔同笼"问题，说一说你的计算步骤。

探究2：运用Excel解决"鸡兔同笼"问题。

表格结构如表30-1，请在Excel中计算各单元格的值，并用红色标识出求得的鸡兔数量，将计算公式填入下表灰色单元格中。

表30-1

	A	B	C	D	E
1	鸡兔同笼问题(35头94只脚)				
2	兔的只数	鸡的只数	兔脚总数	鸡脚总数	共有的脚数
3	1				
4	2				
5	3				
……	……	……	……	……	……
35	33				
36	34				

探究3：用程序解决"鸡兔同笼"问题

问题难度加大，如果共有72个头，168只脚，鸡兔几何？200个头，620只脚，鸡兔几何？发送鸡兔同笼.py文件，这是一个用python编程语言编写的小程序，请双击运行此程序，思考用程序解决此问题和Excel解决时有何不同？打开并阅读程序代码，同桌间对比程序的计算思想，感受编程计算解决问题的特点。

设计说明：以上3个探究活动循序渐进，从人工计算到大众软件计算，再到编程计算，切身感受解决实际问题用到的计算方式的改变。编程计算解决问题并不一定是最优的，而是感受三种计算方式的特点，体会到在合适的问题下选择合适的方式。

（二）三种计算方式的比较

探究4：面对"鸡兔同笼问题"，我们感受了"人工计算""大众软件计算"和"编程计算"三种计算方式，请将这三种计算方式的特点进行比较，填写表30-2。

表 30 - 2　不同计算方式的比较

考察方面 计算方式	使用成本	使用方便性	计算速度	方法通用性
人工计算				
大众软件计算				
编程计算				

设计说明:此活动的答案是开放式的。用自己的语言归纳内心思考的答案,虽然不一定非常准确和精准,但通过梳理可以帮助自己清晰和深刻的认识。

练习 1:(检测目标 1、2)

"百鸡百钱"问题是一个经典的数学问题,出自《张邱建算经》。内容是:公鸡 5 文钱一只,母鸡 3 文钱一只,小鸡 3 只一文钱,用 100 文钱买一百只鸡,其中公鸡、母鸡和小鸡都必须要有,问公鸡、母鸡和小鸡各多少只?

解决"百鸡百钱"问题时,你会选择(　　)方式呢?

A．人工计算　　　　B．大众软件计算　　　C．编程计算

请在相应的选项区域完成此问题的解决步骤。

A．人工计算

B．大众软件计算(请将 Excel 表的结构画在下框中,并在电脑上尝试实现)

C．编程计算

这是一段用 python 编程语言实现的程序,尝试阅读以下程序,并在空格处补全代码。

money = 100　　　　＃一共 100 文钱

num = _____　　　＃一共 100 只鸡

cock_price = 5　　　＃公鸡价格 5 文

hen_price = _____　＃母鸡价格 3 文

threechick_price = 1　＃3 只小鸡 1 文

for cock_num in range(1,money//cock_price + 1):　　　＃公鸡只数可能为 1—20

　　for hen_num in range(1,money//hen_price + 1):　　＃母鸡只数可能为 1—33

for chick_num in range(1,money//threechick_price + 1)： ♯ (3 小鸡)只数可能为 1—100

　　　　money1 = cock_num * cock_price + hen_num * hen_price + chick_num * threechick_price

　　　　num1 = cock_num + hen_num + chick_num * 3

　　　　if money1 == money and ＿＿＿＿：

　　　　　　print (cock_num,hen_num,chick_num * 3)

第二课时

(三) 算法的表示

　　算法就是解决问题的方法和步骤。解决问题的过程,就是实现算法的过程。描述算法可以有多种表达方法,比如用自然语言描述算法。自然语言是指人们日常生活中使用的语言,如汉语、英语、德语等。

　　探究 5：运行"猜数字游戏",观察运行结果,并用语言描述该程序解决问题的步骤。

　　探究 6：流程图是算法的一种图形化表示方法。与使用自然语言描述算法相比,用流程图描述算法形象、直观、更容易理解。目前最常用的流程图规范是由美国国家标准化协会制定的一系列流程图符号,如图所示。

图 30 - 1

　　尝试用你理解的流程图表述"猜数字游戏"。

　　注：

　　● 起止框：表示一个算法的开始和结束。

　　● 输入/输出框：记录从外部输入数据到计算机内部或者从计算机内部中输出数据到计算机外部。

　　● 处理框：将要进行的操作内容简洁明了地写到框中。

　　● 判断框：在判断框中写入算法中需要判断的条件。满足条件,执行一条路径;不满足条件则执行另一条路径。

- 流程线：指向算法即将运行的方向。

探究7：依据三种基本结构，绘制"猜数字游戏"的规范流程图。

程序可以分解为三种基本结构，即顺序结构、选择结构和循环结构。

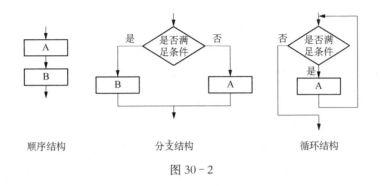

图 30-2

练习2：请任选一题，用恰当的方法表述算法。（检测目标3、4）

1. 房间里有三盏灯，房间外有三个开关，在房外看不见房内的情况下，进门一次确定开关与灯的控制关系。提示：灯开着时会发热哦。

2. 有12个铁球，其中有一个异常（不知道是轻了，还是重了），怎么称3次能找出异常球。

【学后反思】

请梳理本主题所学的知识体系，你是通过什么方法和策略学会主题内容的，你觉得还有什么内容比较薄弱，需要老师提供何种帮助，你还有什么好的经验可以跟大家分享，写在下方区域。

附：

材料1 计算工具的发展

人类不断寻求计算效能提高的技术，计算效能的提高和计算工具的进步是息息相关的。从古老的"结绳记事"，到算盘、计算尺、差分机，直到1946年第一台电子计算机诞生，计算工具经历了从简单到复杂、从低级到高级、从手动到自动的发展过程。

手动计算工具

早在公元前5世纪,中国人已经开始用算筹作为计算工具,一直延续了二千年。15世纪,人们发明了算盘,算盘取代了算筹被广泛应用。算盘上的算珠可以表示和存储数,所有的操作都要靠人的大脑和手完成,算盘被认为是一种辅助性的手动计算工具。

机械式计算工具

1642年,法国数学家帕斯卡(Blaise Pascal)发明了帕斯卡加法器,首次确立了计算机器的概念。该机器用齿轮来表示和存储十进制各数位上的数字,可自动执行一些计算规则。帕斯卡从加法器的成功中得出结论:人的某些思维过程与机械过程没有差别,因此可以设想用机械来模拟人的思维活动。德国数学家莱布尼茨(G. W. Leibnitz)把这种机器的功能扩大为乘除运算,研制了一台能进行四则运算的机械式计算器,这台机器在进行乘法运算时采用的方法,后来演化为二进制,被现代计算机采用。

1832年,英国数学家查尔斯·巴贝奇(Charles Babbage)研制出具有存储器、运算器、控制器的差分机,这是最早采用寄存器来存储数据的计算工具,体现了早期程序设计思想的萌芽,使计算工具从手动机械跃入自动机械的时代。

电子计算机

1946年,标志人类计算工具历史性变革的第一台电子计算机 ENIAC 宣告竣工。它的最大特点就是采用电子器件代替机械齿轮或电动机械来执行算术运算、逻辑运算和存储信息,因此,同以往的计算机相比,ENIAC 最突出的优点就是高速度。

图30-3

数学教授冯·诺依曼(Von Neumann)确立了现代计算机的基本结构,提出计算机应具有五个基本组成成分:运算器、控制器、存储器、输入设备和输出设备,描述了这五大部分的功能和相互关系,并提出"采用二进制"和"存储程序"这两个重要的基本思想。迄今为止,大部分计算机仍基本上遵循冯·诺依曼结构。

材料2 PAD描述算法——摘自百度百科

PAD图(问题分析图)也是一种算法描述工具,该方法1973年被提出,现在许多场合中依然被应用。

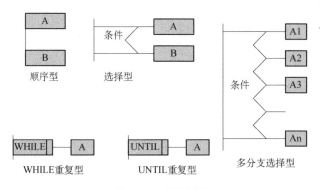

图 30-4 PAD 图

  PAD 图所描述的程序结构十分清晰。图中最左边的竖线是程序的主线,即第一层控制结构。随着程序层次的增加,PAD 图逐渐向右衍生,每增加一个层次,图形向右扩展一条竖线。程序从最左边上端的结点开始执行,自上而下,从左到右顺序执行。

  设计说明:信息技术教师应学会培养学生用"计算思维"和"创造力"来理解和改变世界。"打开编程之门"这个内容,主要解决两个问题:1.引起大家的兴趣,不要从一开始就害怕编程;2.教会大家基本的路径和方法,即计算思维的初步养成。

31 体育与健康·羽毛球

【学习主题】

正手网前挑球。人教版高中体育与健康必修(1课时)。

【设计者】

赵明

【课标要求】

1. 较好地掌握球类项目中某一或某些项目中的技术或战术。
2. 通过多种练习增强灵敏性、协调性和柔韧性,提高速度和反应时。
3. 提高运动技能的水平,增强运动技能的运用能力。

【学习目标】

1. 通过模仿教师动作及自主练习,知道正手网前挑球的脚下技术。
2. 通过击固定球练习,能初步掌握正手网前挑球的脚下及手上技术动作。
3. 通过击移动球练习,能准确击中来球,并在练习中能主动优化动作,提高技术运用能力。
4. 通过教学比赛能在半场教学比赛中主动运用正手网前挑球技术。
5. 通过素质练习,提高脚下滑步移动速度,增强身体灵敏性、协调性。

【评价任务】

1. 跟随教师信号能模仿教师无球挥拍练习3次,独立练习3次,集体练

习 3 次。(检测目标 1)

    2. 分组练习,完成上网击固定球(5 次/2 组)和移动球练习(10 次/2 组)。(检测目标 2、3)

    3. 自由组合教学比赛,尽量主动运用正手网前正手挑球技术击网前球。(检测目标 4)

    4. 运用羽毛球步法移动,完成单手触摸双打边线练习(10 个来回/2 组)(检测目标 5)

【学法建议】

    1. 本课学习重点:双脚同时垫步启动;难点:动作协调、连贯

    2. 学习流程与方式:(1)课前自行通过观看多媒体或图片,初步了解本课的学习内容,形成表象认识。(2)利用课间时间自主练习正反手上下垫球练习,为课堂教学做铺垫。(3)在教师引导下集体学练本节课内容,正手网前搓球。

    3. 目标检测方式:(1)评价标准分类:A 组为合格标准,B 组为较高要求。(2)评价方式:A 指标性评价(本节课要求:达 A 类胸前击掌;达 B 类头上击掌)。B 表现性评价(本节课要求:达 A 类球拍胸前横举;达 B 类球拍头上上举)。C 教师评价(教师观察了解学生掌握情况)

【学习过程】

    活动一:热身活动

    1. 慢跑＋侧向滑步(辅助技术)。要求:口号整齐响亮,振作精神

    2. 操化练习:①上下肢活动;②腕关节活动;③开合跳;④双脚原地碎步接双脚跳(辅助技术)

    3. 熟悉球性练习(利用正手上下垫球练习,体会正手发力控球的技巧)

    活动二:观看教师展示三步上网技术明白基本站姿与分解动作要领。

    1. 准备姿势:侧身对正手网前,右脚在前,膝前屈,前脚掌着地,右手握拍于体前。

    2. 步法动作:看到来球信号,双脚迅速同时垫步启动,右脚先向球落点方向垫一小步,同时左脚向右脚脚后跟方向迈一小步,随后右脚向前蹬跨一大步成弓箭步制动。(脚后跟先着地,膝盖弯曲方向与脚尖方向一致,且垂直面不能过脚尖。)

3. 引拍动作：当右脚迈出同时，持拍的手前伸，经右侧上方前臂外旋，手腕伸展下放。将球拍引向右侧下方。

4. 击球动作：随着前冲的惯性，后脚跟进一步成弓箭步，同时前臂内旋手腕伸直，在右侧下方击球托底部，将球向前上方击球。

5. 随前回位：持拍臂随惯性向前上方挥拍减速，然后收拍并后脚滑动跟进，再并步回位。

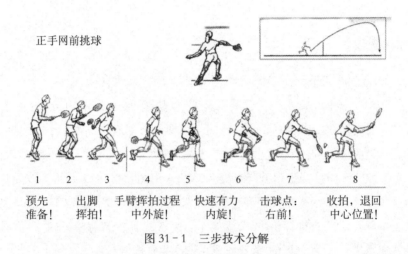

图 31－1　三步技术分解

活动三：分解动作练习。(跨一步上网正手挑球动作"即正手网前挑球三步动作的第三步")

1. 练习1：模仿教师动作练习，体验并掌握跨一步上网正手挑球动作(即正手网前挑球三步动作的第三步)

2. 练习2：跟随教师信号做无球挥拍练习。(检测目标1)：

A：90%以上同学能做到技术动作正确。

B：50%以上同学能做到技术动作清晰，身体协调。

活动四：分组上网击固定球和移动球练习。

1. 练习1：自由组合分为8组，做一步上网正手挑球(击固定球)练习(2次/人共3组)。如图31－2所示。

要求：无球同学依次跟随有球同学后面

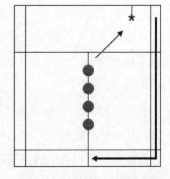

图 31－2　上网正手挑球图解

做动作,相互学习共同提高,2次击球一换,做完之后经边线外侧跑至排尾。

2. 练习2:改练习1击固定球为击移动球练习(10次/人共2组)。

要求:①保证一位同学抛球一位同学捡球,抛球同学可以根据同伴的实际能力适当控制球的落点及难度。②10次击球一换,做完和网对面同学有序互换练习。(如图31-3所示)(检测目标2、3)

A:80%以上同学能在击移动球时能做到动作正确,击准球次数在10次以上。(达到标准球拍胸前横举)

B:20%以上同学能在击移动球时能做到动作协调、准确、自然,击准球次数在15次以上。(达到标准球拍上举)

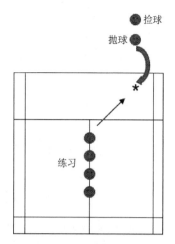

图31-3 击移动球练习图解

活动五:分解动作(垫步技术动作"即正手网前挑球三步动作的前两步垫步")练习。)

1. 练习1:继续跟随教师学习正手网前挑球垫步(2次)技术动作(即正手网前挑球三步动作的前两步),然后改一步上网为用三步上网步法击移动球练习(5次/人共2组)。

要求:①保证一位同学抛球一位同学捡球,抛球同学可以根据同伴的实际能力适当控制球的落点及难度。②技术掌握较好同学可以直接发不同落点的网前球,让同伴挑球练习。③一组做完和网对面组同学有序互换。(见图31-3)(检测目标1、3)

A:90%以上同学能基本做到击固定球时动作正确。(达到标准学生,球拍胸前横举)

B:30%以上同学能做到击球动作及线路清晰,手脚协调发力。(达到标准学生,球拍头上上举)

活动六:教学比赛。

1. 练习1:自由组合半场教学比赛(比谁在教学比赛中能熟练运用正手网前挑球技术)

要求:①所有发球发网前球。②接发球队员站位在双打后发球线附近,第一次击球时要挑后场球。③所有高球尽量打网前,给同伴创造挑球练

习机会。④技术掌握较好的同学可以直接一个人挑球一个人掉网前球,循环练习技术动作。(检测目标4):

A:75%以上同学能在比赛中遇到机会球时能有主动使用正手网前挑球动作的意识。(达到标准球拍横举)

B:10%以上同学能在比赛中遇到机会球时能果断使用正手网前挑球动作技术,并能够成功完成动作。(达到标准球拍头上上举)

活动七:素质练习。

1. 练习1:通过脚下步法移动,单手将羽毛球场地一侧边线的10个球摆到对面一侧边线(球要保证竖立)。提高身体灵敏性、协调性。(10个来回/2组)。

要求:哪只脚制动用那只手放球,反应迅速,手脚协调。(如图31-4所示)(检测目标5)

A:85%以上同学能达到的时间标准(男:约45秒,女:约55秒)(达到标准胸前击掌)

B:30%以上同学能达到的时间标准(男:约40秒,女:约50秒)(达到标准头上击掌)

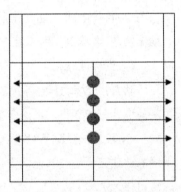

图31-4 脚下步法移动图解

【学后反思】

通过正手网前挑球学习,总结归纳各个技术环节的动作要领。发挥自己特长,充分融入羽毛球运动中,使其给自己带来健康和快乐。

如觉得还有什么内容比较薄弱,需要老师提供何种帮助。或你还有什么好的经验可以跟大家分享,请联系老师。